中国旅游业普通高等教育应用型规划教材

旅游心理学

主　编　张小红

中国旅游出版社

项目策划：段向民
责任编辑：张芸艳
责任印制：谢　雨
封面设计：武爱听

图书在版编目（CIP）数据

旅游心理学 / 张小红主编. -- 北京 : 中国旅游出版社, 2020.11（2024.7 重印）
中国旅游业普通高等教育应用型规划教材
ISBN 978-7-5032-6572-3

Ⅰ. ①旅… Ⅱ. ①张… Ⅲ. ①旅游心理学一高等学校一教材 Ⅳ. ① F590-05

中国版本图书馆CIP数据核字(2020)第183350号

书　　名：旅游心理学

作　　者：张小红　主编
出版发行：中国旅游出版社
（北京静安东里 6 号　邮编：100028）
https://www.cttp.net.cn　E-mail:cttp@mct.gov.cn
营销中心电话：010-57377103，010-57377106
读者服务部电话：010-57377107
排　　版：北京旅教文化传播有限公司
经　　销：全国各地新华书店
印　　刷：北京明恒达印务有限公司
版　　次：2020 年 11 月第 1 版　2024 年 7 月第 5 次印刷
开　　本：787 毫米 × 1092 毫米　1/16
印　　张：13.5
字　　数：266 千
定　　价：36.80 元
I S B N　978-7-5032-6572-3

前 言

随着旅游事业的蓬勃发展，如何提高旅游业的服务质量，提高旅游企业管理者的管理水平以及如何针对旅游者的心理和行为做科学的预测，将是旅游心理学研究的主要课题。

钱钟书说过，旅游是让人原形毕露的过程；宗白华也曾说过，旅游是不断发现自我的过程。

编者曾教授旅游心理学课程多年，在教学实践中，大胆地进行课程教学改革，并得到了师生们的认可。初次学习旅游心理学的学生，往往向老师提出这样一些问题：心理的实质是什么？心理学与旅游心理学有什么关系？什么是心理？什么是意识？它们之间有什么关系？什么是心理特征？什么是个性心理特征？旅游者行为有何独特之处？人们为什么要外出旅行？旅游者从惯常环境来到异地，其行为是否会发生变化？动机感知、学习、态度以及个性等个体心理因素对旅游者行为有何影响？学生们对心理学知识的渴望以及希望通过学习有关心理学知识，既能了解自己又能运用于实践指导工作的心情非常迫切，这让编者下定决心在这一次的编写过程中适当扩展内容，增加一些心理学的基本知识，这些知识也是旅游业从业者们所需要的知识，以此满足学习者的需要。

因此，编者在总结前辈研究的基础上，结合教学科研与实践经验，打破传统的结构体系，力求从旅游业的实践出发，理论联系实践，融合国内外旅游心理学方面现有的文献资料以及作者的研究成果，以案例引出理论，讲解分析理论，再由理论来指导实践（课后讨论案例）的方法构建体系，突出科学性、指导性与应用性。

本教材由青海民族大学旅游管理学院张小红老师担任主编。本书在编写过程中，参考了大量有关心理学、管理学、社会心理学、旅游学概论、旅游心理学等方面的论文和著作，并引用了其中有关的资料。谨向这些文献的作者致以诚挚的谢意。同时，本书的出版得到了青海民族大学旅游学院马延孝院长、张俊英博士和中国旅游出版社段向民老师的大力支持，在此表示深深的感谢与敬意。

由于笔者研究水平和经验等有限，本书难免有一些不足和疏漏之处，敬请各位同人和读者批评指正。

张小红

2020 年 8 月

目 录

第一章

旅游心理学概述

导言

旅游是当今世界最大规模的一种社会现象，对社会产生了巨大的影响。旅游作为一种社会文化经济现象，自有其复杂的运动过程及深刻内涵，旅游心理学就是以人类的旅游活动行为作为研究对象的新兴学科。

旅游心理学是心理学的一门分支学科，它是把心理学的相关研究成果和有关原理及研究方法运用到分析、了解旅游这一现象上来而产生的新型应用学科。学习了解旅游心理学的学科性质、历史发展沿革并掌握本学科的研究对象，了解旅游心理学相关学科，并基本掌握获取旅游消费者信息的技能，具有运用旅游心理学的研究方法来分析和预测旅游消费者行为的能力。

【教学目标】

通过本章的学习，能达到以下目标：了解旅游心理学的研究对象和研究内容；掌握旅游心理学的研究方法及研究旅游心理学的意义。

【关键术语】

心理学；旅游者心理；旅游消费心理；旅游服务心理

案例导入

形形色色的旅游者心理 ①

1. 旅游者的好奇心理

在旅游过程中，旅游者见到一些新奇的事物，总会产生好奇心理。一次，某港台旅游团在广西桂林旅游，中午山区小饭店供应乌黑的墨米饭，吃惯了白米饭的游客，见此米饭感到十分好奇。热情的导游说道，大家吃吧，这叫墨米，是广西河池地区东兰县的特产，为什么呈黑色呢？据民间传说，有一年天大旱，东兰附近的红水河也断流了，方圆数百里田地龟裂，禾苗枯死，有一位老汉的地里侥幸剩下一蔸禾苗活着。为救活这蔸禾苗，老汉爬了九重山，走过 16 个村庄，还是不见水的踪影，没办法，只好忍痛割断自己的手指，用鲜血浇灌禾苗。说来也奇怪，禾苗得了血的滋润，居然长得很茁壮，结出一串颗粒饱满的稻穗，可是老汉因流血过多而死去。乡亲们把这唯一的稻穗保存下来，翌年春天用它播种，收获的稻米颜色竟然是墨黑色，用墨米煮成的饭，香气扑鼻。常吃墨米，可治疗慢性肝炎、胃炎、贫血，故有“药米”之称。导游介绍的有关墨米的神话故事，顿时使游客情绪活跃起来，团内几位港台老太太纷纷要求购买带回去，让家人共享口福。

2. 旅游者的求新求知心理

中华文化博大精深，饮食文化更是丰富多彩，许多外国游客品尝中国菜，见了色、香、味、形俱佳的菜肴，赞不绝口，胃口大开。在餐桌上看到这些菜，就像是见到了一件件精美的工艺品，不忍心把它吃掉，有的用照相机拍照留念，有的请主人介绍它的名称、来历、制作方法、特色等，他们听得认真、兴趣盎然。的确，中国菜融实用性、知识性、艺术性于一体，不仅味美、营养丰富，而且菜名颇具诗意。首先令人耳目一新的是一道“金钱遍地”，这菜名听起来豪华气派，实则是金黄的冬菇摆在翠绿的青菜上；粤菜“龙凤呈祥”，多么喜庆吉祥的名字，原来是用鸡、蛇一块儿烧煮而成的；用母鸡炖甲鱼，美其名曰“霸王别姬”，令人大饱口眼之福。参观芜湖铁画，是一大艺术享受，工人们以锤代笔，以铁当墨，巧制出一幅幅精美的铁画来，来厂参观的日本友人也赞不绝口：“真了不起，中国的文化太伟大了！”工人师傅手中的锤简直比画家的笔还要来得自如。铁画原名铁花，为明末汤鹏所创制。它酷似国画、水墨画，然而，却是采铁作画，以锤代笔锻制而成。它使炉锤之巧同画理相通，将绘画与工艺相结合，构成黑白分明、虚实相对、苍劲凝重、豪放潇洒、有强烈立体感的独特艺术风格，是我国传统工艺美术的一枝奇葩。

---

① 孙喜林 . 旅游心理学［M］. 大连：东北财经大学出版社，2016.

3. 旅游者的怀旧心理

访古探幽乃是旅游者怀旧心理的反映。游过的山水名胜，有机会重游，会感到十分亲切，遐想万千。位于古城西安郊区的秦岭支脉骊山，西周时期，周幽王曾与褒姒在此建骊宫行乐，并点燃烽火，戏弄四方诸侯，后被犬戎杀于骊山脚下。杜牧《过华清宫》"长安回望绣成堆，山顶千门次第开"，使人遥想当年骊山变成达官贵人的享乐之地。谁料发生了安史之乱，杨贵妃被缢死于马嵬坡。李隆基和杨玉环的爱情悲剧，正是唐玄宗晚年在政治上腐败的必然结果。总之，不同类型的旅游者有着不同的心理特点。

（资料来源：庄复．旅游者心理探微［EB/OL］．(2006-02-09)［2013-05-17］．http:/www.loguo.net）

问题：

1. 旅游是什么？

2. 旅游者在旅游过程中追求的是什么？

3. 旅游者有什么区别于当地居民的心理规律？

没接触过心理学的人，总觉得心理学非常深奥、难懂，不易学习和掌握；对心理学研究的内容，因看不见、摸不着而觉得神秘莫测，对心理学有一种敬畏感。有人认为，学了心理学，就可以预知一个人的未来，就可以做算命先生等，把心理学看成一门玄学。其实，这些都是由于对心理学不了解而产生的种种误解。

"心理学"这个名称常被人误解，原因在于：在历史的演变中，多次都是旧瓶装新酒的形式，只换内容不改名称，因而使人望文生义，不能理解"心理"二字的含义。心理学可以说是一门古老而又年轻的科学。其源于西方哲学，而西方哲学源于两千多年前的希腊。从苏格拉底、柏拉图、亚里士多德开始，都把对"心"的探讨视为哲学上的主要问题之一。到了19世纪末，受生物科学的影响，心理学才开始脱离哲学，逐渐成为一门独立的科学。此后，心理学的内容不断变更，但名称仍旧不变。心理学的英文为psychology，是由希腊文中的psyche和logos两字演变而成，前者意指"灵魂"，后者意指"讲述"，合起来就是心理学是阐述心灵的学问。这一界定不含科学意味，只具有哲学意义。到了19世纪末，科学心理学萌芽出现。1879年，心理学一度被界定为：心理学是研究心理活动的科学。至此，心理学开始被列入科学的范畴。

从隶属于哲学到开始被视为科学，心理学在内容上只涉及了人的精神或心理方面的问题。到了20世纪20—60年代，心理学又被界定为：心理学是研究行为的科学。直到70年代才又改为：心理学是对行为和心理历程的科学研究。这一新的界定修正了对行为的偏重，加上了"心理历程"，意指"内外兼顾"，这也正是现代心理学的特征。

第一节　旅游心理学研究的内容和对象

旅游心理学是心理学的一门分支学科，它是把心理学的相关研究成果和有关原理及研究方法运用到分析、了解旅游这一现象上来而产生的新兴应用学科。旅游心理学产生的历史虽然不长，但随着旅游业的不断发展，却起着越来越重要的作用。

一、心理学的内涵及其主要派别

（一）什么是心理学

心理学是研究心理现象的科学，亦称“心理科学”，其含义包括：心理学是一门科学；心理学的研究对象是人的心理现象；人的心理现象有一定规律。即心理学是研究人的心理现象发生、发展规律的一门科学。世界上存在两种现象：物质现象和精神现象，心理现象是一种精神现象。

人类从古代开始，历经中世纪、文艺复兴以至到 19 世纪中叶，对心理的探索和研究，都是在一种无明确的研究目的、目标，无明确的研究思想、方法的混沌状态下自发进行的，夹杂在对哲学和神学的研究中。心理学的内容融汇或包括在哲学和神学的内容体系中，心理学家由哲学家、神学家、医学家或其他科学家兼任，心理学的方法也主要是思辨的方法。

公元前 4 世纪，古希腊哲学家亚里士多德撰写《论灵魂》，探讨心理现象与肉体的关系，它是西方最早的系统性研究心理现象的著作。在我国古代，对身心关系问题的探讨比亚里士多德还早，《管子 · 内业篇》中就有“凡人之生也，天出其精，地出其形，合此为人”的论述。当时，人们认为身与心都是由“气”所构成的，对身心关系的论述也缺乏科学的论据。直到 1590 年，德国学者葛克尔才首先用“心理学”来标明自己的著作。但心理学一直被看作哲学的附庸，其研究也采用思辨的方法。

19 世纪中叶，由于生产力的进一步发展，自然科学取得了长足的进步，科学的威信在人们的头脑中逐步生根。这时，心理学开始摆脱哲学的一般讨论而转向于具体问题的研究，这种时代背景为心理学成为一门独立的科学奠定了基础。1860 年，德国心理学家费希纳发表《心理物理学纲要》，创立了心理物理学，他把自然科学的研究方法引入心理学，为心理学实验研究方法的发展奠定了基础。心理学的真正历史，是 1879 年冯特在德国莱比锡大学建立世界上第一个心理实验室才开始的，心理学从此宣告脱离哲学而成为独立的科学。冯特是一位哲学家兼生理学家，他的心理学实验室主要研究感知觉心理过程，所用的主要是生理学的实验技术，所以他称自己的这种研究为“生理心理学”，也称为“实验心理学”。冯特是公认的第一个把心理学转变成一门正式、独立学科的真正奠基者，也是心理学史上第一位真正的心理学家。他的《生理心理学原理》是心理学史上第一本真正的心理学专著。

（二）心理学的基本概念

笼统地讲，人的内心所进行的一切活动都是心理活动。客观世界、人们感兴趣的活动、情绪的喜怒哀乐、克服困难完成一项工作或任务等，这些都是人的心理活动的内容。

1. 心理的实质

心理是客观世界在头脑中主观能动的反映，人的心理内容来源于客观现实和周围的环境，这是唯物主义的观点。

（1）心理是人脑的机能，是客观现实在人们头脑中的主观映像。人类高度发达的大脑是在长期进化的过程中，在生产劳动和社会生活实践的过程中，逐渐形成的。心理不是物质，而是物质的产物；心理并不是一切物质的产物，而只是发展到高度完善的物质，即脑的产物。在古代，人们很长时期不认识脑是产生心理现象的物质本体，却误以为心脏是心理的器官，所以把许多心理现象和“心”联系起来。例如，把一个人思虑周密称作“心细”，把性情急躁称作“心急”等。现代关于脑的实验研究更科学地证明了脑是心理的器官，心理是脑的机能。人类的神经系统是人的大脑和大脑皮质进化的结果，经历很长时间的进化和发展达到现在这样高的水平，成为精神活动的器官和思维的物质基础。现代生理学充分证明：思维和心理活动产生的器官是由无数神经细胞组成的大脑。人们的意识和思维，不论表面上如何像是超感性的东西，但它们是物质的、肉体的器官（即头脑）的产物，心理的东西、意识等是物质的最高产物，是叫作人脑的这样一块特别复杂的物质的机能。

我们从心理现象的产生方式来分析，心理现象又是脑的反射活动。反射是有机体通过脑对刺激发出反应的活动。实现反射的生理机制称为反射弧，反射弧包括五个部分：感受器→传入神经→神经中枢→传出神经→效应器。当内、外刺激作用于眼、耳、鼻、舌、身等感受器时引起神经冲动，神经冲动沿着传入神经传到神经中枢，经过神经中枢的分析综合，引起新的神经冲动，由传出神经传到肌肉、腺体等效应器，发出应答性反应。有机体通过反射活动来适应环境。例如，婴儿双眼突然受到强光的照射便马上闭合，就是一种最简单的反射。当然，这只是一种典型的模式。现代科学研究发现，效应器不仅发出反应，还能发出神经冲动重新传回神经中枢，起反馈作用，这样可以使中枢更好地调节、控制效应器，以便做出更加有效的反应。因而有的研究者提出，实现反射的生理机制应是“反射环”或“反射圈”的模式，用以代替“反射弧”的模式。

人的一切活动，不论是最简单的、不由自主发出的反应动作，还是复杂的心理现象，就其产生的方式而言，都是反射活动。人的心理现象也是外界刺激引起，经过脑的分析与综合而产生，而又调节着各种反应动作的反射活动。外界刺激和反应动作是心理现象的开端和终结，心理现象和整个反射过程密不可分。

有关研究还表明，人处于不同心理状态下所获得的脑电图也是不同的。患流行性脑炎的病人如果医治不及时或不得当，即使能保全生命，其智力也会出现障碍，严重的还会变成痴呆。日常生活的大量事实也表明，醉酒的人容易胡言乱语、失去自控甚至昏迷不醒，这是因为酒精影响了大脑，使大脑失去正常工作的能力，以致不能控制机体的活动。以上事实都可以说明，心理是人脑的机能，人脑是心理的器官，没有大脑是不可能产生心理的。

（2）心理是对客观现实的反映。如果没有人所生活的客观现实的作用，人脑本身是不可能凭空产生人的心理的。例如，当人们看到万紫千红的春天，才能产生春意盎然的有关春天的知觉。而诸如快乐、高兴、幸福之类的心理感受，常常是比较的结果。心理学告诉我们：不同刺激作用于同一感觉器官，使感受性发生变化的现象叫感觉对比。除了温度对比外，各种感觉，无论是外部感觉的视觉、听觉、嗅觉、味觉、皮肤感觉（触觉、温觉、冷觉、痛觉）等，还是内部感觉的运动觉、平衡觉和机体觉（内脏感觉，包括饿、胀、渴、窒息、恶心、便意、性和疼痛）等都存在感觉对比现象。所以人所生活的客观现实是人心理的源泉和内容，心理是客观现实的反映。对旅游消费者来说，客观事物主要是旅游产品和服务。旅游产品和服务以直接的、间接的、形象的、语言的、单一的、复合的以及关系的等形式作用于旅游消费者的各种感官，引起脑神经的活动，便产生感知、记忆、思维、情感、意志、个性等各种观念。美国篮球、橄榄球比赛之所以那么火，是因为那里是社交场合，大家在球馆内进行了良好的交流和互动，放松了情绪。登泰山观日出，期待天公作美来个大晴天，倘若当日不巧下起小雨，欣赏雨后的泰山也是别样的风情。一个晴天观日出，一个雨后看云彩，都美。

心理世界与客观现实之间的联系不是一种机械的联系。人们面对纷繁的信息，有的信息能够反映到头脑中去，有的则不能。喜爱玩乐的人，有的对娱乐消费兴趣大，有的对野外探险有强烈的兴趣，每个人对客观世界的反映有不同的特点。要正确理解心理与客观现实之间的关系，从实践上避免“产品至上”或“个人至上”等错误的营销观念。

（3）心理活动是在客观实践中发生的。数百万年来，人类的思维为了应付环境挑战而不断进化。解释人类社会行为考虑心理因素的同时，也不能忽视环境因素，外显行为都是背景输入和心理机制相互作用的结果。同时，心理是对客观现实积极的、主动的反应。尽管面对同一事物，但每个人的反应是有差别的。人对客观现实的反应受个人的过去经验和所形成的个性特征（如气质、性格）的制约。如唐代大诗人李白面对同一座山，他清醒时写过“淡扫明湖开玉镜，丹青画出是君山”的诗句，极力赞美君山如画。但是，他酒醉后则写道：“划却君山好，平铺湘水流”，恨不得把君山削平，好让湘水奔流无阻。由此可见，一个人在不同的主观状态下，即使是对同一事物的认识、体验也是有所不同的。客观事物具有客观性，人的心理具有主观能动性，可以通过分析一个人所生活的客观环境，以及他的行为、语言、情绪表现等去了解他的心理活动。同时要考虑他的社会经验、能力、气质、性格等个性特点对他的心理活动所产生的影响，以求准确地认识一个人心理活动的特点。

2. 心理学

心理学是研究人的心理现象及其规律的科学。人类对于心理现象的探究，根据文字记载推断，已经有 2000 多年的历史了，孔子提出的有关因材施教的观点，是世界上最早的渗透心理学思想的教育原则。古希腊的哲学家、思想家亚里士多德、柏拉图等人的著作中含有丰富的心理学思想，很长时期内心理学一直被包括在哲学之中。1879 年，德国生理学家、心理学家威廉·冯特在莱比锡大学创建了世界上第一个心理学实验室，用实验方法系统地研究感觉、知觉、情感和联想等心理现象，心理学从哲学中分化出来，开始发展成为一门独立的科学，并以自已特有的研究对象而与其他学科区别开来。

现实中，人们总是要有人际交往，几乎每天都要去猜测和揣摩别人的心理。从实践的意义上理解，每个人都可以成为心理学家，只是有些人表现得比较“出色”，有些人则表现得比较“逊色”而已。旅游从业者需要成为“出色”的心理学家，为游客提供优质服务，旅游从业人员应该尽可能多地了解心理学。

（1）心理过程。人的心理现象是十分复杂和丰富多彩的。人们在旅游过程中，免不了要用眼、耳、鼻、舌、身等感觉器官去看东西、听声音、嗅气味、吃食物、触摸各种物体，如此感受旅游对象的过程，人们称之为旅游感觉和知觉。人们经历过的事物，在大脑中留下痕迹，当它再次出现时能够认识它，必要时还能够回忆，这种现象就是记忆。每个人都有不同的旅游经历，每次旅游经历都将成为一段回忆。人们认识事物，必须用已有的知识对感知的材料进行分析、思考，才能深入到事物的本质，把握事物的规律，这种分析思考活动就是思维。人们能在过去经验的基础上，在大脑中创造出新事物的形象，这就是想象。游客在出游前，就在想象可能出现的情景，一切工作方面的预测、规划也都离不开想象。以上我们所提到的感觉、知觉、记忆、思维和想象对客观事物的属性、特点及其规律的了解和掌握的心理现象，都属于认识过程。人们通过认识过程获取知识和运用知识。

人们在接触、认识客观事物、加工外界输入的信息的过程中，不仅认识了事物，同时也产生了对客观事物的态度，产生了喜、怒、哀、乐、爱、恶等各种情感。这些都属于情感过程。

人在认识事物的过程中，会遇到不利的条件，产生某些困难，但人们并不肯屈服，而要想方设法战胜困难，达到自己预定的目的。这种想办法克服一定困难、坚持达到目的的心理过程，叫作意志过程。

认识过程、情感过程和意志过程在人们的心理活动中相互联系、相互影响和相互制约，作为一个统一的整体表现出来，统称为心理过程。心理过程是人的心理活动的一个方面。

（2）个性心理。人的心理活动的另一个方面是人的个性心理。由于每个人的遗传素质、所处的社会环境、生活条件以及所受的教育不同，形成了人们个性心理的差异。人们的个性心理主要表现在个性心理特征及个性心理倾向性两个方面。

人们在能力、气质和性格等方面表现出来的心理特征称为个性心理特征。个性心理特征是个体身上经常表现出来的本质的、稳定的心理特征。如长寿老人多半具有乐观豁达、兴趣广泛、热爱生活、知足常乐、节哀制怒、宽以待人等稳定的心理特征。人们在处理各种事物的过程中，会表现出各自不同的心理特征。善于概括、长于分析、出色的记忆力、丰富的想象力等是表现在能力方面的心理特征；精力充沛、动作迅猛、锋芒毕露、暴跳如雷、喜形于色等是表现在气质方面的心理特征；见义勇为、胆小怕事、谦虚谨慎、骄傲自大等是表现在性格方面的心理特征。个性心理特征影响着人们的其他心理活动。

个性心理倾向性是个性心理中最活跃的因素，是人进行活动的基本动力，它制约着人的所有心理活动并表现出个性的积极性和倾向性。个性心理倾向性包括需要、动机、兴趣、理想、信念和世界观等方面。游客在旅游过程中常常表现出不同的个性倾向。如定制游的兴起、发展和普及归根到底源于市场需求，源于游客选择。相对于传统的团队游和完全的自由行，选择定制游的消费者不仅能够清晰地了解和表达自身的旅游需求，而且能够在价格与品质、自由与舒适之间做出理性选择。成熟的游客是推动定制旅游发展的根本。人们在需要、动机、兴趣等方面的差异反映了人的个性倾向性。在个性心理倾向性中，需要是其他倾向性的基础，动机是从需要转化而来的，兴趣是需要、动机的特殊表现形式，信念、理想、世界观是个性心理倾向性中最核心的部分，制约着一个人所有的心理活动。

（三）现代心理学的三大派别

1. 精神分析心理学

精神分析心理学产生于20世纪20年代，代表人物是奥地利精神病医生弗洛伊德。精神分析学派是弗洛伊德在毕生的精神医疗实践中，对人的病态心理经过无数次的总结、多年的积累而逐渐形成的。他对传统的心理学课题，如意识、感知觉、注意等不感兴趣，主要着重于精神分析和治疗，并由此提出了人的心理和人格的新的独特的解释。他认为，人内心的生物方面的冲动、情欲等原始本能的东西，是人的个体复杂生存活动和传宗接代的种族生存的主导驱动力。弗洛伊德认为，外部的一些社会伦理道德的要求在一定程度上约束了人的这种原始冲动的自由表现，所以，他进一步认为，人的心理可以分成两部分：一部分是意识，另一部分是潜意识（无意识）。意识包括个人现在意识到的和现在虽意识不到但却可以记忆的。潜意识是不能被本人意识到的，包括原始的盲目冲动、各种本能以及出生后被压抑的欲望。无意识的东西并不会因压抑而消失，它会继续存在，并伺机改头换面表现出来。这就是精神分析理论。

弗洛伊德精神分析学说的最大特点，就是强调人本能的、情欲的、自然性的一面，它首次阐述了无意识的作用，肯定了非理性因素在行为中的作用，开辟了潜意识研究的新领域；它重视人格的研究、重视心理应用。在精神病治疗方面，不仅提供了一整套治疗的理论和方法，而且当为现代医学心理学之先声；另外，精神分析理论还在艺术创造、教育及其他人文科学方面得到了广泛的应用。后来，由弗洛伊德的一些学生又发展形成了新弗洛伊德主义，表现为不再那么强调人的本能作用，而开始重视人和人之间关系的社会因素。

弗洛伊德的精神分析学派，是心理学中一个经久不衰的心理学派，它的许多理论至今仍在心理学研究中发挥着重要的作用。

2. 行为主义心理学

冯特所创立的心理学仅兴盛了三四十年就遇到了困难，问题出现在“心理学是研究意识的科学”这个定义上。因为要承认这个定义，首先就要求承认意识的存在，但是这不被心理学界所有的人认同。1913年，美国心理学家华生首先向冯特的心理学提出挑战。华生指出，心理学如果要成为一门科学，能和自然科学等其他学科处于平等地位，就必须来一场彻底的革命，就要放弃意识作为心理学的研究对象。主张心理学不应只是研究人脑中的那种无形的像“鬼火”一样不可捉摸的东西——意识，而应去研究那种从人的意识中折射出来的看得见、摸得着的客观东西，即人的行为。

行为，就是有机体用以适应环境变化的各种身体反应的组合。这些反应不外乎是肌肉的收缩和腺体的分泌，它们有的表现在身体外部，有的隐藏在身体内部，其强度有大有小。他们认为，具体的行为反应取决于具体的刺激强度，因此，他们把“S—R”（刺激—反应）作为解释人的一切行为的公式。行为主义理论认为，心理学的任务就在于发现刺激与反应之间的规律性联系，这样就能根据刺激而推知反应，反过来又可通过反应推知刺激，从而达到预测和控制行为的目的。

20 世纪 40 年代前后出现了新行为主义，强调在实验操作的基础上研究人和动物的行为。新行为主义者斯金纳最大胆的尝试是把行为主义原理用于改造社会。他写过一本小说《沃尔登第二》，是以日记的形式描写了一个乌托邦式的理想社会。斯金纳把这种社会设计称作“行为工程”，并把这样一个社会的实现寄托于中国。20 世纪 60 年代，美国卷入越南战争，社会危机四起，人们开始怀疑美国的社会制度，向往一个理想社会，于是这本书便不胫而走。

3. 人本主义心理学

亚伯拉罕·马斯洛，美国人本主义心理学的主要发起者和理论家，其主要学术贡献如下。

（1）需要层次。按马斯洛的理论，个体成长发展的内在力量是动机。而动机由多种不同性质的需要所组成，各种需要之间有先后顺序与高低层次之分，每个层次的需要与满足将决定个体人格发展的境界或程度。

按照从低到高的顺序，马斯洛的需要层次包括：①生理需要（生存所必需的基本生理需要，如对食物、水、睡眠和性的需要）；②安全需要（一个安全和可预测的环境，它相对地可以免除生理和心理的焦虑）；③爱与归属的需要（包括被别人接纳、爱护、关注、鼓励、支持等，如结交朋友、追求爱情、参加团体等）；④尊重需要（包括尊重别人和自尊重两个方面）；⑤自我实现需要（包括实现自身潜能）。

在心理学上，需要层次论是解释人格的重要理论，也是解释动机的重要理论。

（2）自我实现。自我实现是马斯洛人格理论的核心。他认为可以将其“定义为不断实现潜能、智能和天资，定义为完成天职或称之为天数、命运或禀性，定义为更充分的认识、承认了人的内在天性，定义为在个人内部不断趋向统一、整合或协同动作的过程”。也就是说，个体之所以存在，之所以有生命意义，就是为了自我实现。

马斯洛对自己的学生进行抽样调查，并对历史上和当时仍然健在的著名人物，如斯宾诺莎、贝多芬、歌德、爱因斯坦、林肯、杰弗逊、罗斯福等人进行个案研究，概括出了自我实现的人所共同具有的人格特征。概括起来，主要有以下几点：对现实更有效的洞察力；对自我、他人和自然的接受；行为的自然流露；以问题为中心；超然的独立性；避世独居的需要；对文化与环境的独立性；意志；积极的行动者；自我实现者的人际关系；民主的性格结构；区分手段与目的、善与恶；富有哲理的、善意的幽默感；创造力；对文化适应的对抗等。

（3）教育心理学思想。马斯洛的思想以人性本善为前提。强调教育的功能，教育的目的本质上就是人的自我实现，是人所能达到的最高度的发展，即帮助人达到他能够达到的最佳状态。在马斯洛看来，人具有一种与生俱来的潜能，发挥人的潜能，超越自我是人的最基本要求。环境具有促使潜能得以实现的作用，然而并非所有的环境条件都有助于潜能的实现，只有在一种和睦的气氛下，在一种真诚、信任和理解的关系中，潜能才能像得到了充足阳光和水分的植物一样蓬勃生长。

马斯洛把完善的人性教育作为人本教育的基本内容。通常人在低级需要获得满足后才会追求高级需要的满足。自我实现追求的内容是实现人的“内在价值”，包括真、美、新颖、独特、公正、严密、善、效率、爱、诚实、单纯、文雅、成长等。如果能实现这些价值，便可以获得人生最大的幸福和快乐。

人本主义心理学（humanistic psychology）是20世纪五六十年代兴起于美国的一种心理学思潮，是继行为主义心理学和精神分析心理学之后的第三大学说。主要代表人物是亚伯拉罕·马斯洛和卡尔·罗杰斯。其学习观与教学观深刻地影响了世界范围内的教育改革。

人本主义心理学以真诚、悦纳、理解为核心，强调儿童作为“人”的本性，主张在教育过程中予以深刻的人文关怀。其基本视角和价值观对早期教育工作者正确看待儿童，并采取适当的教育教学方式都具有独特的启示作用。在当前提倡关注人的生命价值、注重人文关怀的教育大背景下，早期教育工作者更应当从人的本性和教育的本质角度进行深入的反思，使童年少一些强制和束缚，多一些宽容和理解，让教育真正闪烁人性的光芒。

马斯洛最早认识到了人本管理的重要性，他认为任何组织的管理问题，都可以用一种新方法来加以解决，建立起某种环境条件，使个人目标与该组织的目标结合起来。即无论何种管理都应以人为本。马斯洛的观点很具有颠覆性、穿透性和准确的预见性。几十年过去了，其有关要求自我实现的员工、培养客户忠诚、树立领导风范以及把不确定性作为一种创造力源泉的主张等，描绘了我们今天数字化时代的图景，显得非常深刻。马斯洛的人本主义心理学为我们开创了认识人生、改善人生的新天地，它研究的问题与社会生活紧密相连，提出引人深思的社会问题，虽然不够尽善尽美，但这是积极的，对社会的个体、民族乃至人类整体的生活提高都是有益的。

二、旅游心理学的内涵、研究对象及研究内容

（一）旅游心理学的内涵

也许不少读者会问：什么是旅游心理学？以某一案例为例，在该案例所述情境下，研究旅游心理学的学者们、学习旅游心理学的学生们，可以专注于了解以下内容：潜在旅游者对地震遗址的感知（关于地震、地震遗址以及相应的旅游设施、服务等，潜在旅游者了解了些什么），旅游者的动机（旅游者为什么要前来地震遗址旅游），旅游者的情绪情感（旅游前后及旅游过程中，他们有着怎样的情绪情感体验），旅游者的满意度（他们对此次出游是否满意），当地居民对旅游开发的影响的感知（他们如何看待旅游开发所带来的影响），当地居民对旅游开发的态度（他们对旅游开发持什么样的态度），以及旅游业从业人员的情绪、情感、态度，等等。如此说来，旅游心理学对旅游者的心理、旅游从业人员的心理以及目的地居民的心理都可以有深入的理解和解释，因而具有广泛的实际应用价值。因此，结合上文所述有关心理学分支学科的知识，我们可以发现，旅游心理学所涉及的主要心理学分支学科至少包括社会心理学、认知心理学、人格心理学、发展心理学、管理心理学、消费心理学和心理测量学等。

综上所述，旅游心理学是一门研究旅游活动中产生的心理活动和心理现象的交叉学科。旅游心理学介于旅游学和心理学之间，有自己独特的研究对象，是一门应用性较强的学科。随着旅游业的发展，旅游心理学应运而生。

（二）旅游心理学的研究对象

旅游心理学主要研究旅游消费心理、旅游服务心理和旅游企业员工心理，这三方面内容构成了旅游心理学的主体。

1. 旅游消费心理

人们的旅游消费行为是在其消费心理支配下发生的，因此了解旅游者消费心理的发生、发展变化规律是非常有必要的。美国著名心理学家勒温提出的行为公式是：

$$B=f(P\cdot E)$$

他认为人的行为受两大因素影响，一个是人格，一个是人所处的环境，人的行为就是人格和环境的函数。所谓人格，简单地说就是个人的心理特点系统。在我们研究旅游行为的规律时，对旅游者个人心理因素的探讨就成为最有价值的切入点。所以我们一方面要探讨旅游者的心理因素对旅游行为的影响，另一方面要探讨旅游者所处的外部环境对旅游行为的影响。

探讨旅游者的旅游消费心理就是要探讨旅游行为产生的规律，探讨旅游者的旅游知觉、旅游动机、旅游态度、旅游者的人格、旅游者的情感以及旅游审美心理等内容。对于旅游行业的从业者而言，了解旅游者的心理规律对他们正确理解并预测客人的行为有很大帮助，从而为影响和引导旅游者的行为打下基础。《孙子兵法》云："知己知彼，百战不殆"，在今天旅游业竞争极端激烈的情况下，了解自己的工作对象是非常有价值的。

2. 旅游服务心理

旅游业在当今世界上存在和发展的一个重要理由在于旅游业有"接待"这一特点，换句话说要通过人与人打交道来完成其生产过程。从心理学角度可以把旅游产品解释为：旅游者花费一定的时间、金钱和精力所获得的个人经历。从这个角度来看旅游服务，那么旅游服务实质上是旅游服务人员通过与旅游者打交道，以帮助旅游者构造其美好经历的过程。要想使客人有好的经历、好的体验、好的感受并不是一件简单的事，它需要迎合旅游者心理，满足旅游者的需要。如果不了解旅游者的心理而进行的旅游服务则是无理性的，无异于"盲人骑瞎马"，走到哪儿是哪儿，这样是无法得到好的结果的。

3. 旅游企业员工心理

旅游企业经营的成败取决于它的管理和服务。在服务业，人们常说的一句话就是"顾客是上帝"，其含义无非是服务人员要尊重客人，永远把客人放在第一位。而要想使员工做到这一点并不是一件简单的事。

总而言之，旅游心理学是一门新兴的应用学科，是心理学的一个分支。它是把心理学的研究成果和一般原理运用到旅游领域而形成的一门新学科。它是应社会发展和旅游学科发展的需要而产生的，是旅游学科中一门重要的学科。旅游心理学的研究对象是旅游活动中的心理活动和行为规律，并在此基础上研究如何遵循这些规律以做好旅游服务和旅游管理工作。

（三）旅游心理学的研究内容

旅游活动是一种综合性的活动，它既是一种地理现象、一种商业活动，也是一种社会行为、一种人类经历。旅游心理学是解剖这一复杂现象的一个重要角度。根据旅游心理学的研究对象，我们认为旅游心理学的具体研究内容应包括以下几个方面。

1. 旅游者心理

具体包括旅游知觉、旅游动机、旅游者的人格、旅游者的态度、旅游者的情绪和情感、旅游审美心理。

2. 旅游服务心理

具体包括导游与景区服务心理、酒店服务心理、旅游交通服务心理、旅游商品服务心理。

3. 旅游企业员工心理

具体包括旅游企业中的人际关系、员工的心理保健、员工劳动心理、旅游企业领导心理。

第二节　旅游心理学的研究方法

旅游心理学是心理学的一个新兴的分支应用学科，其研究方法主要来自心理学中已经非常成熟的研究方法，同时从旅游心理学的学科特点出发，有选择、有变化地使用这些研究方法。心理学的发展为旅游心理学的研究发展提供了知识和方法上的基础，这使得旅游心理学的研究发展变得迅速而有效。此外，社会学的知识和研究方法也成为旅游心理学的重要知识和方法的来源。这些构成了旅游心理学发展的先天优势，其后天优势则是强大的社会需要。

一、旅游心理学研究的信息来源

要想有效地对旅游心理学进行研究，首先就要获取相关资料。这些资料主要有两类：第二手资料和第一手资料。

（一）第二手资料

从事任何研究项目，首先应全面收集与此项目有关的现有资料，即第二手资料。第二手资料又称间接资料，是他人为其他某种目的收集的已经加工整理过的信息。第二手资料获取的成本低、需要的时间短，但由于是他人为其他目的收集的，所以适用性较差。

（二）第一手资料

第一手资料又称原始资料，是通过现场实地调查所收集的资料。在许多情况下，利用第二手资料不能完全满足调研者的需要，因为毕竟这些资料不是针对本研究的目的所收集的。虽然第一手资料的获取更费时间，需要投入更多的成本，但有时第一手资料才是解决问题的唯一方法，甚至可以说是不可替代的。获取第一手资料的方法很多，如观察法、实验法、访谈法等。

二、旅游心理学研究的类型

根据调查研究中获取被试者资料的方法的不同，我们可以把旅游心理学的研究分为两种性质不同的类型：定性研究和定量研究。

（一）定性研究

所谓定性研究就是通过综合描述与分类来对事物进行衡量的研究。

（二）定量研究

定量研究是通过数量对事物进行衡量的研究。

由于定性研究得出的结论非常有限，所以研究人员常使用定性与定量相结合的研究来辅助制定战略决策。

三、旅游心理学研究的具体方法

（一）观察法

观察法是在自然情况下，有计划、有目的、系统地直接观察被研究者的外部表现，了解其心理活动，进而分析其心理活动规律的一种方法。

（二）实验法

实验法是有目的地严格控制或创设一定的条件人为地引起某种心理现象产生，从而对其进行分析研究的方法。实验法有两种形式：实验室实验法和自然实验法。实验室实验法是在专门的实验室内借助于各种仪器来进行的。自然实验法兼有观察法和实验室实验法的优点。

（三）调查法

调查法是从大量消费者中系统收集信息的方法。调查可以采用人员访问、邮寄问卷调查、电话调查等方式。人员访问通常在工作现场进行，通过问卷等方式，能在较短时间内收集到大量的信息。邮寄问卷调查所花费的时间较长，所问的问题应该简单一些，这种方法可用来收集中等复杂程度的数据，其优点是费用较低。电话调查的特点是完成迅速，能提供良好的样本控制（谁回答问题），而且费用也不太高，但询问的问题同样应该简单一点。

调查法的一个主要问题是调查所引起的偏差比较大。在选择参与调查的对象中只有不到一半的人实际接受了调查。在电话调查和人员访问中，很多人不在家或者拒绝合作，而在邮寄问卷调查中，很多人拒绝或忘了做出反应。为了尽量避免这种情况的发生所带来的不利影响，调查人员可以通过电话或人员再访问方式来提高调查反应率。再访问应该安排在不同的日子或同一天的不同时段。

（四）问卷法

严格地说，问卷法也是属于调查法的一种，它是根据研究内容的要求，由调查者设计一份调查表，由被调查者填写，然后汇总调查表并进行分析研究的一种方法。

（五）访谈法

访谈法是指调查者与被调查者进行面对面、有目的的谈话、询问，以了解被调查者对所调查内容的态度倾向、人格特征等的方法。访谈法分为结构式访谈和非结构式访谈两种。

（六）投射技术

投射技术是指向被调查者提供一些含义模糊的材料，通过这些材料激发出被调查者潜意识中的感情和态度。投射技术用来测试被调查者在一般情况下不肯或不能披露的情感、动机或态度，是“根据无意识的动机作用来探询人的个性的方法”。

第三节　研究旅游心理学的意义

旅游心理学除了能回答理论问题以外，更重要的价值还在于它的实践价值。

一、研究旅游心理学，有助于旅游业的发展和旅游服务质量的提高

旅游业本身的性质特点决定了我们在从事这一行业时，必须对所服务的对象有充分的了解。因此，旅游发展目标和任务艰巨。既要与国际接轨，为国际旅游者和国内部分高素质的旅游者按国际标准服务，还要服务于一些各方面素质相对较低的旅游者。旅游心理学对于发展我国旅游业、提高服务质量有着极其重要的价值。

在掌握和运用旅游心理学知识的时候，不但要着眼于知识的具体运用，以达到有的放矢，了解旅游者的心理，预测旅游者的行为发展，有目的地引导其行为，最终获得良好的经济效益，而且还要有大旅游概念。

二、研究旅游心理学，有助于提高旅游企业的经营和管理水平

近年来我国旅游业发展迅猛，旅游企业之间的竞争也日趋激烈，每个企业都面临着生存和发展的问题。在这种机遇与挑战并存的大背景下，提高经营管理水平，在激烈竞争中立于不败之地有赖于加强旅游科学知识的学习和研究。旅游心理学有助于提高旅游企业的经营和管理水平。

三、研究旅游心理学，有助于科学开发旅游资源和安排旅游设施

旅游设施和旅游资源是旅游业生存和发展的基础，一般情况下，缺乏旅游资源和完备的旅游设施，旅游业就无法得到发展。但是，旅游资源要变为现实的旅游产品，其前提是要被广大旅游者接受，要做到这一点就需要遵循和利用旅游心理学的知识。

四、研究旅游心理学具有很大的理论意义

旅游主要研究人，而旅游心理学是进行旅游者行为研究的最成熟、最专业的学科。它已有的研究成果、方法对旅游学的研究具有方法论和专业知识统领的作用。在旅游研究领域，尤其在旅游者行为研究方面，心理学介入得越来越深且被广泛应用正说明了这一点。如社会建构心理学的方法论价值，心理学关于体验研究的成果，已经且正在影响着旅游研究的发展。

旅游学亟待建立完善的学科体系，无论其组成是经济学系、管理学系还是文化系或者心理学系，其学科体系构成都需要心理学研究的参与。只要研究对象中有“人”，心理学就是不可或缺的。

阅读材料

境内、境外消费差价的不断扩大，成了刺激大部分消费者选择境外消费的主要原因，这一现象在旅游这一消费行为上同样适用。有记者从携程旅游了解到，国内长线游与出境短线游价格相当，即使算上门票、餐饮等消费，用国内游的钱出境玩一趟，成为越来越多国内年轻人的选择。

（1）“80后”成长为出境游主力。据原国家旅游局统计数据，2014年我国出境旅游首次突破了1亿人次大关，达到1.09亿人次，相较于2013年的9819万人次，增长了11%。旅游需求的持续增长，受益于国人旅游观念的改变。旅游已经从少数人的奢侈品，发展成了大众化、经常性消费的生活方式。而伴随旅游服务进入数字网络时代，旅游方式更趋多样化，境外旅游条件的不断放宽，使得我国出境游客人群的年龄层也愈加

年轻化。“80 后”人群已经成了出境游客的主体，他们在中国出境游客中所占的比例高达 56.2%，“70 后”和“60 后”所占比例分别为 26.4% 和 11.3%。

（2）休闲旅游挤占购物游份额。对于中国的一些年轻人而言，假期是为了更好地放松身心、休闲享受，而不再只是花钱。这个群体的消费观已不同于以往我们印象中的“血拼族”。目前，观光旅游仍然是中国游客出境旅游的首要目的，其次为休闲度假。在吸引中国游客出境旅游的各大因素中，“美丽的风景”这一因素仍然排在首位，其次为各城市独特的文化，购物逐步变成了一个附加目的。“80 后”群体已然将休闲、探奇作为出境游的主要目的。

（资料来源：姚玉洁 .80 后成中国出境游主力，休闲旅游挤占购物游份额［EB/OL］. http://news.xinhuanet.com/2015-02/24/C-1114421153.htm）

在上述报道中，“目的”“动机”“需求”“观念”“选择”“生活方式”和“放松身心”等词汇，看似是再普通不过的日常用语，但它们所折射出的却是旅游者内在的心理状态。报道所展现的种种现象，似乎天天发生在我们身边，我们早就习以为常了。但是，为什么会发生这样的现象？除了文中提及的差价等因素外，是否还有其他原因？如何来探究这些原因以便更好地理解旅游业中的种种现象？这就需要学习旅游心理学——一门从心理学的视角理解和解释旅游现象的学科。本章作为本书的导论，对旅游心理学的基础理论研究方法以及研究意义等做出了翔实的阐述。

本章小结

本章主要介绍了心理学、旅游心理学的研究对象、研究方法和学习研究旅游心理学的意义。旅游心理学的研究对象包括旅游消费心理、旅游服务心理和旅游企业员工心理。主要研究方法有观察法、实验法、调查法、问卷法等。

复习思考题

1. 阅读相关书籍，对比讨论相关著作中旅游心理学研究体系的区别。
2. 旅游心理学的具体研究内容有哪些？
3. 研究旅游心理学的意义有哪些？

第二章

旅游者的消费心理与行为

导言

旅游业是世界范围内的朝阳产业，随着我国经济发展和人民生活水平的提高，旅游也越来越成为人们生活中关注的重点。伴随着旅游业的发展，学者们对旅游现象的研究日益深入，尤其是对旅游消费心理与行为的研究越来越受到重视。

旅游活动的主体是旅游者，这是旅游业赖以生存和发展的关键。旅游行为是一种特殊的消费行为，有其自身的特点。为了探索和研究旅游行为的内在规律，首先要对产生旅游行为的基本要素和旅游行为的影响因素有一个基本的了解。

【教学目标】

通过本章的教学，要求学生对旅游心理活动过程、心理活动的理论依据、基本活动规律有一个明确的认识，并能够运用心理学和行为科学理论，去正确理解和掌握旅游活动过程中人的心理和行为的本质规律。进一步了解旅游过程中存在的风险，掌握规避风险的途径和方法。

【关键术语】

旅游者；消费心理；行为；旅游环境；旅游行为；旅游风险；旅游学习

案例导入

从家庭消费模式看国民旅游消费

由北京大学社会学系发布的《中国民生发展报告2014》近日在网上热传。该报告提出，2012年我国家庭净财产的基尼系数高达0.73，顶端1%的家庭占有全国1/3以上的财产，底端25%的家庭仅拥有1%左右的财产总量。这个判断是否正确，是社会学家、经济学家的事，暂且不说。但笔者认为，这份报告透露的中国家庭消费模式对于研究旅游消费具有一定的参考价值。

此份报告虽没有提到旅游消费，但可以理解为包含在“文娱”等“享受型”消费中，因而对研究国民的旅游消费状况颇有参考价值。

通过这些家庭的消费模式可以推算出他们在旅游消费中的表现。贫病型和蚂蚁型家庭的旅游消费能力势必极低，即便旅游的话也是偶尔的、省吃俭用的一日游、近地游居多。蜗牛型家庭的旅游消费能力也很低，是廉价的大众游的主体，旅游经历较少又图便宜，落入“零负团费”陷阱的往往是他们。稳妥型家庭应是国民旅游消费的主体，也是中档旅游消费的主力。享乐型家庭无疑有较高的旅游消费能力，是高端旅游和出境旅游的主力，在境外一掷千金、热购奢侈品的大多是“占有全国1/3以上的财产”的“1%的顶端家庭”。

由于笔者尚未看到报告全文，这五类家庭的比例各占多少，是否有调查数据不得而知。笔者一直认为，目前中国大陆地区“金字塔”社会结构的状况大致是：1/10的贫困人口，5/10的低收入群体，3/10的中等收入群体，1/10的高收入群体。报告的划分与笔者的估计是大体吻合的。由此推断，目前中国大陆居民旅游（包括国内与出境）中的中等消费的主体，大体上是中等收入群体（约4亿城镇人口），高收入群体（约1亿城镇高收入居民）为高端旅游消费的主力，约占人口半数的低收入群体是低档消费旅游的主体。旅游消费水平及其结构似应与国民收入水平与消费结构的整体状态契合。

［资料来源：王兴斌.从家庭消费模式看国民旅游消费［N］.中国旅游报，2014-07-30（2）］

问题：

1. 目前中国大陆的居民旅游究竟处于何种发展阶段？旅游已成为生活方式一部分的居民有多少？

2. 如何在旅游开发、经营和推广中细分市场群体？目前以高端消费为取向、以“旅游房地产”为名义的旅游综合体、旅游度假区、主题公园、高档住宿等“大项目”开发热是否应降降温？

3. 查阅《国民旅游休闲纲要(2013—2020 年)》的内容，并分析该纲要的出台对我国休闲旅游的影响。

旅游活动的主体是旅游者，这是旅游业赖以生存和发展的关键，是旅游心理学研究的重要课题。人的意识和行为是紧密相连的。恩格斯说：“推动人去从事活动的一切，都要通过人的头脑，甚至吃喝也是由于通过头脑感觉到的饥渴引起的，并且是由于同样通过头脑感觉到饱足而停止。外部世界对人的影响表现在人的头脑中，反映在人的头脑中，成为感觉、思想、动机、意志……”这表明人的行为是在自己头脑支配下产生的，旅游者行为也不例外，它是旅游者心理活动的外在表现，是旅游者心理活动的外化结果。因此，旅游心理学研究旅游者心理，不可不研究能够客观地观察到的旅游者的外在行为。

第一节　旅游心理与旅游环境

一、行为

行为不仅是心理学研究的课题，也是生物科学、社会科学及行为科学研究的课题。这些学科的专家们都给行为下过定义，诸如“生物以其外部和内部活动为中介与周围环境的相互作用，内部即心理活动。人的行为有其自然前提，但基本上是受社会制约的……”“行为就是人类日常生活中所表现的一切活动”“行为一般是指可以观察到肌肉和外分泌腺的活动，是身体的某一部分的运动以及由泪、唾液等状态表现出来的”等。以上的定义从不同角度阐述了行为的含义。

(一)国外各学派的有关理论

格式塔(德文“Gestalt”的音译，意思为“完形”“结构”“整体”等)心理学派的勒温对人的行为提出了一个公式：

$$B=f(P\cdot E)$$

式中：B(Behavior)代表行为；

P(Person)代表人；

E(Environment)代表环境；

f(Function)代表函数关系。

以上公式用一般语言来说明，即人的行为取决于个体的内在因素和外部条件。不同的人对同一环境可以产生不同的行为，甚至同一个人在不同情况下，对同样的环境也可以产生不同的行为。勒温认为，科学的心理学必须讨论整个情况，即人和环境的状态。勒温的理论还认为，人的行为因时间、地点所处的环境和个体内部的身心状态而表现出不同的反应。同时，他把人的行为定义为个体与环境相互作用的结果。

行为主义心理学创始人华生主张只研究个体的行为。这一学派不同意对人的心理学和意识进行内省研究，认为心理学是行为的科学，而不是意识的科学，理由是意识无法进行客观观察，因而不能作为科学研究的对象。他们提出心理科学应当研究“客观观察所能获得的，并对所有人都是清楚的东西”，也就是人的行为。华生还主张心理学应对环境与人和动物的行为之间的关系进行研究，并提出了“刺激—反应”，用符号表示为S—R 的行为主义公式。行为主义学派把反应看作机械式的由刺激直接引起的，从而否认或忽视了人的心理因素的作用。这种观点虽带有唯物主义的性质，但其过于机械地强调某一刺激必然会引起某种反应这种对应关系，远远不能解释瞬息多变、极为复杂的人类行为的特征。

新行为主义主要代表人物托尔曼于 1935 年首创“中介变因”的概念。这个学派的这种观点开始注意到个体自身对行为的作用。他提出的行为公式为：

$$B=f(S, A)$$

式中：B 为行为变因；

S 是情境变因；

A 为前提变因（包括遗传、年龄和旧经验等）；

f 表示函数关系。

各学派理论相互补充，使人类行为逐渐演变的过程可表示为：S—O—R，其中 S 代表刺激，O 代表中间变量，主要指人的内在因素，R 代表反应。

个体因素对人的行为有明显的影响，人的不同行为受人的不同的内在因素（思想、意识、情感、需要和态度等），即心理因素所支配。这里刺激（S）、个体（O）、反应（R）之间的相互关系可用图 2-1 表示。

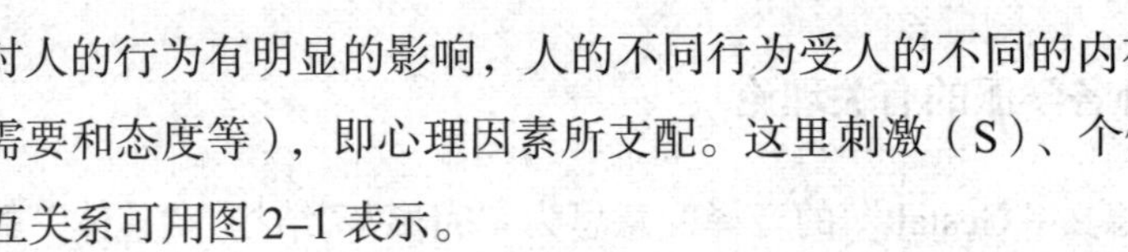

图 2-1　S、O、R 之间的关系

这种模式是连续性、循环性的，即满足需要，实现目标，行为暂时完成；目标完成又作为反馈信息提出新目标，使行为向更高水平发展。

（二）人类行为的共同特征

心理学研究提出，人类行为的共同特征包括以下五点。

（1）行为的自觉性与主动性。人类的行为是自动、自发而不是被动产生的，外界客观刺激因素可能影响人的行为，但无法产生人的行为。

（2）行为的因果性。人类任何行为都有一定的起因。遗传素质、外部环境是影响行为的生理原因和外部原因。人的动机、需要（欲望）等是行为的内部原因。

（3）行为的目的性。人类并非盲目的行动，其行为不但有起因，而且有目标。有直接目标，也有间接目标；有总目标，也有子目标；有长远目标，也有短期目标。

（4）行为的持久性、连续性。人类行为的指向目标没有完成之前，行为不会终止，也许行为的方法会改变，但仍继续指向同一目标。旧目标达到后还要向新目标迈进。

（5）行为的稳定性与可塑性。人类的行为经过学习、训练、重复和实践，可能形成较稳定的、习惯的活动方式；环境的变化也会造成行为的可塑性特点。

二、旅游行为的概念及其基本要素

对于旅游行为的概念，不同学科有不同的看法。近十多年来，许多经济学家、哲学家、心理学家和行为科学家对研究旅游行为十分感兴趣。经济学家认为，旅游行为是人们在旅游活动中寻找、购买、使用和评定希望满足其需要的产品、服务和思想时表现出来的行为和过程；哲学家认为，旅游行为是人们在旅游活动中表现出来的一切活动；心理学家认为，旅游行为是人们在闲暇时间内，在一定的经济条件之下，为了避免紧张、消除疲劳，获得多种满足，经过挑选选中的，在家庭环境之外进行的特殊消费活动中所表现出来的行为总称。

旅游行为的基本要素是“旅游心理”（或旅游消费心理）和“旅游环境”。旅游行为是旅游心理和旅游环境相互作用的结果。

三、旅游心理

旅游心理学研究旅游者行为，主要研究支配旅游行为的旅游者心理。心理因素是旅游行为诸因素中的核心因素，也是旅游心理的核心概念。

旅游心理，按照心理学的基本理论，是指旅游活动中旅游者的感觉、知觉、记忆、思维、情绪、情感、意志以及气质、性格、能力、需要、动机、兴趣和理想等心理现象。旅游心理概括起来可分为心理过程、个性心理和心理状态三类。

（一）心理过程

旅游心理过程即旅游心理活动过程，它是指人脑对客观事物不同方面及其相互关系的反映过程，是心理现象的动态形式，其基本内容包括认识过程、情感过程和意志过程。

（1）认识过程是人从感性认识到理性认识发展的过程，这一过程是通过一系列心理活动，包括感觉、知觉、记忆、想象、思维和注意等过程来完成的。它是一切心理活动产生的基础，只有通过认识过程才能进入复杂的心理活动。

（2）情感过程是指人在认识客观事物的过程中并不是呆板的、冷漠的，而是不仅有所知，而且也会有所感。如旅游者对祖国名山大川的泰山之雄、华山之险、黄山之妙、嵩山之峻、雁荡之绝等叹为奇观，对旅游企业服务出色的赞许，对旅途中所购伪劣商品的愤怒等，这些便是在认识基础上所产生的喜、怒、哀、乐等的情感。情感的产生会对认识活动起到动力作用。

（3）意志过程是指旅游者在认识客观事物中，不仅有所知和有所感，而且还会有所行。旅游者在旅游活动中为了实现预定目标，必然有克服各种困难、努力进取的心理活动。例如，登黄山敢于攀登天都峰，骑自行车周游全国等。意志是在认识的基础上产生，在情感的推动下形成的。意志形成后，反过来对认识与情感又起强化作用。

综上所述，认识、情感和意志过程是相互联系、相互制约的统一整体。

（二）个性心理

心理过程是人的心理共性，但在每一个人身上体现时，由于社会生活环境、教育、先天条件等因素的影响，又会表现出特殊性、差异性，并逐步形成人的心理的个性。个性是一个人在活动中所表现出来的比较稳定的带有倾向性的各种心理特征的总和，它是人的心理现象的静态形式。个性心理包括三个方面：个性倾向性、个性心理特征和自我意识。

（1）个性倾向性是指个人在社会生活过程中逐渐形成的思想倾向，是需要、动机、兴趣、理想、信念和世界观等。它是人的个性心理结构中最活跃的因素。这些倾向的不同是个人之间差异的一个重要方面，是决定一个人行为方向并起动力作用的重要因素。在个性倾向性的成分中，需要是基础，对其他成分起调节、支配作用；信念、世界观居最高层次，决定着一个人总的思想倾向。个性倾向性作为个性的潜在力量，使人的个性心理表现出一定的社会倾向性。在阶级社会中还表现出阶级性。

（2）个性心理特征是指个人稳定的心理特点，它表明人与人之间在具体的心理面貌上的差异。个性心理特征包括能力、气质和性格，体现着人的心理的鲜明差异性。例如，有的旅游者对旅游景点记得牢，有的却忘得快；有的旅游者长于摄影，对旅游景点都能立此存照；有的能绘画，尤其长于风景画，这些是能力的差异。有的人外向，有的人内向；有的旅游者在旅游活动中安静沉着对景点细细观赏，有的却性情急躁，对景点观赏粗枝大叶，这是气质方面的差异。有的旅游者大方诚挚，有的却自私虚伪，这是性格方面的差异。"人心不同，各如其面"，就是表明人的个性心理特征方面存在的差异。

（3）自我意识是个体对自己的态度和认识，它是个性心理的调控结构，体现着一个人的成熟度，决定着人的个性心理的发展水平。自我意识包括自我认识、自我体验、自我评价、自我监督、自我调控、自我教育和自尊心等成分，是一个多维度、多层次的心理系统。

个性心理的三个方面互相依存、互相制约、协调发展。正是在这三种因素的相互作用下，才构成一个以个性倾向性为方向，以个体心理特征为表现，以自我意识为调控的有机的个性心理的整体。心理过程与个性心理的联系非常紧密。首先，心理过程在每个人身上表现时，总具有个人的特点。也就是说，个性心理是通过心理过程形成的；其次，个性心理要通过人的心理过程表现出来，并制约着心理过程的发展。正是因为心理过程和个性心理相互融合、相互制约，才形成一个人完整的心理面貌。

（三）心理状态

心理状态是指一个人在一定时间内心理活动的综合表现。由于人们在认识、情感、意志或不同活动背景下，当时所处的心理活动相对稳定的水平不同，人有多种多样的心理状态。旅游者在旅游中由于活动不同，表现出来的心理状态也是各种各样。如从一地去另一地乘坐飞机时的心理状态，到达旅店住宿时的心理状态，在餐厅用餐时的心理状态，在旅游景点游览观光时的心理状态，攀登高山时的心理状态等很多种，旅游具体活动有多少种，就会有多少种心理状态。要想使旅游活动顺利进行，并取得良好的效果，就需要有一种能与之相适应的最佳心理状态。

四、旅游环境

环境的概念是相对于中心事物而言的，与某一中心事物有关的周围事物，就是这个事物的环境。这表明，人在世界上并不是生活在真空之中，即使宇航员乘上宇宙飞船离开地球去探测月球，也不是生活在真空之中；人与人之间和人与环境之间，必然要发生各种各样的联系，而且相互影响。

从旅游心理学研究角度来说，旅游环境是指凡是能够造就对旅游者具有吸引力，能够培养旅游者感情的环境。如人文景观、自然景观、旅游地人口流量、交通通信状况、旅游设施设置情况、旅游活动项目及其变化情况和旅游服务表现等状况，只要能使旅游者较早地被视为表示具有某种经历的特征，或能够产生某种旅游纪念的心理状态，受欢迎并能满足其旅游动机的环境，就可称为旅游环境。

旅游环境一般说包括气候、阳光、空气、旅游资源、旅游服务、旅游地和个体所处的社会的、经济的、文化科技等自然环境和社会环境。可是在旅游专家中说法不一，有人认为，旅游环境可划分为硬件环境和软件环境两个部分：硬件环境指综合环境体中的景观环境、交通环境、住宿环境、道路环境、购物环境、康乐环境以及文化环境等；软件环境指旅游地劳动质量与服务水平、居民文化素养与友好态度、管理与经营方针、国家政治与政策、地貌风貌与风光、语言文化及安全感等。

旅游环境对旅游者产生吸引力的基础在于：同他们在其常住地或本国所能进行某些活动的条件相比，旅游目的地所提供的环境能够使他们活动得更好，或者使他们能够从事某些在其常住地或本国根本没有条件进行的活动。一般来说，旅游者对原始的、真实的、典型的旅游环境十分青睐，这些具有各自特点、特色、风格和真实面貌的旅游环境常是吸引旅游者旅游的动机，以及促进人们进行活动的源头因素。

第二节　旅游行为的影响因素

旅游心理学研究人们在旅游活动中的行为，是把旅游者视为决策者，这有助于理解人们的旅游行为。而旅游者的行为决策是一个复杂的过程，其间必然会直接或间接地受到许多心理因素和社会因素的影响。

一、旅游者的一般决策和重大决策

决策是指人们在对某些行动方案的知觉和具有正面的或负面的后果和成功的可能性等考虑的基础上做出抉择的过程。上述定义包括以下三个方面的含义：其一，决策必须是对某些行动方案的知觉和考虑；其二，决策必须在行动方案实施后具有正面的或负面的后果；其三，决策还必须具有成功的可能性。

决策还有一个含义：它是人们为实现一定目标而制订行动方案并准备实施的活动，也是一个提出问题、分析问题、解决问题的过程。

当一个人需要出家门去旅游前，他一定要拟订出许多有关的旅游打算。例如，去哪个旅游景区、选择什么样的线路、游览多少天、乘坐何种交通工具、住宿在哪家饭店、在哪些餐厅用餐、和谁同行、花费多少等，都要做出决定。旅游心理学研究把旅游者看作决策者，有助于理解旅游行为。一般来说，旅游决策是一个比较复杂的过程，不仅包含一系列心理活动过程，而且还与众多的社会因素相关。旅游心理学研究旅游者如何做出旅游决策，以及做出决策的过程和对决策具有影响的因素，这对激发人们的旅游行为具有积极意义；还对旅游服务和旅游者后续旅游行为的研究具有一定的重要作用。

一般性决策是指决策者在解决一般性问题时，依据本人长期处理这类问题的经验迅速做出决定的过程，似乎已经成了一种常规和习惯，又称常规决策。

旅游者采取一般决策方式的时候较多，因为采取这种方式，人们几乎不假思索地、很快就可以做出决定。例如，我国较多的旅游者是参加旅行社安排的旅游，他们做出的一般决策，就是如何选择一家信誉好、服务好且收费合理的旅行社；按照自己需要确定旅游景区，一般是选择从未去过的风光绮丽、景色宜人、有名的旅游景点；找哪位旅游同伴；旅游准备工作等。至于交通、吃、住和旅游线路都由旅行社安排。近年来，我国民航业越来越发达，远至乌鲁木齐、拉萨等，很多城市都已有直达航班，沿海大中城市的旅游者去西北、西南等旅游地旅游，都会不假思索地、习惯地选择乘飞机去目的地，以达到“旅速游缓”的旅游效果。可是，有时人们出门旅游也要做一些重大决策，这主要是一家人自助式出门旅游时，像旅游点、旅游线路和交通方式、住处的确定都要做出决定；几个同事结伴自助式旅游或是单位组织部分人出外考察观光或是企业去外地商务活动附带参观、观光等，都要做出重大决策。做这些决策要花相当多的时间和精力去收集情况和考虑各种不同方案，最后确定最佳的决策。

纵观整个旅游决策活动，旅游心理学研究发现，人们在做旅游决策时，常由于国籍不同、民族不同、生活观念不同、个人经济条件的差异、闲暇或休假时间的长短、旅游地对个人的重要程度等不同因素，而各有不同。

旅游心理学研究旅游者的旅游决策方式，这对促进和影响人们的旅游消费有积极意义。对于从事旅游业广告业务的单位来说，了解这些过程和理解决策方式，旅游业宣传人员就可以决定在何时向旅游者提供何种旅游信息，提供多少才能影响他们的决定。个体旅游者拟订一般决策时，常常是根据自己已掌握的信息和想法进行的，自认为头脑中的信息量已够。因此当他需要拟订这类决策时，对企图影响他的决定的宣传就无动于衷。所以一定要在旅游者需要做决策之前做好宣传工作，如广告采用鲜明强烈的色彩、醒目突出的标题和图案、新奇有趣的内容等，才有可能对旅游者产生强烈的吸引力，激发他的兴趣，加深他的关注程度，进而影响其一般决策。例如，各地重视旅游宣传工作，多举办旅游节、旅游交易会等活动。所以，旅游企业或旅行社要为这广大旅游者提供详细、可靠的旅游信息，这将对旅游者的决策起到很大的作用。

二、个人旅游行为的主要影响因素

旅游心理学探索和理解一个旅游者是怎样做出一般决策或重大决策的，从研究中可以发现个人旅游行为的主要影响因素是心理因素和社会因素。影响旅游行为的内在心理因素，包括知觉、学习、动机、人格和态度。社会影响因素大致可以分为四个主要方面：家庭的影响、群体的影响、社会阶层的影响、社会文化的影响。

探索、讨论和研究这些因素，可以从中了解和掌握影响旅游者旅游行为的一般规律，从而有利于开发旅游市场、改善旅游企业经营管理和服务，以及制定相应的对策。有关心理因素和社会因素将在本书其他章节分别进行详细的探讨。

旅游心理学将心理学基本理论应用于旅游实践活动，重点研究旅游心理和行为规律，分析旅游业工作中的心理因素，这为发展旅游事业、改善旅游业经营管理、提高服务质量提供了理论依据。

第三节　旅游消费的学习

心理学家研究表明，所有人类行为都包括某种形式的学习。这当然也包括旅游者旅游行为，个体旅游者行为的许多变化都要受到学习过程的影响。旅游者在面临问题及其解决问题的过程中，所表现出来的行为也都受到学习过程的影响。影响人们行为变化的因素很多，学习因素是影响行为变化的一个关键心理因素。旅游者在旅游活动中既是消费者，又是问题的解决者，要学习哪些内容才能解决旅游活动中所发生的各种具体问题，满足旅游的需要呢？学习与旅游行为是旅游心理学要探讨的重要课题之一。

一、学习

学习的概念有广义和狭义之分。

“学习”是大家日常生活中最常用的词之一，那么，什么是学习？《论语》中有一句话：“学而时习之，不亦说乎？”这里的“学”是指从老师、书本那里获取知识，“习”是指把知识运用于实践中，形成技能。《现代汉语词典》中把“学习”理解为“从阅读、听讲、研究、实践中获得知识或技能”，如“学习文化知识”“学习驾车”等。这是狭义的概念，即狭义上，学习指人的学习。

广义上，也就是心理学上的学习是人和动物在生活中获得个体的行为经验的过程。这里的“经验”一词，是指个体活动，人在活动的过程中产生了学习。因经验而产生学习的情况，大致有两种：一种是有计划地练习和训练；一种是没有计划，可能是在偶然的情况下发生。无论属于哪种情况，经验是产生学习的原因。

从上面的定义中得出，学习是人和动物共有的现象。人和动物的行为有两类：一类是本能行为，一类是习得行为。习得行为既然是通过学习得到的，同样也可以通过学习而改变。因此，习得行为比本能行为更灵活，能使人更好地适应复杂多变的外界环境。

二、学习理论

有关学习的理论很多，在消费者学习过程的理解上分为两个学派：行为学派和认知学派（见图 2–2）。行为学派（behaviorist school）认为学习是对外部事件做出反应的结果。行为学派开创了两种学习理论：经典条件反射理论和工具性条件发射理论。认知学派（cognitive school）把学习看作问题的解决，强调学习所带来的消费者心理状态上的变化。

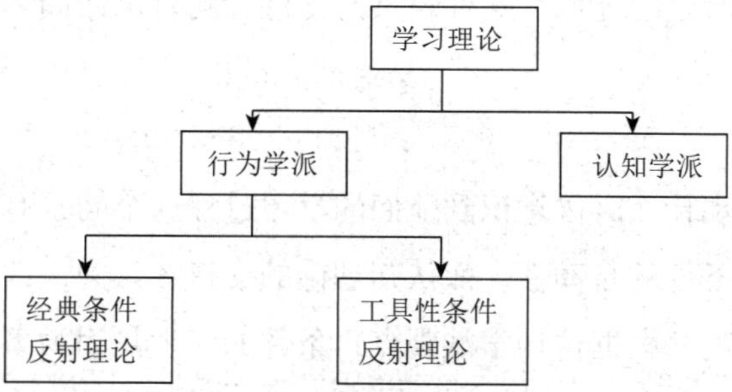

图 2–2　学习理论类型[①]

（一）行为学习理论

行为学习理论（behavioral learning theories）认为学习是对外部事件做出反应的结果。倾向于这种观点的心理学家不关注内心的思想过程。相反，他们把思想当作一个“黑箱”，强调行为的可观察方面，如图 2–3 所示。

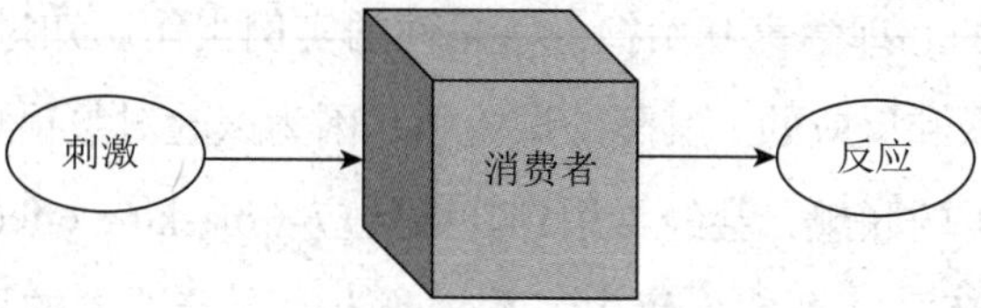

图 2–3　行为论者对学习的透视[②]

① 刘纯 . 旅游心理学［M］. 2 版 . 北京：高等教育出版社，2005.

② 同①。

这一种观点可用两种主要的学习方法来表示：经典性条件学习和工具性条件学习。

1. 经典性条件反射

当一种引起反应的刺激与另一种自身不能引起反应的刺激一起出现时，就会发生经典性条件反射（classical conditioning）。

2. 工具性条件发射

工具性条件发射（operate conditioning），也称操作性条件反射，是指个人学习去做那些能产生正面结果的行为而避免产生负面结果的行为。这种学习过程是心理学家斯纳金提出的。

（二）认知学习理论

认知学习（cognitive learning）是思考过程的结果。相对于行为学习理论，认知学习理论强调内部的思考过程的重要性。这种观点认为，人们会积极地利用从周围世界得到的信息来适应他们所处的环境。这种观点的支持者同时也强调学习过程中的创造性和洞察力。

1. 意识问题

围绕着人们是否和什么时候意识到他们的学习过程这个问题有许多争论。行为学习专家强调的是规律、条件的自动性，而认知理论的支持者认为，即使这些简单的效应也是以认知因素为基础的。根据这种学派观点，条件的产生是因为事件实现了意识假设并作用于它们。

有一些证据表明，人们是可以通过非意识过程得到知识的。人们通过无意识的消极的活动至少能获得一些信息，这是一种被称作“无意识”的条件。例如，人们在接触陌生的人或产品时，通常会依据已有的知识对刺激做出反应，而不是费力去形成一种不同的反应。人们的反应是由促发因素激活的，促发因素是指能引导人们选择一个特定模式的刺激。例如，在一次试验中，如果有一个迷人的女士（促发因素）在场，男士会评价广告中的汽车有许多优点，尽管事实上男士可能并不认为是女士的存在起了作用。

因此，许多现代的心理学家开始把一些条件的实例当作认知过程，尤其是条件中所形成的预期是联结刺激和反应的。实际的试验中，因为试验对象很难得到条件刺激（CS）或无条件刺激（UCS）的联想，会经常用到隐藏效应（masking effect）。例如，一位少女发现无论是在电视中还是在现实生活中，香气袭人、穿着迷人的女士通常会得到赞赏，由此她认为她若喷了香水、着意打扮，得到社会承认、赞许的可能性就会更大。

2. 观察学习（observational learning）

又称代理性学习，是指人们通过观察他人的行为并记录以得到强化的过程。这种类型的学习是一个复杂的过程。人们在积累知识时要把他们所观察到的东西储存在记忆中，以便把这些信息用于指导今后自己的行为。

（三）认知学习与行为学习的区别

很明显，认知学习理论与行为学习理论有很大的不同。因此，讨论这两种理论分别适用于什么样的营销状况是十分合理的。

由于行为学习理论几乎不强调思维过程和消费者的态度，所以该理论最适用于消费者认知性活动很少的情况。当消费者对产品参与程度很低时，行为性理论最可能起作用。根据工具性条件反射理论的观点，消费者在采购以前曾经买过的令他满意的产品时，通常是在消极、不参与的状态进行的。如果他们花费更多的时间用以搜寻有关香皂、牙膏或纸巾的信息，或许他们可以发现一个更好的品牌。但是，对许多产品来说，花费这样多的时间和精力不值得。积极的强化可以产生满意，但是无论如何也不是最佳选择。

经典条件反射的原理也可以被用在低度参与的购买行为中。根据阿伦和麦登的理论，当消费者处在消极状态时，更容易建立产品和积极刺激之间的联系。例如，某一品牌的牙膏可能与美丽的微笑相联系，或某一品牌的尿布与心满意足的宝宝相联系，消费者对这些产品和信息可能根本不留意。但是，如果这些联系反复出现多次后，消费者就可能在商场中注意到这些品牌，而且会在此积极联想的基础上购买。

认知性学习理论更适用于重要的和高度参与的产品购买行为。在高度参与的情况下，消费者通过信息搜寻和品牌评估过程解决问题。通过目的性行为完成目标更可能是针对汽车、服装或家具的购买而言的，而不是牙膏、纸巾或除臭剂的购买。

第四节　学习使旅游者从不成熟走向成熟

一、成熟旅游者的表现

现代旅游业在过去 150 多年中得到了异常迅速的发展，越来越多的普通民众参与了旅游活动，成为旅游者和潜在的旅游者。和其他社会角色一样，旅游消费者也要经历一个从不成熟走向成熟的过程。随着旅游业的日益发达，旅游者通过学习获得越来越丰富的间接旅游经验和直接旅游经验，变得越来越成熟。成熟的旅游者通过旅游行为，可以获得更多、更好、更高层次的满足和享受，提高自己的生活质量。旅游界的专家通过研究，认为旅游者从不成熟走向成熟主要表现在以下 6 个方面。

（一）从茫然胆怯到老练自信

不成熟的旅游者，由于缺少旅游经验，既希望到陌生的异域去旅游，又有一种茫然胆怯的感觉，不敢贸然出游。这些人通常都希望加入旅行社组织的旅游团队，以这种方式进行旅游。因为有组织的旅行社团队能够给人以安全感和保障感，旅游者交了钱后，旅游行程中的一切活动都由旅行社来安排，旅游者不必为旅游活动中的具体细节操心，个人的风险很小。随着参加旅游活动次数的不断增加，旅游者不断积累经验、增加见识，逐渐变得老练和自信。越来越多的旅游者已不再满足于旅行社的那种固定的、事先安排好的旅游行程。他们逐渐倾向于那些按个人意志和兴趣去探索的个性化的自助式旅游活动。因此，成熟的旅游者往往倾向于选择不参加旅游团队，而选择自助形式的出游，宁愿做“散客”或“背包族”。

（二）从购买标准化产品到选购个性化产品

成熟的旅游者已不满足于那些标准化的、无个性的、大众化的旅游产品，如某某五日游、某某假日之旅、某某精品线路十日游、某某精彩三日游等。成熟的旅游者希望购买个性化的旅游产品，或购买整体“标准化”旅游产品中的部分片段，然后按自己的意愿进行组合，形成个性化的旅游产品。

（三）从前往众所周知的旅游胜地到自己去发现新的旅游目的地

成熟的旅游者往往不满足于因循守旧地前往那些著名旅游胜地，他们更希望到一般游人很难到达的地方去进行探险式和探索式旅游，以获得独特的旅游体验，并发现新的旅游去处。

（四）从走马观花式的巡游到滞留型的细游

不成熟的旅游者通常希望在有限的时间里看到尽可能多的景点，因此，整个旅游过程匆匆忙忙，以满足自己到此一游的欲望。成熟的旅游者更重视旅游目的地和旅游产品的内涵和深层次的内容，走马观花式的到此一游已不能满足其需要了。成熟的旅游者倾向于选定一个或多个旅游目的地，滞留一段时间仔细游览、充分享受和体验，细细品味其内涵，以获得更深层次的物质和精神方面的享受和满足。

（五）从旁观者到参与者

“旅游”常常被说成是“观光”，但事实上，“旅游”绝不仅仅是“观光”。成熟的旅游者已不再满足于在旅游活动中以旁观者的身份进行“观光”，他们要做参与者，要亲身进行体验。成熟的旅游者愿意购买“参与性旅游产品”或“体验性旅游产品”，旅游者能够从参与性旅游中获得更多的新鲜感和自豪感，获得更高层次的享受和满足。例如，“丰收的草莓园”“做一天农民”“啤酒厂开放日”等参与性的旅游产品都很受旅游者的欢迎。

（六）成熟的旅游者更重视旅游过程，更具自主性

不成熟的旅游者只重视旅游的“结果”，而成熟的旅游者既重视旅游的“结果”，也重视旅游的“过程”。他们希望整个旅游过程丰富多彩，希望自己来安排和组织活动。他们不希望旅游业经营管理人员和服务人员包办一切，而希望给自己留有一定的自由度，以发挥自己的个性。因此，自助旅游受到越来越多的旅游者的青睐。

旅游者通过不断学习变得越来越成熟、越来越精明。随着旅游者的成熟，旅游者对旅游业的要求必然会发生变化，对旅游产品的“质”和“量”的期望值和要求也会发生变化。我国的旅游业还处在初级发展阶段，旅游消费者队伍的组成也多种多样，因此我国的旅游者不可能一下子都变得成熟起来，总是会有成熟的旅游者、比较成熟的旅游者和不成熟的旅游者之分。成熟的旅游者和不成熟的旅游者对旅游产品的需求是有很大差异的，旅游业必须有针对性地分别为成熟的和不成熟的旅游者提供不同的旅游产品和服务，以满足他们的不同需要，使他们都能通过旅游活动得到最大限度的满足和享受。

二、旅游消费中风险的学习

旅游消费者的任何旅游决策都有可能产生预想不到的后果，也就是说，可能伴随着风险和不确定因素。由于旅游者最终获得的旅游经历和体验可能会与其预想的不一样，旅游者做旅游消费决策时，就可能觉察到风险。当一个人购买的是价格不菲的旅游度假产品时，如果觉察到风险，就会坐立不安，产生紧张情绪。

（一）觉察风险的分类

觉察风险的分类方法很多，通常可以简单地将它分为两大类：功能风险和心理风险。

1. 功能风险

功能风险涉及旅游产品的质量。当旅游消费者购买旅游产品和服务可能达不到预期的满意度时，就存在功能风险。例如，飞机出现机械故障，旅游巴士半路抛锚，某风景区因故突然不能接待游客，酒店客房长途电话不通，卫生间无热水等。

2. 心理风险

心理风险指旅游者购买的旅游产品和享受的服务能否使人产生幸福感和自尊感，是否会改善个人的自我形象。旅游产品具有象征性，旅游者购买旅游产品不仅注重自己在消费中的感受，还十分注重他人对自己所购旅游产品的评价。旅游活动中的很多因素都具有明显的象征性，如交通工具、酒店、旅游服务项目、旅行社等。如果旅游者花钱购买了不符合时尚的产品或通过旅游没有体会到自尊，就会产生心理上的不安，构成心理风险。

觉察风险的存在会影响旅游者的旅游决策，尤其是当旅游者要购买一项昂贵的度假旅游产品时，这种觉察风险会使人坐立不安、心理紧张。但觉察风险并不等于实际存在的风险。事实上，实际风险再大，如果旅游者觉察不到，也不会影响旅游决策。

此外，还可以对觉察风险进一步细化、分类，将其分为功能风险、身体风险、经济风险、社会风险和心理风险。表 2–1 是旅游消费者做决策时所面临的上述 5 种风险的具体内涵。

表 2–1　旅游消费者进行产品决策时面临的不确定性和风险类型

风险类型	不确定性
功能风险	1. 产品意味着什么 2. 产品是否合适 3. 产品性能比其他竞争对手的产品更好吗
身体风险	1. 产品在使用中安全吗 2. 产品对他人有无人身威胁 3. 产品对环境有无危害
经济风险	1. 我只有有限资金，购买这个产品是合理开支吗 2. 值得我花这么多钱购买这个产品吗
社会风险	1. 我的家庭和朋友会赞成吗 2. 我购买这个产品是否使我信赖的人感到愉快 3. 我所认同的群体也会使用相似的产品吗
心理风险	1. 购买这个产品，我会感觉很好吗 2. 这个产品会引人注目吗 3. 值得购买这个产品吗 4. 我做出了一个正确的决策吗

（资料来源：刘纯 . 旅游心理学［M］. 2 版 . 北京：高等教育出版社，2005：60）

（二）觉察到风险的原因

旅游者通常在下列情况下会觉察到风险。

1. 购买目标不明确

如果旅游者已经做出了出游的决定，但是对到什么地方、采取什么旅游方式等还没最后决定下来。

2. 购买回报不确定

虽然旅游者已经确定了购买目标，但还不能肯定怎样选择才是最满意的。例如，旅游者已经决定去避暑，但是到哪里去才能得到最好的回报？是去北戴河海滨，或是去承德避暑山庄，还是去庐山？

3. 缺乏购买经验

一个从来没有外出旅游过的人，面对众多的选择时可能会感到很茫然、不知所措，自然而然地会觉察到风险。

4. 积极和消极结果的影响

旅游者会觉察到任何旅游决策都会有积极的和消极的后果。例如，乘飞机旅行速度快，但飞机票价格昂贵，而且也不能欣赏沿途风光；乘火车旅行价格便宜，而且可以欣赏到沿途美丽的景色，但旅行速度比较慢。

5. 相关群体和伙伴的影响

个体旅游者的购买决策与相关群体或身边的同事、亲友、朋友等的购买决策不相同时，就会感知到来自相关群体或伙伴的压力，就会觉察到风险。

（三）减少觉察风险的方法

因为任何旅游决策都可能使消费者觉察到风险，所以为了保证旅游活动更好地进行，能更好地去享受旅游带来的乐趣，旅游者逐渐学会了采取某些措施从心理上消除或减少觉察风险。旅游者通常可以从以下三个方面入手，减少觉察风险，以最大限度地从旅游度假活动中获得满足感。

1. 降低对旅游产品和服务的期望值

期望本身就意味着快乐，人们对旅游更是如此。旅游者总是把旅游产品和服务理想化，对所购买的产品或服务充满着幻想，否则，就不会兴致勃勃地去进行旅游活动、去接受旅游服务了。然而事实上，由于种种原因，现实与期望往往是有差距的，有时甚至会有很大的差距。如果期望值过高，往往会由于现实不能如愿而使人产生一种失望感。因此，成熟的旅游者应该学会正确地对待期望，应该学会自觉地将期望值调整到一个合适的位置上，做好充分的心理准备，以在做决策时减少觉察风险。旅游企业的促销人员也应该针对旅游者的这种心理，既要鼓励和启发旅游者的想象力，使其对旅游产品产生浓厚的兴趣，又应提醒旅游者，未来的旅游活动可能会遇到一些不可预见的后果，应该做好充分的心理准备。这样才会使旅游者不至于“乘兴而来，败兴而归”。

2. 重复购买自己信赖的品牌产品或名牌旅游产品

旅游产品是无形产品，它不像有形产品那样可以用规范的质量标准来检验。因此，大多数与旅游相关的购买活动所包含的觉察风险也是相对比较高的。消费者为了减少觉察风险，普遍采用的一种方法是重复购买一种自己信赖的产品。例如，一个旅游者在购买某一旅行社的旅游产品后，觉得不错，那么以后他每次出游可能就会一直选择购买这个旅行社的产品。他这样做，并不意味着对这家旅行社的产品百分之百的满意，而是这样的选择至少可以期待得到和上一次同样水准的旅游服务。所以就没有必要选择其他旅行社，去冒不明内情的风险了。

认定名牌商标也是减少觉察风险的一种方法。旅游者通过学习会认识到，依据对商标的声誉和对名牌产品的认可程度来做出购买决策，可以避免觉察风险。因为名牌产品的各项指标都是过硬的，其质量是经过实践检验并得到公众认可的。所以为了减少或消除觉察风险，人们往往不倾向于购买那些自己不熟悉或从来没听说过的品牌的旅游产品。旅游企业认识到这一点是十分重要的。旅游企业应该力争向旅游者提供优质的产品和服务，努力树立自己的企业形象和品牌形象，创造真正过硬的名牌产品。这样才能在旅游消费者心目中树立一个值得信赖的、高质量的产品形象，赢得更多的旅游者。

3. 获取更多的信息

旅游者获取的信息越多、越可靠，购买旅游产品时可能伴随的不确定因素就越少，其所觉察到的风险也就越少。旅游者在购买产品时，为了减少觉察风险，常常主动收集和整理信息。例如，一个从未到过欧洲的人，要到欧洲旅游，他所觉察到的风险是非常大的。为了减小这种风险，这个旅游者应该积极主动地搜寻有关欧洲诸国的各种信息，例如，地理、交通、气候、风俗、礼仪、社会等方面的信息，并加以归纳整理，力争在做决策前尽可能详细地了解欧洲。虽然旅游促销宣传广告、旅游手册等都是旅游者获取信息的重要渠道，但是旅游者通常认为，通过人际关系可以收集到更可靠的信息。例如，购买过该旅游产品的同事、亲友、家人等都是非常可靠的信息来源。

三、减少旅游者购买后疑虑的学习

觉察风险产生于做购买决策时，在做出购买决策之后，旅游者仍然可能存在顾虑。旅游消费者的这种心理状态被称为购买后失调或不协调，即购买后疑虑。这种购买后疑虑通常出现在旅游者消费旅游产品和服务之后。

（一）产生购买后疑虑的原因

旅游消费者在心理上产生这种失调的主要原因如下。

1. 做旅游决策时，可供选择的对象多

旅游者做决策时，呈现在面前的各种可供选择的对象不止一个，旅游者在购买产品之前必须在多个可供选择的对象中选择一个。这对旅游者来说是很困难的，因为可供选择的对象太多，虽然努力筛选，但由于个人的经验、知识水平等所限，很难做出最佳选择。因而在做出决定之后，很可能又发现了更为理想的对象。在这种情况下，自然会产生疑虑或后悔的感觉。

2. 旅游决策做出后，出现了意想不到的新情况

旅游者在做出旅游决策后，也可能由于意外情况的出现，心理上产生不适的感觉。例如，旅游者购买了某一旅游产品之后，自己的经济状况发生了变化，因此产生了不应该购买这么昂贵的旅游产品的感觉；旅游目的地的情况突然发生变化，不能提供预期的服务；获得了其他信息，认为自己原来所做出的决策不是最佳选择；朋友或熟人对自己所做的决策进行了负面评论等。

（二）减少或消除购买后疑虑的方法

旅游者做出购买决策后，一旦出现心理上的不适，就会产生后悔、遗憾等现象。疑虑出现在消费行为发生之前，可能会导致旅游者改变主意或取消预定的行动计划。疑虑出现在消费行为发生之后，会使旅游者对本次旅游产生极大的失望感和后悔感，可能导致旅游者不再购买该旅游产品。可见，减少或消除旅游者购买后疑虑是十分必要的。减少或消除旅游者购买后疑虑的主要方法如下。

1. 有选择地接受信息

旅游者可以有选择地接受那些支持自己旅游产品购买决策的信息，以巩固自己的信念，达到心理上的平衡。同时避开或放弃对购买决策可能产生负面影响的信息，要尽量遗忘掉已放弃的对象的优点，记住其缺点，这样就可以在心理上巩固已经做出的决策的正确性。简单地说，就是要选择有利信息，放弃不利信息。例如，如果旅游者做出了参加国内某地 7 日游的决策后，就应该故意忘掉去新马泰旅游的新奇性和刺激性，而有意识地去想到新马泰旅游价格很昂贵、所耗费的时间很长等证明自己决策正确的因素。

2. 坚信自己的选择是正确的

旅游消费者如果能断定，即使做出别的旅游选择，其结果也一定与现在的选择结果大致一样，不会有太大的出入，就会减少后悔感。旅游者用这种方式巩固自己的旅游决策，就可以减少或消除购买后疑虑，维持自己的心理平衡。

第五节　旅游者如何学习

如前所述，心理学家认为，所有人类行为都包含某种形式的学习。这个概念的引申含义是，学习也是个体旅游者行为改变的因素。旅游者的旅游消费行为的变化是实践和信息这两大类学习的结果。换句话说，通过旅游实践和接触信息的过程就是学习的过程。讨论学习过程本身，能使旅游业从业人员理解怎样对旅游者以及他们的决定施加影响。

一、学习的源泉——实践

只有人们的社会实践才是人们对于外界认识的真理性的标准。即只有在社会实践过程中，人们达到了思想中所预想的结果时，人们的认识才被证实了。

学习旅游消费行为的源泉是实践。旅游者通过不断旅游活动的实践，开始只看到旅游活动中各种事物的现象和各个事物的外部联系，旅游实践的继续，使其对旅游活动中引起感觉和印象的东西反复多次，于是在其脑海里发生了一个认识过程的突变，产生了概念。这种概念已经不是旅游活动中各种事物的现象，而是抓住了它的本质、它的全体、它的内部联系了。例如，旅游者多次乘中国民航的班机，他对空乘小姐的热情服务印象很深，这种实践使他由此断定，中国民航所有的班机都会提供第一流服务。又如，旅游者多次参加的某旅行社所提供的旅游景点的服务，感到十分满意，不仅使他再次旅游还到这家旅行社，而且还会向自己亲友宣传、推荐。

二、学习旅游消费行为的重要来源——信息

当一个旅游者接触信息和对信息归类时，学习就开始了。旅游信息主要来自两个渠道：旅游商业环境和个体社交环境。

（一）旅游商业环境

旅游商业环境包括广告、推销等。旅游企业应用图片和文字向潜在的旅游者传递有关旅游信息，介绍各旅游景区的特色和具体美景，来推销自己的产品。这些信息从下列几个方面对潜在旅游者和旅游者施加影响。

第一，创造性地传递旅游产品信息，可以引起潜在旅游者和旅游者的兴趣，强化他们已有的旅游动机，激发他们做出决定。一个训练有素的旅行社产品推销员应具备这种

信息传递的能力。

第二，商业信息也可以通过说服旅游消费者改变其做出旅游决定的方式来影响其旅游决定。例如，一个旅游者对旅行社的某一旅游地区的收费标准有异议，表示不想旅游时，旅行社常用算细账的方式来说服他，表示其提供的服务包括飞机往返、住星级宾馆、饮食高标准、豪华空调巴士接送、服务热情周到等，使其相信这不仅较别家旅行社合算，而且他自己出去旅游花费更多。

第三，对于没有经历可以借鉴的旅游者，旅游书刊信息的作用可能更明显。这样的信息往往可以帮助一个没有经验的旅游者学会如何做出重要的旅游决策。例如，第一次出境游泰国、新加坡的人，可以参考相关书籍，实际上也是从介绍出境游的信息中学到不少东西。

第四，旅行社也可以通过传递信息改变或增加潜在的旅游者挑选多种旅游景点。

第五，以旅游者为宣传对象的商业信息，也可能无意地提醒了旅游者某项具体旅游服务或旅游产品可能有的消极方面。例如，当某旅行社宣传说，“你选择了一个最受欢迎的旅游胜地”时，可能是在暗示那里游人拥挤不堪。

（二）个体的社交环境

个体的社交环境包括家庭、亲属、朋友、同事和同学等，这是个人获得信息的主要来源。来自社交环境的信息与来自商业环境的信息在效果上稍有不同，这种不同主要是因为与亲属、朋友等人私人关系紧密。他们在传递信息时，常常是经过自己实践过的、毫无保留的，并且还会详加解释和说明。由于是亲属、朋友传递的信息，人们会感到其比商业环境得来的信息更真实、更可靠、更重要，也更少偏见。来自旅游者社交环境的信息对其动机往往有更加明确的影响。

旅游者可能比较主动地从自己亲属、朋友等社交环境中寻求信息，不仅是由于旅游者认为这种信息比来自商业环境的信息更为真实、更为可信，而且因为在与亲属、朋友交往过程中，双方可以相互沟通信息，交流看法和评价。社交环境允许个人提出问题，获得具有评价性的信息，从而减少风险，并使自己心中有数。

阅读材料

旅游风险该如何规避

案例一：上海某游客随团赴泰国旅游，晚上外出自由活动时被当地一辆摩托车撞倒，紧急送入医院后，不幸身亡。后来，肇事的摩托车主被抓到，死者家属顺利获得赔偿。同时，家属要求组团的上海某旅行社进行赔偿，理由是游客是随团赴泰国旅游遇上车祸而不幸身亡的。旅行社坚持死者是在自由活动时遭遇车祸的，不在旅行社责任险赔偿范围内，然而，由于这位客人是旅行社的熟人，出游前没有签订任何旅游合同，没有购买旅游意外险，由于旅行社的失误，这家旅行社最终赔付 80 万元给死者家属。

案例二：家住杨浦区的姐弟俩结伴出国旅游，报名时旅行社告知“送保险”，姐弟俩因此没有再买任何旅游保险。然而不幸发生了，在参加自选的潜水项目时，不会游泳的姐姐呛了水，而此时她所在水域下面恰好是一条深沟，姐姐不幸身亡。因为有送保险的承诺，回国后，弟弟向旅行社索赔，此时，旅行社才说明送的是本该就是旅行社购买的“旅行社责任险”，自选活动不在理赔范围内。然而，最终法庭认定，旅行社没有事先告知所送保险险种，当地旅游接待人员没有说明潜水项目参与者需会游泳，没有告知潜水区域有深沟，旅行社有赔偿责任。

案例三：上海游客吕先生参加北欧四国游，某日在芬兰一酒店用自助早餐时，随身的一个装有护照、现金、机票的小包被盗，损失惨重。然而吕先生所购买的旅游意外险中承保范围不包含财产被盗、被抢，最终只能自己承担所有损失，随后的游程也闷闷不乐。身带大量现金的中国游客日益成为海外小偷的目标，但很少有出国旅游的中国游客购买承保范围含财产损失在内的旅行险，来为自己随身财物“保险”。

（资料来源：马莹．旅游心理学［M］．北京：中国旅游出版社，2008）

本章小结

本章主要对产生旅游行为的基本要素和旅游行为的影响因素进行了分析和研究，在此基础上对旅游消费风险的学习做了详细的介绍，了解旅游消费风险的类型，如何学习和掌握旅游消费的风险，掌握学习的有关理论以及结合理论来讨论旅游者应怎样学习才能在旅游活动中取得成功。

复习思考题

1. 旅游行为有哪些主要基本要素？
2. 简述旅游心理与旅游环境的基本含义。
3. 什么是旅游者一般决策和重大决策？
4. 个人旅游行为的主要影响因素是什么？
5. 学习的概念、内容是什么？
6. 旅游消费学习的途径有哪些？

第三章

旅游者的感知觉

导言

旅游知觉是产生个体旅游行为的前提，人们的旅游行为都是通过自己认识的社会内的刺激透过知觉作用而产生的。旅游心理学研究人们的旅游行为，必须研究人们的旅游知觉。因为旅游知觉是影响人们旅游行为的重要心理因素之一。全面理解和掌握旅游知觉的特性和影响旅游知觉的主客观因素，是探索旅游者旅游行为规律的必要条件之一。

【教学目标】

通过本章的学习，应达到以下目标：了解旅游知觉的内容和特点；认识和了解社会知觉的含义及对人知觉中存在的误区；掌握影响旅游者知觉的各种因素。了解旅游者的知觉过程；掌握感觉阈限的理论，特别是具有运用差别阈限的理论来解释和解决旅游营销中的具体问题的能力。掌握旅游者对旅游条件的知觉特点，以便具有更好地开展旅游工作的能力。

【关键术语】

旅游者；感觉；知觉；旅游知觉；旅游距离；社会知觉；旅游条件

案例导入

肯基的故事

肯基在非洲位于赤道附近的一个村子中长大，自出生以来就只居住在茂密的热带森林中。有一天，他第一次和人类学家托恩布尔一同乘车穿越一个开阔的平原。后来，托恩布尔这样描述肯基的反应：

肯基远眺平原上几英里外大概100头正在吃草的牛，问我那是哪一种昆虫。我告诉他那是比他所认识的森林野牛大一倍的野牛。肯基大笑着要我别讲这样的蠢话，并再次问我它们是哪一种昆虫。然后他自言自语，为了找出更合理的比较，试图把那些野牛比作他熟悉的那些甲虫和蚂蚁。

当我们坐上汽车向这些野牛吃草的方向行进时，肯基还在做这样的比较。尽管肯基和其他俾格米人一样勇敢，当他看到那些野牛变得越来越大时，还是坐得离我越来越近了，嘴里嘀咕着说一定有什么魔力……终于当他认识到它们是真的野牛时，他不再害怕了，但仍然感到困惑，为什么刚才它们看起来那么小，而现在突然变大了，或者是不是有什么骗术。

（资料来源：理查德·格里格，等.心理学与生活［M］.王垒，等，译.北京：人民邮电出版社，2003）

问题：

根据本章所学的理论解释肯基为什么会有这样的困惑。

第一节 旅游知觉的概述

人脑对客观现实的反映，是从感觉和知觉开始的。一切较高级、复杂的心理活动，都要以感觉和知觉作为基础，即在感觉和知觉所获得的材料的基础上才能产生。

一、旅游感知觉的概念

（一）感知的概念

1. 感觉的含义和特性

（1）感觉的含义。心理学家认为，感觉是人脑对直接作用于感觉器官（眼睛、耳朵、鼻子等）的客观事物的个别属性的反映。比如，如果在我们面前摆一只梨子，鼻子可闻到梨子的香味，眼睛可看到梨子淡黄色的外观，手可触摸到梨子光滑的果皮等。人类的认识活动是从感觉开始的。我们通过感觉，不仅能够了解客观事物各种各样的属性，如气味、颜色、软硬度、光滑度等，也能体会自身体内的变化。了解自身各部分的状态。例如，一个发高烧的人往往会感觉到身体发热、口干舌燥、四肢酸痛等，这些感觉是对直接作用于感觉器官的客观事物的个别属性的反应。

感觉的基本要领是人脑对直接作用于感觉器官的客观事物个别属性的反映，是一种最简单的心理现象。感觉虽然是最简单的心理活动，但它是人们认识客观现实的开端，是认识的起点。可划分为外部感觉（视觉、听觉、嗅觉、肤觉、味觉）和内部感觉（机体觉、运动觉）。

（2）感觉的特性。感觉的特性或者感觉的规律，主要体现在以下几个方面。

①感受性。对刺激程度及其变化的感觉能力叫感受性，它说明引起感觉需要一定的刺激强度。感觉感受性的强弱用“阈限”表示。所谓“阈限”，就是门槛的意思。在日常生活中，并非所有来自外界的适宜刺激都能引起人的感觉，如落在皮肤上的灰尘，遥远处微弱的灯光，来自手腕上手表的滴答声，这些都是感觉器官的适合刺激，但人通常情况下却无法感觉到，原因在于刺激量太小。要产生感觉，刺激物必须达到一定的强度并且要持续一定的时间。那种刚刚能引起感觉的最小刺激量，叫绝对感觉阈限。例如，人的眼睛在可见光谱（400~760 纳米）范围内，有 7~8 个光量子，且持续时间在 3 秒以上，就可以产生光的感觉。声音的感受频率大致在 20~200000 赫兹，超过这一范围，无论响度如何变化人都听不到。这些情况说明，在一定适宜刺激强度和范围内，才能产生感觉；达不到一定的强度或者强度超过感觉器官所能承受的强度，都不能产生感觉。能识别两个刺激之间的最小差别量，称为差别感觉阈限。差别感觉阈限是人们辨别两种刺激强度不同时所需要的最小差异值，也叫最小可觉差，其数值是一个常数。如在原来声音响度的基础上，响度要增加 1/10 人才能听到声音的变化，感受到亮度的变化需要增加 1/100，而感受到音高的变化则只需提高 1/333。

感觉阈限的研究对市场营销工作有一定意义。根据绝对感觉阈限原理，商店的软硬件建设首先要立足于对消费者构成刺激，使消费者能感觉到。如果消费者感受不到，则无异于“穿新衣，走夜路”“黑暗中送媚眼”，劳而无功。差别感觉阈限原理则给我们以更多的启示。比如，商店重新改造装修后如何让消费者感到焕然一新，商品的搭配、摆放如何错落有致，不同档次的同类商品之间如何定价有利于消费者感知等。

②适应性。刺激物对感受器持续作用，使感觉器官的敏感性发生变化的现象，叫作感觉的适应。比如，我们都经历过视觉适应的两种情况：明适应和暗适应。从暗处来到明亮的地方叫明适应，比如，我们从一个暗室来到外边阳光下的时候，起初觉得光线很

刺眼，什么也看不见，过几分钟就好了；从明亮的地方来到暗处叫暗适应，比如，我们从外边的阳光下来到一个暗室的时候，起初更是什么都看不见，差不多像盲人一样，经过较长的一段时间后，才能渐渐适应。此外，嗅觉、听觉等也有适应性，正所谓“入芝兰之室久而不闻其香，入鲍鱼之肆久而不闻其臭”。因此，长期工作在迪厅的人，并不觉得迪斯科音乐刺激性非常强烈，而刚刚走进迪厅的人则会感到音乐的强烈刺激；厨师对菜的各种气味和油烟味习以为常，但如果有少许气味飘进客房或大厅，就会引起客人的强烈反应，这都是感觉的适应问题。

③对比性。同一感觉器官在接受不同刺激时会产生感觉的对比现象。比如，白色对象在黑色背景中要比在白色背景中容易分出，红色对象置于绿色背景中则显得更红。因此，在广告设计或商品陈列中，亮中取暗、淡中有浓、静中有动等手法有助于吸引消费者的注意力。

知识链接

感觉剥夺实验

1954年，加拿大心理学家D. O. Hebb等人进行了一项感觉剥夺实验。被试者躺在一张舒适的小床上，眼睛蒙上眼罩，耳朵被堵住，手也被套上，这样就将他的感觉基本剥夺了。感觉剥夺实验要求被试者在这样的条件下，生活的时间尽可能长些。结果，很少有人愿意在这种环境中生活上一周。

有人对刚被释放出实验室的被试者进行了心理测验，发现他们进行精细活动的能力、识别图形的知觉能力、连续集中注意力的能力以及思维的能力均受到了严重的影响，而且很多天之后还不能进行正常的学习活动。

分析：感觉剥夺实验的结果表明，人们在日常生活中漫不经心接受的刺激以及由此而产生的感觉是多么重要。没有刺激，没有感觉，人不仅不会产生新的认识，而且也不能维持正常的心理生活。

2. 知觉的含义

宋代著名词人辛弃疾的《西江月》云：“明月别枝惊鹊，清风半夜鸣蝉。稻花香里说丰年，听取蛙声一片。”他从视、听、触、嗅等多种感觉的角度刻画了一幅美好的田园夜景图。然而，如果辛弃疾仅停留在对外界刺激加以感觉的层面，那他得到的将只是一些杂乱的刺激：光线、气味、不同音调的声音等。要将这些无序刺激变成笔下意义完整的田园风光景象，就需要大脑的知觉加工了。

知觉是人脑对直接作用于感觉器官的客观事物各个部分和各种属性的整体反映。知觉是在感觉的基础上产生的，是对感觉信息的整合。大脑通过选择、组织和解释刺激，使原本杂乱的感觉变成大脑中连贯、有意义的整体映像。知觉与感觉属于认知过程的感性阶段，是对事物的直接反映。二者的区别是感觉反映的是事物的个别属性，知觉则是一种综合反映；感觉的水平由身体感觉器官的生理机能所决定，而知觉在很大程度上受到个体的期望、知识经验和动机等影响。

知觉是指直接作用于感觉器官的客观事物，其整体属性在人脑中的反映，可划分为空间知觉、时间知觉和运动知觉等。感觉与知觉既相互区别，又紧密相连。联系：感觉是知觉的基础，知觉以感觉为前提，并与感觉一起进行而产生；区别：感觉是对物体个别属性的反应，知觉是对物体整体的反应。

（二）旅游知觉

旅游知觉是指直接作用于旅游者感觉器官的旅游刺激环境的整体属性在人脑中的综合反映。

二、旅游知觉的特性

旅游知觉是指直接作用于旅游者感觉器官的旅游刺激环境的整体属性在人脑中的综合反映。也就是人们通过感觉器官获得旅游对象、旅游环境条件信息的心理过程。旅游知觉的特性主要有以下四方面。

（一）旅游知觉的选择性

作用于旅游者的客观事物是丰富多彩、千变万化的。但旅游者不可能对客观事物全部清楚地感知到，也不可能对所有的事物都做出反应，而总是有选择地以少数事物作为知觉的对象，对它们的知觉格外清晰，而对周围的事物则知觉得比较模糊，这些模糊的事物就成了背景，这就是知觉的选择性。选择的过程就是区分对象和背景的过程，对象和背景的分化是知觉最简单、最原始的形式。

对象和背景的关系不是一成不变的，而是依据一定的主客观条件，经常可以相互转换的。把知觉的对象从背景中分化出来，客观上受到许多条件的影响，这些条件主要包括以下几方面。

1. 对象和背景的差别

对象和背景的差别越大，对象越容易从背景中凸显出来。在颜色、形状、亮度等强烈对比的情况下，对象更为醒目。反之，差别小，则难以区分。如白纸黑字、绿叶红花，由于对比强烈而使对象容易分化出来。

2. 对象的运动

在固定不变的背景上，运动的物体比不动的物体更容易成为知觉的对象。比如，夜晚忽闪忽灭的霓虹灯容易引起人们的注意。

3. 对象的组合

对象各部分的组合也影响着对象各部分的辨认。组合包括两种：接近组合和相似组合。接近组合是指彼此接近的事物比相隔较远的事物容易组成对象。无论是空间的接近还是时间的接近，都倾向于组成一个对象。比如，苏州和无锡，山海关和北戴河，因为它们的距离接近，旅游者往往把它们知觉为一条旅游线。此外，性质相同或相似的事物也容易被人组合在一起，成为知觉对象，如青岛和大连都被认为是海滨避暑胜地，五台山、普陀山、峨眉山、九华山，地理上遥隔千里，但人们把它们知觉为相似的佛教圣地。总之，在旅游活动中，人们总是按照某种需要、目的，主动地、有意识地选择部分旅游地或旅游景点作为知觉对象，或无意识地被某一旅游景点所吸引。古人云："仁者乐山，智者乐水。"山水并存，乐山或乐水取决于人的知觉选择。不同类型的旅游者，由于其旅游需要与旅游目的的不同，在旅游活动中所选择的知觉对象也就有所不同。有人注意奇山异水，有人注意人文古迹；有人喜欢安全系数大的旅游项目，有人喜欢冒险性强的旅游项目。历史考古型的旅游者与商务型的旅游者对同一个旅游区的印象就可能大不相同。

（二）旅游知觉的理解性

旅游者的知觉是一个非常主动的过程，它要根据旅游者的知识经验，对感知的旅游刺激物进行加工处理，并用概念的形式把它们标示出来。旅游知觉的这种特性就叫旅游知觉的理解性。旅游知觉的理解性受到很多因素的影响：一是言语的指导作用，二是实践活动的任务，三是情绪状态。

知识链接

经验对知觉的价值

日本著名写生画家冈山应举画了一幅《马食草图》。一位农夫看了后，便对画家说："这马是瞎马吧？"冈山应举感到很意外，忙说："怎么会是瞎马呢？那眼睛不是睁着吗？"农夫说："马在吃草时，必须把眼睛闭上，使眼睛不被草尖伤着，这马睁眼吃草，准是匹瞎马。"后来，冈山应举经过一番仔细观察，证实了农夫所讲的话。可见，知识经验越丰富，理解就越深刻，理解的速度也就越快。

（三）旅游知觉的整体性

旅游知觉的对象是由旅游刺激物的部分特征或属性组成的，但旅游者不把它感知为个别的孤立的部分，而总是把它知觉为一个统一的旅游刺激情境。甚至当旅游刺激物的个别属性或个别部分直接作用于旅游者时，也会产生这一旅游刺激物的整体印象。

（四）旅游知觉的恒常性

当旅游知觉的条件在一定范围内改变了的时候，旅游知觉的印象仍然保持相对不变，这就是旅游知觉的恒常性。

知识链接

原始部落人的知觉

在非洲的刚果某地，有一族土著人住在原始丛林中，他们从来看不到超出1/4英里远的东西。当他们被带出森林后，竟把远处的牛说成是虫子，更不相信远处那么“小”的船能装上那么多的真正的人。

分析：这个案例说明知觉恒常性的形成是经验的结果。当现实距离超过了这些土著人的通常经验的范围后，他们就失去了正常人在这个距离上所具有的知觉恒常性。相信如果他们走出森林，在以后的生活中能够经常接触这方面的事物，就会逐渐建立起这种知觉能力。

三、影响旅游知觉的因素

旅游知觉是旅游者对旅游刺激物的感知过程，必然会受到刺激对象本身特点和知觉者本人特点的影响。因此，影响旅游知觉的因素主要包括客观因素和主观因素两个方面。

（一）客观因素

在旅游活动中，具有以下特性的对象，容易引起旅游者的知觉。

1. 具有较强特性的对象

例如，城市中奇特的建筑，山谷中飘忽的云海，群山中挺拔入云的峰峦，一望无际的蓝天碧水，等等。

2. 反复出现的对象

重复次数越多，就越容易被知觉。当人们多次看到旅游广告、旅游宣传材料或经常听到某旅游地的情况时，就会引起人们特别的关注。

3. 运动变化的对象

在相对静止的背景上，运动变化的事物容易成为旅游知觉的对象。如倾泻的瀑布、奔驰的列车、闪烁的霓虹灯等，都容易成为知觉的对象。

4. 新奇独特的事物

例如，在一群穿着普通服装的人中，着奇装异服的人很容易被知觉。另外，世界称奇的万里长城、秦始皇兵马俑等，都能引起人们的格外注意。

（二）主观因素

知觉不仅受客观因素的影响，也受知觉者自身主观因素的影响，这些主观因素是指知觉者的心理因素。旅游者是具有不同心理特征的知觉者，感知相同的景观时，他们各自的知觉过程和知觉印象是不同的。影响知觉的主观因素主要有以下几个方面。

1. 兴趣

旅游者兴趣的不同常常决定着旅游知觉选择上的差异。一般的情况是旅游者最感兴趣的事物往往首先被感知到，而人们毫无兴趣的事物则往往被排除在知觉之外。比如，对文史知识感兴趣的旅游者，就会把帝王古都、历史文物选择为知觉对象；喜欢大自然的旅游者，往往对高山、大海、流泉、飞瀑等特别感兴趣：喜欢猎奇的旅游者则乐于探险活动和对奇风异俗感兴趣。

2. 需要与动机

人们需要和动机的不同也在很大程度上影响着人们的知觉选择。凡是能够满足旅游者的某些需要和符合其动机的事物，就能成为旅游者的知觉对象和注意中心；反之，凡是不能满足其需要和不符合其动机的事物，则不能被其所知觉。比如，如果有人外出旅游的目的是显示自己的社会地位，那么，他们对那些能象征社会地位的目的地、旅游方式和游览项目就会特别关注。

3. 个性

个性是影响知觉选择的因素之一。比如，不同气质类型的人，知觉的广度和深度就不一样。多血质的人知觉速度快、范围广，但不细致；黏液质的人知觉速度慢、范围较窄，但比较深入细致。此外，有调查表明，胆大自信的人对乘飞机旅游十分积极主动，而胆小谨慎的人对安全问题十分重视，旅游中乐于乘坐火车。

4. 情绪

情绪是人对那些与自己的需要有关的事物和情境的一种特殊的反映，对人的知觉有强烈影响。比如，当旅游者处于愉悦的情绪状态时，每样东西看上去都是美好的，并兴高采烈地参与各项活动，主动去知觉周围的景物。当旅游者心情不佳时，就会对周围的事物不感兴趣。因此，旅游工作者应当努力使旅游者的情绪经常处于最佳状态，使他们乘兴而来、满意而归。

5. 经验

经验是从实践活动中得来的知识和技能，是客观现实的反映，它是人们行为的调节器。在旅游活动中，如果没有对旅游景点的知识和经验，观察就可能是表面的、笼统的、简单的，当导游员做了适当的讲解后，旅游者就可能观察得更全面、更深刻。这是由于吸收了别人的经验，增加了自己的知觉，使旅游者对旅游景点有了更多理解的缘故。

四、旅游知觉的种类

知觉的种类主要有以下几种。

（一）空间知觉

空间知觉是人脑对物体的形状、大小、远近、方位等空间特性的知觉。

（二）时间知觉

时间知觉是对客观现象的延续性和顺序性的反映，即对事物运动过程的先后和长短的知觉。人总是通过某种衡量时间的媒介来反映时间，这些媒介可能是自然界的周期性现象和其他客观标志，也可能是机体内部的一些生理状态。自古以来，人们经常利用自然界的周期现象衡量时间。一天的时间是以太阳的升落为标准的，日出是早晨，日落是晚上。月亮的盈亏代表了一个月的时间，经历了四季变化就是一年。后来人们发明了计时工具，制定了日历，使人们对时间的知觉更为准确。另外，生理过程的节律性活动也是估计时间的重要依据。人的许多生理活动是节律性的运动，如呼吸、心跳、消化等。当活动的节律性与客观事物之间形成一定的联系之后，它就可以用来感知时间的长短。

时间知觉也是人对客观世界的主观映像，它也必然受到主客观因素的影响。影响人对时间估计的因素主要有以下几个。

1. 活动的内容

在一段时间里，做紧要有趣、内容充实的事情时，觉得时间过得快，人们倾向于把这段时间估计得短些；如果对事情不感兴趣，事情又无关紧要，活动内容贫乏，就觉得时间过得慢，对这段时间估计得就要长些。在人们事后回忆时，情形则恰好相反，对前者感到时间长，对后者感到时间短。

2. 情绪和态度

在欢乐的时候，觉得时间过得快，时间被估计得短些；在烦恼和厌倦的时候，觉得时间过得慢，时间被估计得长些。正所谓“欢娱嫌夜短，寂寞恨更长”。期待着愉快的事情到来时，觉得来得慢，感到等待时间长；反之，则相反。

3. 时间标尺的利用

会不会利用时间标尺直接影响着时间估计的准确度。例如，用数数、数脉搏作为时间标尺，时间估计的准确性就提高，特别是在长时距估计中，准确性更为明显：反之，不会利用时间标尺，时间估计的误差就大。

旅游工作者了解旅游者在旅行游览过程中的时间知觉的特点是非常重要的，为此应该注意以下几个问题。

（1）旅宜速，即旅行要求快速。旅游者一般都希望以最快的速度到达目的地，能尽量缩短时空距离。因为旅途这段时间常常被认为是没有意义的，感觉枯燥、乏味，而且容易引起机体疲劳。为了降低旅游者的这种不良感觉，旅游组织者最好能在旅途中安排一些有趣的活动，导游员做一些游客感兴趣的讲解。

（2）游宜慢，即游览活动要求放慢速度。人们外出旅游的真正目的是游览风景名胜、历史古迹等，即所谓的“饱眼福”。游览的内容越丰富，越具有魅力，就越能使人们暂时忘却时间的流逝，达到“乐而忘返”的境界。

（3）提供各种交通要准时。旅游者搭乘交通工具过程中最担心的问题就是安全和准时这两个问题。在保证安全的情况下，交通工具能否准时就显得非常重要。因为准时能保证旅游者按照计划去安排时间和活动，否则就会感到一切都被打乱了，就会产生烦躁感甚至发展到强烈的不安和不满。有些国家和地区由于飞机不能准时起飞或临时取消航班，或者车、船误点等，都容易造成乘客的不满，引起纠纷、投诉，直接影响这些部门的信誉。

（三）运动知觉

运动知觉是对物体的空间位移和移动速度的知觉。通过运动知觉，我们可以分辨物体的静止和运动及其运动速度的快慢。人要想产生运动知觉，首先要确定参照系。参照系可以是某些相对静止的物体，也可以是观察者自身。没有参照系，人便不能产生运动知觉或者产生错误的运动知觉。例如，在暗室里，让被试者注视一个光点，过一段时间后，被试者就会把这个静止的光点看成运动的。这是因为在视野中缺乏参照系的缘故。坐在待发的列车上，如果视野中没有车站静止的参照物，当相邻的列车起动时，我们往往会误认为自己的列车在开动，也是这个道理。即使有了参照系，如果所选择的参照系不同，运动知觉也会不同。例如，我们站在马路边上，对于一辆疾驰而过的汽车，会产生很快的运动知觉；如果我们坐在与那辆汽车同方向行驶的另一辆汽车上，就不会觉得它行驶得那么快了。人们的运动知觉还有赖于物体运动的绝对速度和与观察者的距离。在物体运动的绝对速度相同的情况下，离观察者近时，看起来就快；离观察者远时，看起来就慢；如果离观察者很远时，甚至看不出物体在运动。

（四）错觉

错觉是对外界事物的不正确的知觉。在一定的条件下，人在感知事物的时候，会产生各种错觉现象，这些错觉现象包括以下几种。

1. 形重错觉

1 千克铁和 1 千克棉花的物理重量是相等的，但是，人们用手加以比较时，就会觉得铁比棉花重。

2. 大小错觉

初升或将落时的太阳和月亮，看起来好像总比它们在我们头顶上时要大些。这种错觉的产生是因为初升或将落时的太阳和月亮是同树木、房屋相比较的，而头顶上的太阳是同辽阔的天空来比较的。

3. 方位错觉

在海上飞行时，由于水天连成一片，失去了自然环境的视觉参考标志，飞行员很容易产生“倒飞视觉”，这时飞行员要靠仪表来判定飞机的状态，否则，会造成倒飞入海的事故。

4. 运动错觉

第一次乘火车长途旅行，下车后一段时间内，如果躺在床上，还觉得房间似火车车厢一样地在运动。再如，我们在桥上俯视桥下的流水，久而久之就好像身体和桥在摇动。在旅游资源开发和建设中也常常利用错觉，以增加旅游审美效果。特别是中国的园林艺术，常常利用人的错觉，达到渲染风光、突出景致的作用。比如，园林中的高山、流水都是通过缩短视觉距离的办法，将旅游者的视线限制在很近的距离之内，使其没有后退的余地，而眼前只有假山、流水，没有其他参照物，这样，山就显得高了、水就显得长了。现在的许多现代化游乐设施也常常利用人的错觉组织丰富有趣的娱乐项目，给游客带来惊心动魄的乐趣。

知识链接

风声鹤唳、草木皆兵

公元383年，前秦皇帝苻坚率大军进攻东晋，东晋谢安率八万军队应战，东晋军首战击败前秦，并与苻坚大军于淝水隔河对垒。苻坚听到前锋被杀、要塞失守，心中大惊，登高远望，见东晋军队阵容严整，旗帜鲜明，向八公山上看去，但见漫山遍野都是东晋军队（草木而已），心中悚然。后来在逃跑过程中，听到风声鹤鸣都以为是东晋军队追来了，心中惶恐不已。将散兵亡，最终导致前秦灭亡。这就是“风声鹤唳、草木皆兵”。

分析：知觉并不总是客观正确的，它受两方面的因素影响：外在客观因素和内在主观因素，任何一种因素都足以影响人的知觉过程，甚至导致错觉产生。疑心生暗鬼，失败所引起的强烈恐惧心理，使前秦军队产生风声鹤唳、草木皆兵的错觉。

第二节　旅游活动中的社会知觉

社会知觉就是对人的知觉，它是影响人际关系的建立和活动效果的重要因素。旅游活动中的社会知觉主要包括对他人的知觉、人际知觉和自我知觉。

一、社会知觉的含义

社会知觉是指个人在一定社会环境中对他人和团体的知觉，主要包括对他人的知觉、人际知觉和自我知觉。旅游活动中的社会知觉对我们了解他人的动机、情感、意图和推测他人的行为，以及对在旅游服务的过程中及时发现问题和解决问题具有十分重要的作用。

二、社会知觉的分类

（一）对他人的知觉

对他人的知觉是指通过一个人的外表、言行、体态，获得对其动机、感情、意向和性格等的知觉。一般来说，人们对他人的认知首先是通过感官去观察对方的外貌、举止、性别和年龄。对人的知觉是建立正常的人际关系、有效地开展各种活动的前提条件。

1. 仪表的知觉

仪表是人的各种特征的重要组成部分，它构成人的具体形象，当我们初次和一个人接触时，我们首先看到的是这个人的衣着、高矮、瘦胖、肤色及肢体是否健全。

2. 表情的知觉

表情是个体情绪的外在表现，也是向他人传递信息的一个工具。一个人的喜、怒、哀、乐等情绪不但可以从人的脸部表情看出来，也可以从其说话的语气、手势动作看出来。

3. 对他人体态语言的知觉

体态语言主要表现在一个人的手势、体态和走路的姿势等方面。

4. 对他人角色的知觉

角色表明了人在种种社会关系中的作用、权利和责任，反映了人们对个体的期望和要求。角色的知觉包括对自我角色的知觉和他人角色的知觉。

（二）人际知觉

人际知觉是人与人之间相互关系的知觉。人际知觉是个体相互感知的过程，在社会活动中，任何一个人都要与他人发生联系，形成人与人之间不同的社会关系，这种相互的社会关系表现为接纳、拒绝、喜欢、讨厌等各种亲疏远近的态度，对这种关系的正确知觉是顺利进行人际交往的依据。

在旅游活动中，旅游者之间、旅游者与旅游服务人员之间从互不认识到相互认识、相互了解，进而在人际关系上产生各种各样的情感，这些情感又会反过来影响和制约彼此间的人际知觉。

（三）自我知觉

自我知觉是指一个人通过对自己行为的观察而对自己心理状态的认识。人不仅在知觉别人时要通过其外部特征来认识其内在的心理状态，同样也要这样来认识自己的行为动机、意图等。自我知觉是自我意识的重要组成部分，随着个人自我意识的发展，自我知觉经历着以下不同的发展阶段。

1. 生理的自我

个体主要表现为对自己身体、衣着、家庭和父母对自己的态度以及对自己所有物的判断，从而表现为自豪或自卑的自我感情。

2. 社会的自我

个体的自我评价主要表现在对自己在社会上的荣誉、地位、社会中其他人对自己的态度以及自己对周围人的态度等方面的判断和评价，从而表现出自尊或自卑的自我体验。

3. 心理的自我

处于这一阶段时，个体主要表现为对自己的智慧、能力、道德水平等方面的判断和评价，从而表现出自我优越感等自我体验。

随着自我意识的发展，在社会化进程的影响下，个体的自我知觉水平一般是遵循着生理的自我—社会的自我—心理的自我这一进程发展的。当然，由于每个人的社会化程度的不同以及各种主客观因素的影响，每个人的自我知觉水平也不完全一样。

有了正确的自我知觉，才知道需要怎样去做，能够做到哪些，并对自己的行为不断地进行自我调节，这对每个人来说都是非常重要的。否则，就会造成行为上的盲目性。

三、社会知觉的“误区”

从认知主体心理方面来看，存在一些社会知觉“规律”，它们的存在容易给社会认知带来偏差。因此，也将这些社会知觉“规律”称为社会知觉“误区”。

（一）第一印象（首次效应）

第一印象又称首次效应，指人们知觉事物时，最初通过人际交往、接触事物所获得的信息，对形成印象至关重要。主要感知外部特征，如外表、语言、动作、气质等。

首次效应的特点是“先入为主”，即对某事物的先前知觉结果决定后期知觉结果。首次效应本质上体现了一种优先效应，即当人们接受了前面的信息后，就会按照这种信息来解释后面的信息。即使后面的信息与前面的信息不一致，也会屈从于前面的信息，从而形成整体一致的印象。

（二）晕轮效应

晕轮效应又称“光环作用”，指人们知觉事物时，易从知觉对象的某种特征推及知觉对象的整体特征，从而产生美化或者丑化对象的印象。就像月晕一样，由于光环的虚幻印象，使人看不清对方的真实面目。晕轮效应的特点是以点概面、以偏概全。

晕轮效应的成因，首先与人的知觉的整体有关。人们在知觉客观事物时，并不是对知觉对象的个别属性或部分孤立地进行感知，而是倾向于把具有不同属性、不同部分的对象知觉为一个统一的整体。

（三）心理定式

心理定式，即是心理上的定向趋势，是指人在认识特定对象时心理上的准备状态。

定向趋势指习惯上的知觉方式，准备状态是指前一次知觉结果可作为先前的体验留在脑海里影响当前知觉结果，如“一朝被蛇咬，十年怕井绳”。

心理定式的产生，首先和知觉的理解性有关，在知觉当前事物时，人们总是根据以前的经验来理解它，并为随后要知觉的对象做好准备。

（四）刻板印象

刻板印象指的是社会上部分人对某类事物或人物所持有的共同的、笼统的、固定的看法和印象。刻板印象的形成过程就是按照预想的类型把人分成若干类别，然后按照这些类别贴上固定特征的标签。

刻板印象一方面有助于人们对众多的人的特征做概括了解，因为每一类人都会有一些共同特征，但是，另一方面，刻板印象具有明显的局限性，会使对人的知觉产生偏差。

第三节　对旅游条件的知觉

旅游者的旅游活动是由食、住、行、游、购、娱等行为组成的，与这些行为有关的事物就是基本的旅游条件。实践证明，旅游者对旅游条件的知觉印象，对具体的旅游决策、旅游行为以及对旅游服务的评价等都有显著的影响。

一、对旅游地的知觉

人们决定要去旅游时，首先要选择能够更大限度满足自己需要和兴趣的旅游点。在旅游过程中，旅游者对旅游点的知觉印象取决于以下三方面。首先，旅游景观必须具备独特性和观赏性，这样才能把旅游景观的吸引力和旅游者的需要结合起来。其次，旅游设施必须安全、方便、舒适。在标准化的同时，注意特异性。最后，旅游服务必须礼貌、周到、诚实、公平。

二、对旅游距离的知觉

在人们选择旅游点的同时，还要考虑从居住地到旅游点的距离，因为距离的远近也常常影响人们的旅游决策。旅游距离对旅游行为的影响，通常表现为以下两个方面。

（一）阻止作用

一方面，旅游是需要付出代价的消费行为，距离越远，要付出的金钱、时间、身体等方面的代价就越大，这就会在一定程度上阻碍旅游者的出游计划。

（二）激励作用

另一方面，人们出去旅游的动机之一是寻求新奇和刺激，而远距离的目的地有一种特殊的吸引力，能使人产生一种神秘感，从而产生一种“距离美”。正是由于这种吸引力、神秘感、“距离美”，有的人舍近求远，宁愿到陌生、遥远的地方去旅游。从这个意义上说，距离对人们的旅游又会产生激励作用。

总之，距离对人的旅游行为既有阻止作用，又有激励作用。但是，哪种作用更大，则取决于很多因素。

三、对旅游交通的知觉

人们外出旅游，不可避免地要借助于各种交通工具。随着现代社会的发展，可供人们选择的交通工具越来越多，主要有飞机、火车、观光车、游船、出租车等。

总之，旅游知觉的产生，不仅取决于旅游景点的功能，还取决于人们希望在旅游的过程中能得到些什么，这是一个有选择的知觉过程。因此，建设旅游点和创造旅游条件，应该建立在了解人们的动机、需要和兴趣等心理因素的基础上，并且根据产生知觉的规律，采取有效的形式传递旅游信息，从而有效地影响人们的知觉选择。

阅读材料

随着冯小刚导演的《非诚勿扰2》热映，影片拍摄地石梅湾也开始备受观众注意，一时间，跟随葛优、舒淇去爱情胜地享受人生成了很多观众的口头禅。

冯小刚的超级家庭粉丝，小璐一家人在看过电影后，决定趁小璐寒假放假，一家人报旅游团去石梅湾度假。绕了十几个弯后，巴士终于停在了小璐一家下榻的酒店——石梅湾艾美度假酒店大堂门口。当一尘不染、宏伟壮观而又不失温馨的酒店大堂映入眼帘，当万亩青皮林进入小璐的视线，当温暖湿润的海风从进入大堂那一刻扑面而来的时候，小璐一家激动万分，感慨着艾美酒店是个度假天堂。前台服务人员彬彬有礼，她们热情地为小璐一家解答他们提出的关于酒店和石梅湾的问题。行李员放下行李离开后，站在海景房阳台上的小璐妈妈脸上笑开了花：“这里的服务人员个个都很热情，素质也不错，看来艾美酒店跟我们以前住过的酒店真是不一样啊！这才是一个真正的五星级酒店！”

小璐的爸爸热衷运动，此时早已顾不上旅途的疲劳，换好了浴袍就去酒店的游泳区游泳了。小璐的妈妈，平日里在家自己种种花草，修身养性，还在车上的时候，她就已经被石梅湾的植物所吸引，于是她带上相机，在酒店周边随处走走，拍下了那些花花草草。小璐呢，早就在网上看到了网友对石梅湾的评价，而她又是一个“追星族”，对《非诚勿扰 2》中男女主角拍戏时取景的地点充满了幻想，向往着在石梅湾洁白的沙滩上悠闲地散步，于是换上沙滩拖，自己一个人到石梅湾沙滩上去寻找拍戏点了。

晚上，小璐一家选择了在中餐厅吃晚饭，餐厅服务员在给他们上菜时，认真地讲解了每道菜的名称、制作过程、味道、营养等，精通厨艺的小璐爸爸对服务员此举大加赞赏，并表示度假的这几天都会在该餐厅吃晚饭。晚饭过后，小璐一家人拿着艾美酒店赠给顾客的《非诚勿扰 2》拍摄时的宣传册，漫步在石梅湾的沙滩上，湿润的海风轻拂着面庞，细腻绵软的沙滩让他们忘记了一切的烦恼。一家人，就那么幸福地走在这个度假天堂的沙滩上……

（资料来源：孙九霞，陈刚华 . 旅游消费者行为学［M］. 大连：东北财经大学出版社，2016）

分析：

人的知觉过程是一个有组织、有规律的心理过程。这些有规律的特点主要表现为知觉的整体性、知觉的选择性、知觉的理解性和知觉的恒常性。把知觉的这些规律应用于旅游业中，可以提高旅游业的经济效益和社会效益。

首先，知觉的整体性，是指当客观事物的个别属性作用于人的器官时，人能够根据知识经验把它知觉为一个有机整体的过程。旅游知觉具有整体性，案例中，小璐一家到达艾美酒店，不是只看到酒店大堂的壮观、服务员的举止和态度等，而是艾美酒店的整体形象。尽管他们对艾美酒店的其他方面了解甚少，知觉的整体性也会使小璐一家对这个酒店有良好的印象，小璐妈妈对艾美酒店的赞扬就体现了这一点。所以在旅游业中，如果酒店精心设计、装饰好自己的大堂，酒店服务人员提高自己的服务技能，客人会通过酒店的这一两个优点推知酒店的其他优点，达到举一反三的效果。

其次，知觉的选择性，是指人根据当前的需要，对外界客观事物有选择地将知觉对象从背景中区分出来的过程。旅游的知觉性，使旅游者能够在有限的时间里把注意力集中到少数重要的刺激物或刺激物的重要方面，排除次要刺激物的干扰，从而使旅游者更有效地认知旅游客体，获得审美愉悦。案例中，小璐的爸爸选择去游泳，小璐的妈妈选择去欣赏植物，小璐选择去沙滩寻找电影中的取景点，但是他们都获得了审美愉悦。即不同的旅游知觉选择性产生了他们在旅游行为上的不同。而影响旅游知觉的选择性除了主观因素，客观因素也很重要。所以在旅游业中，酒店应该完善自己的服务设施，使自己的服务设施多样化，满足客人不同的知觉选择性。

再次，知觉的理解性，是指人在知觉客观事物时，总是用自己过去的知识经验加以解释，并把它归入一定类别的范畴之内，并用词来概括它的过程。在旅游业中，旅游知觉的理解性不仅受知识经验的影响，而且也受言语的制约，言语指导有助于旅游者对旅游知觉对象的理解。案例中，餐厅服务员在给小璐他们家上菜时，服务员讲解了每一道菜的名称、制作过程等，提高了他们对每道菜的理解，形成鲜明的知觉，所以小璐的爸爸才愿意旅游期间都在该餐厅就餐。

最后，知觉的恒常性，是指知觉客观事物时，知觉条件有所改变，而知觉映像保持相对不变的过程。案例中，虽然《非诚勿扰 2》在艾美酒店的拍摄已经成为过去，但是酒店利用拍摄时的宣传册以及旅游者知觉的恒常性，使影片中的场景与游客对影片保持的印象结合起来而使旅游者获得近似于实际的知觉体系。因此，当小璐的爸爸、妈妈漫步在沙滩上时，由于知觉的恒常性的影响，就可以想象出舒淇、葛优在石梅湾沙滩上拍摄电影时的景象，从而获得了审美上的效果和心理上的满足。

本章小结

本章首先介绍了知觉的概念、知觉的特性等。知觉有四种特性，即选择性、理解性、整体性和恒常性。在介绍知觉的种类时，着重介绍了空间知觉、时间知觉、运动知觉等。

旅游中的社会知觉包括以下部分：对他人的知觉、人际知觉和自我知觉。对他人的知觉容易陷入几种误区，即第一印象、晕轮效应、心理定式、刻板印象等。人要想获得正确的社会知觉，需要时时注意克服上述错误。自我知觉的发展经历了生理的自我、社会的自我和心理的自我三个由低到高的阶段。旅游者对旅游条件的知觉包括旅游者对旅游地的知觉、旅游者对旅游距离的知觉、旅游者对旅游交通的知觉三个方面。

复习思考题

1. 影响旅游知觉的因素有哪些？

2. 什么是自我知觉？它有什么重要作用？

3. 蛋糕落地为什么总是奶油那面先着地，运用原理进行说明。

4. 根据知觉原理分析眼见为实。

5. 假设你将在假期去国内某著名旅游胜地去旅游，你如何解释距离对人们的旅游行为既有阻止作用又有激励作用？

6. 西方发达国家的一些饭店在招聘新员工时，曾有这样的要求出现：无工作经验者优先，请给以解释。

7. 对当地的旅游者进行观察和深入访谈，同时对照性地了解本地居民，比较他们对当地旅游景区和旅游地在观察视角和结论上有什么差异，并解释其原因。

第四章

旅游者的需要和动机

导言

旅游心理学研究旅游者的心理和行为的目的，是探索旅游者参加旅游活动的行为指向和持续的两个问题，即研究人们为什么要外出旅游，为什么要见识世界各国，为什么要去自己祖先的故土寻根，为什么要探亲访友，为什么要选择不同的旅游目的地，这两个问题就是旅游者的行为动机。

旅游心理学研究旅游者的旅游行为动机，目的在于深入了解人们旅游的原因，以预测旅游业的发展和引导旅游者行为，争取招徕更多的旅游者参加国内外旅游。

【教学目标】

通过本章教学，使学生了解需要、动机和目标是旅游消费行为产生的基本动因。正确理解需要、动机和目标的基本概念，以及在人的旅游活动中的影响及作用。

【关键术语】

需要；动机；旅游需求；旅游动机；需要层次论

案例导入

朱熹的旅游动机

朱熹极力主张通过远游、以自身接触外部世界来增加见识，接受自然美的环境熏陶，提高自身的修养水平，引人精神愉悦向善。朱熹说，“善者，美之实也”，善是之所以为美的内在依据。朱熹对“游”字的解释：“游者，玩物适情之谓”，就是在游玩中给人以精神愉悦。朱熹览风景以怡情，在美感陶醉中获得精神愉悦，在移情、寄情中得到情感的释放。

人离不开社会关系，特别是良师益友。朱熹年轻时曾师从五夫里的武夷三先生——白水刘勉之、屏山刘子翚、籍溪胡宪。他还远游访禅，并多次拜访结庵于开善寺的道谦禅师。朱熹对仙洲魂牵梦萦，在这里留下了许多吟咏仙洲风光的诗篇。朱熹游仙洲山密庵的诗中道，“弱龄慕丘壑，兹山屡游盘”“交游得名胜，还往有篇牍……我生虽已后，久此寄斋粥。孤兴屡呻吟，群游几追逐”。朱熹 31 岁时又拜程颐的三传弟子李侗为师，为表诚意，他步行几百里从崇安走到南平。多次南平的问学使他的思想实现了逃禅归儒的转折。他也没忘记览胜，在南平留下了《题冷风阁望演山》等诗，演山即现在石佛山旅游景区。

朱熹需要释放压力，解除疲劳，以登山临水、诗酒豪兴、潇洒啸咏来调适单调的理学生活，以达动息有养。他在《西原庵记》中写道，“书史之外，酷爱山水”“书册埋头无了曰，不如抛却去寻春”“急呼我辈穿花去，未觉诗情与道妨”。朱熹深知旅游有助于健身，他在《和丘子服黄杨山诗》写道，“谁识留连今夕意，沉疴未散莫回骖”，认为黄杨山上适合疗养，旧病还没好就不要回家。后来游云谷山，他又说，“沉疴何当平？膏肓今自砭”。

大自然是充满美的，又蕴含着天理生机，本身就是极好的教本。朱熹为建立庞大的理学体系，需要接受世上万物的洗礼。朱熹说，“那个满山清黄碧绿，无非这太极”“鸢飞鱼跃，道体随处发见”。所以，他非常重视“山水之教”和“天地之教”。大自然既然蕴含造化之心，只有接近大自然才能即物穷理。朱熹说，“洗心泳太素，讯景窥灵诠”。“洗心”就是洗尽自我的繁杂世俗之心，抛弃俗世名缰利锁，在超凡脱俗的审美中，返璞归真。“宛然麋鹿之姿，林野之性”“自作山中人，即与云为友”，都是他融入大自然的方法和遨游于大自然的切身感受。在此基础上，需要发挥人的主观能动性，从自然景物的信息中格物穷理，窥得宇宙万事万物的真理，实现脱尘氛而与造化俱游的自由精神境界。

[资料来源：兰宗荣 . 朱熹的旅游动机与旅游文化人格新探 [J] . 合肥学院学报（社会科学版），2013（1）]

问题：

结合文章讨论，朱熹一生悠游山水，是出于哪些方面的旅游动机？

第一节　旅游者的需要

人们为什么要旅游，探讨这个问题要涉及旅游消费行为的动因。随着社会的发展和人们生活水平的日益提高，人们对高层次的生活水准和生活方式的需要越来越强烈，需要已经成为人们旅游的最基本、最核心的内在动因。研究旅游者的需要可以揭示人们从事旅游活动的内在动力，有助于深刻理解人们的旅游行为，有助于对旅游行为进行预测和有针对性的引导。

一、需要的概念

需要是个体缺乏某种东西时产生的一种主观状态，也就是个体对一定事或物的需求和追求。人的生存和发展必须依赖一定的条件，条件不足就会导致生理上或心理上的匮乏状态，就会出现不平衡。当这种不平衡达到一定程度时，就必须进行调节，这时人就会感到需要的存在，产生恢复平衡的要求。需要是人类活动的基本动力，它激发人们朝一定方向努力，并指向某种具体对象，以求得自身的满足。人们原有的需要满足之后，还会有新的需要出现，周而复始，呈现出动态的发展过程，体现了人类勇于进取、奋发前进、创造美好未来的精神状态。

人的各种需要复杂多样、相互关联，形成了一个庞大的需要体系。对人的各种需要，学术界有两种主要的分类方法，即按需要的起源分类和按需要的不同对象分类。

（一）按需要的起源划分

按需要的起源划分，可以分为自然需要和社会需要。

（1）自然需要。自然需要又称为生理需要，是人类对维持生命和繁衍后代的必要条件的需要。例如，对饮食、睡眠、御寒、避暑、阳光、空气等的需要。人类获得了这些物质之后，就可以对其生理系统进行调节，从而达到生理上的平衡。

（2）社会需要。社会需要指人类在一定的社会环境中，对劳动、知识、社会道德、审美、宗教信仰、成就、尊重等方面的需要。人类对这些因素的需要是为了达到心理上的平衡。社会需要是人们在成长过程中通过各种经验的积累和学习获得的，可以反映出在一定社会条件下个体对社会生活的要求。

（二）按需要的不同对象划分

按需要的不同对象划分，可以将需要分为物质需要和精神需要。

（1）物质需要。物质需要指人们对物质和物质产品的需要。在物质需要中，既包括自然的需要（例如，饮食、空气、阳光等），也包括社会的需要（例如，工作环境、文化娱乐用品、交通工具等）。人的物质需要是随着社会的进步和生产力的发展而不断提高和发展的。

（2）精神需要。精神需要指人们对精神生活和精神产品的需要，例如，对知识、审美、艺术鉴赏、宗教信仰、道德、友谊、荣誉、地位、成就、自尊等方面的需要。

物质需要和精神需要既是相对的，又是密切相关、相互交叉的。例如，某人购买一套公寓住宅是为了物质上的需要，但同时他又要求住宅的外观要漂亮，房间的内装修要高雅，室内的设施要赶上潮流，也就是从整体上要上“档次”，这就是在满足精神上的需要。某人购买了一套高级家庭影院系统后，他就拥有了“物”，即这套家庭影院系统：通过观看 DVD 影碟，他得到了精神上的享受；他在拥有这个“物”的同时，又得到了一种“购买了价格昂贵的新潮产品”的优越感，获得了另外一种精神上的满足感和心理上的炫耀感。

二、需要层次论

人类的需要一直是心理学家们研究的对象。其中，美国心理学家马斯洛的需要层次理论是比较有影响、有代表性的学说之一。马斯洛把人类多种多样的需要归纳为五大类：生理的需要、安全的需要、社交的需要、尊重的需要和自我实现的需要。这五种需要按照其发生的先后顺序，由低级至高级呈金字塔形依次排列（见图 4–1）。

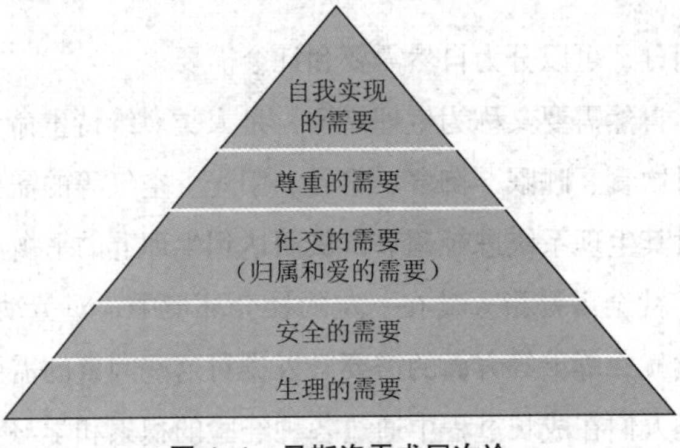

图 4–1　马斯洛需求层次论

马斯洛认为，人永远是有所求的，一种需要得到了满足，另一种需要就会紧跟着出现。人的需要总是由低层次向高层次发展的，高层次需要的出现总是以低层次需要的满足为条件的。生理需要相对得到满足之后，就会出现安全需要。在生理和安全需要得到满足之后，就会出现社交的需要（即爱与归属的需要）。跟在社交需要后面的是尊重的需要，最后才是自我实现的需要。总之，只有低层次的需要得到满足之后，高层次的需要才会出现。只有低层次的需要得到满足之后，高层次的需要才会成为激励因素，成为推动行为的动力。

（一）生理的需要

生理的需要是人的最基本需要，是维持个体生存和发展的一种基本需要，是应当最先得到满足的需要，如食物、睡眠、住所、御寒等需要。生活在贫困线上的人们关心的首要问题是最低层次的生理需要，只有解决了生存问题，才有可能考虑其他需要。一个连温饱都无法得到保障的人，首先想到的是解决吃饭和穿衣的问题，是绝不会在意自己是否会得到别人的尊重的。

（二）安全的需要

人的基本生存条件得到保障之后，也就是生理的需要基本得到满足之后，就会出现安全的需要。人们之所以愿意接受熟悉的事物，不愿意接受不熟悉的事物，是因为陌生也就意味着不安全。人们都希望有一个安全、稳定、有秩序的生存环境，都希望保护自己免受来自各方面的危害。安全需要包括生命的安全、财产的安全、职业安全、社会治安、福利保障、劳动保护措施等。如果这种需要不能得到满足，人们就会产生危机和恐惧感，就谈不上社交和尊重等更高层次的需要。

（三）社交的需要

社交的需要又称为爱与归属的需要，这里的爱是指广义上的爱。社交的需要包括社会交往；渴望自己有所归属，成为某一群体或阶层中的一员；希望与同伴或他人保持友谊和融洽的关系；渴望得到别人的关怀和友爱；希望家庭生活美满和谐等。这一层次的需要如果不能得到满足，人就会感到孤独和失落。在现代社会中，随着物质生活的日益富裕，人们更加重视感情生活，追求归属感，因此人们的社交需要也越来越迫切。

（四）尊重的需要

社交的需要得到满足之后，人们就会产生尊重的需要。人们既希望受到别人的尊重，也希望有自尊。例如，人们都希望有稳定、体面的工作；都有对个人名誉的追求；都希望能表现出自己的能力和才华；都希望个人取得的成就和自身的价值得到社会的承认。人们尊重的需要得到满足之后就会感到自身的价值得到了实现，就会充满自信，对未来和社会满怀信心。如果尊重的需要不能得到满足，人就会感到自卑和无望。人们接受高层次的教育、努力开拓自己的事业、进行旅游活动等在一定程度上也是在满足自己尊重的需要。

（五）自我实现的需要

自我实现的需要是人们所追求的最高目标，是最大限度地开发自身的潜能，实现自己的理想和抱负的需要。但人的潜力各不相同，因而自我实现的需要也是因人而异的，不能期望所有人的自我实现的价值都是一样的。任何人只要实现了“自己愿意成为的人”的愿望，就意味着“自我实现”。事实上，能满足这种需要的人很少。

上述五个层次的需要还可以进一步分为两大类。生理的需要、安全的需要、社交的需要和尊重的需要可以统称为缺失性需要，因为人是由于缺少了什么或失去了什么，才产生了这些需要。而自我实现的需要是性质完全不同的另一类需要，人之所以有自我实现的需要，并不是由于缺少了什么或失去了什么，而是因为自身的潜能还没充分发挥出来，自身的价值还没有完全实现。因此，自我实现的需要又称为非缺失性需要或成长的需要。在某种意义上，缺失性需要可以通过“索取”来满足，而非缺失性需要则只能通过“奉献”来满足。只有通过创造、通过奉献、通过施爱的过程，人的潜在才智和能力才有可能充分发挥出来，人的自身价值才有可能完全得以实现。

三、需要的单一性和复杂性

人的需要是一个复杂的现象，心理学研究成果表明，人们既希望需要保持单一性，又追求复杂多样性。

（一）需要的单一性

需要的单一性又称需要的一致性。人们总是期望在生活中保持平衡、和谐和一致，希望日常生活稳定，力求避免冲突，还希望生活中的一切都有规律性和可预见性。如果在生活中出现不一致或非单一性的事物，人就会产生心理紧张。这时，人们就会期望寻求预知的、一致的事物来抵消这种不一致造成的紧张和不安。

由于需要的单一性，人们学会了在生活中加倍小心地避免可能出现的不一致或非单一性。在旅游中，人们希望食、住、行、游、购、娱各个环节都有可预见性和稳定性，不希望出现意外或变故。所以旅游者往往希望参加由信誉可靠的旅行社组织的旅游团，走传统的旅游线路，游览著名旅游景区或景点，下榻提供标准化服务的星级酒店，到国家定点旅游购物场所购物，参加自己熟悉的或传统的娱乐活动。

（二）需要的复杂性

需要的复杂性指人们对新奇、意外、变化和不可预见的事物的追求和向往。人的生活是复杂多样的，过于单一刻板的生活并不会给人带来满足，而会使人感到厌倦，使人在心理上感到紧张和不安。因此，在生活中人们既追求需要的单一性，又渴望需要的复杂性，希望自己的生活更加丰富多彩，期望通过生活中的复杂事物给自己带来心理上的更多满足和愉悦，提高生活的质量。

对需要复杂性的追求成为人们外出旅游的基本动力之一。旅游使人们离开了单一刻板的日常生活环境，使生活增加了变化，添加了不可知因素，满足了人们对复杂多样事物追求的心理需要。同样，人的这种对复杂性的需要驱使旅游者愿意去以前从未去过的地方，选择与众不同的旅游方式，在旅游过程中尝试那些非常规、非标准化的服务，乐于去探索未知的旅游目的地。通过这些手段去感知复杂的事物，获得全新的经历，从而获得心理上的满足。

（三）需要的单一性和复杂性的平衡

需要的单一性和复杂性是相互对立的一组矛盾，但两者又存在很大的互补性。单一性的需要在一定程度上要用复杂性来平衡，复杂性的需要在一定程度上要用单一性来平衡。人人都离不开这种平衡，只不过侧重的程度不同而已，也就是说，平衡点的位置不同而已。一些人的平衡点可能会偏向单一性，而另一些人的平衡点则可能会偏向复杂性。如果偏离了这个平衡点，人们就会产生心理紧张和不安。如果每天都从事非常单调一致的工作，人们就会产生厌倦感，从而导致心理紧张，这些人就渴求用复杂性来保持需要的平衡。如果每天都在相当不可预见的、多样复杂的环境中工作，每天都要处理全新的问题，人们又会产生恐慌感，从而导致心理紧张，这时需要用单一性来保持需要的平衡。

旅游度假活动实际上起着“平衡剂”的作用。旅游者通过旅游活动调整日常生活中单一性与复杂性的平衡。生活太单一的人在旅游中需要用复杂性来平衡；生活太复杂的人在旅游中需要用单一性来平衡。旅游动机正是在旅游者的这种单一性和复杂性双重需要的刺激下产生的。

四、人对高质量生活的需要

在当今世界，生产力的高度发达带来了人们物质生活水平的迅速提高。经历了多年的经济改革，我国人民的生活水平也有了显著的提高，已经开始步入小康社会。人们在基本上解决了温饱问题之后，就有了进一步提高生活质量的需要，都希望能够过上高质量的生活。什么样的生活才算高质量呢？根据马斯洛需要层次论，人们满足了基本生存需要之后，就要去追求更高层次需要的满足。因此，毫无疑问，满足高层次的需要才是高质量的生活。高和低是相对的，对于已经得到生理需要满足的人来说，安全需要是高层次的需要：而得到了安全需要满足之后，社交需要又成为新的高层次的需要；依此类推。在物质生活上得到满足的人，会去进一步追求精神上的满足，同样，缺失性需要得到满足之后，人们追求的高层次需要则是非缺失性需要。人们进行旅游活动本身就是在追求一种高层次的满足，是在追求一种高质量的生活。

高质量的生活就是幸福生活，追求高质量的生活、追求人生的幸福是人类的本能。那么究竟什么构成了幸福？幸福的要素是什么？要判断一个人的生活是否幸福，除了要看其拥有的物质财富多寡之外，还要看其在生活中得到的感受。通过研究，人们发现亲切感、自豪感和新鲜感是人生幸福的三大要素，正是这三种满足感构成了高质量的生活。在同样物质条件下，一些人之所以感到生活得很幸福，是因为他们比别人拥有更多的亲切感、自豪感和新鲜感。而另外一些人之所以没有体会到幸福，也是由于他们没有得到足够的亲切感、自豪感和新鲜感。不论旅游者主观上是否意识到这一点，事实上，所有的旅游者都希望在旅游度假活动中获得更多的亲切感、自豪感和新鲜感。

（一）亲切感

亲切感的最重要来源就是人与人之间真诚的爱，这里的“爱”，是广义上的爱，指人与人之间的关心爱护、真诚相待、相互理解、宽容和尊重等。在马斯洛的需要层次中，亲切感可以归为社交的需要。在五个层次中，它正好位于中间，是满足更高层次需要的前提。在现实世界中，这种爱不是太多了，而是远远满足不了人们的需要。大多数现代人，已经从繁重的体力劳动中解放出来了，但是很多人仍然觉得“活得不容易，活得很累”，其原因就是精神负担太重了。在各种岗位上的激烈竞争导致各种人际关系紧张，人情淡薄；生意场上的尔虞我诈，使人们普遍感到隔膜和冷淡。简而言之，就是缺少亲切感。人们外出旅游的目的之一就是要暂时摆脱这些烦恼，寻找一个新鲜的舒适、愉悦的环境。希望在这个新世界里能够找到亲切感，即广义上的“爱”，期望能够在这里享受到高质量的生活。因此，旅游企业的接待和服务人员应该努力为旅游者创造一种轻松和谐的气氛，为旅游者提供富有亲切感的旅游服务，以爱心对待旅游者，与旅游者建立起最佳的和谐人际关系，使旅游者通过旅游活动能够体验到人世间的纯真情感，在整个旅游过程中始终都能感受到亲切的氛围。

（二）自豪感

自豪感是人们对有机会表现自己、突出自己，并由于自己的外在表现而受到别人的肯定评价和赞扬的一种满足感。一个有自豪感的人，就是一个对自己感到满意的人。一个缺乏自豪感的人，无论物质生活方面得到多大的满足，也不会有幸福感。旅游活动给人们提供了一个展现自己、突出自己、增加自豪感的机会。一些在日常生活中被人呼来唤去、在生活上十分节俭的人，在旅游活动中之所以要住进星级酒店或者酒店的总统套房，就是要表明自己是非常重要的人物，是与总统级的人物一样尊贵、一样重要的，其实这就是在满足他们内在的自豪感。旅游企业针对旅游者对自豪感的需要，不但要为旅游者提供物质和精神产品，还要想尽办法为旅游者提供一些旅游活动结束后可以用来向别人夸耀或显示的东西，让旅游者有机会通过旅游行为向别人展示：自己在旅游活动中的表现和作为是值得自豪的。

（三）新鲜感

人并不是只要衣食无忧就会感到幸福的，人的本性是要不断地寻找新的事物、新的世界。新鲜感是人们对生命力的感受，寻求到新的天地会使人感受到生命的活力，感觉到世界充满了生机，从而会对生活更加充满信心。新鲜感对所有热爱生活的人都是非常重要的。因此，可以说，不断开拓和发现能给人以新鲜感的生活才是高质量的生活，新鲜感是人生幸福的标志之一。

新鲜感也是相对的，在我们今天的信息化社会中，新事物和新技术不断涌现，社会生活领域中的各种变化层出不穷，但很多人并未觉得自己的生活充满了新鲜感。这是由于人们并不总是把属于自己的生活当作目标去追求，而是向往那些不同于自己原来生活的全新生活方式。用“围城”的理论可以形象地说明这个问题。“城里”和“城外”的人都认为对方的生活方式是新鲜的、是具有吸引力的，因此，就都竭力要“进城”或“出城”去体验对方的生活。例如，为了获取新鲜感，城里人跑到乡村、田野、草原、森林去返璞归真地享受大自然，而乡下人却赶到城里来体验以林立的高楼、浓重的商业气息和紧张快捷的生活方式为标志的现代生活。在一些经济欠发达的地区，人们普遍厌倦牛车或驴车等落后的交通工具，向往那种以汽车代步、以火车和飞机为主要远途交通工具的现代生活，而来自发达地区或外国的旅游者却偏偏要在此地体验一下乘坐被人们戏称为“牛轿车”或“驴吉普”的牛车或毛驴车的滋味。在现实生活中，“城里”和“城外”的人几乎无处不在，因此人们的旅游要求也是五花八门的，但有一点是相同的，即向往和追求与自己的生活方式不相同的生活模式，寻求对新鲜感的满足。为此，旅游从业者面临的课题是，如何迎合旅游者的这种求新心理，想办法让“围城”内外的人都能够在旅游活动中找到新鲜感，从而享受到高质量的生活。

第二节　旅游者的动机

一、动机与旅游动机

动机是发动和维持人的活动，并使活动指向一定目标的心理倾向，动机产生于人的某种需要。当人产生某种需要时，就会出现心理上的紧张或不安，这种紧张或不安就成为一种驱动力，于是就产生了动机。有了动机之后，就要选择或寻找目标，确定了目标之后，就要产生以满足需要为目标的行为。需要和动机紧密相连，但又有差异。仅有愿望而不付诸行动的需要不能成为动机，只有当愿望被激起并维持人的活动时，这种需要才成为动机。

人的行为实质上是满足需要的活动，只有需要存在，才有满足需要的活动。从需要的产生到需要的满足构成了行为的过程。这在任何环境中都是一样的，旅游环境也不例外。随着社会的不断进步和发展，人们不断有新的需要，因而也就会不断产生新的动机。这个过程是永远不会停止的，是永无止境的。当一个人不再产生新的动机之时，也就是其生命终止之时。

旅游动机是推动人们进行旅游的内部驱动力。旅游动机是在旅游需要的刺激下，直接推动旅游者去进行旅游活动的内部动力。在现代社会中，人们的身心经常处于紧张状态，造成了巨大的心理压力，在内心中就产生了不平衡，因此，人们普遍渴望能够对这种不平衡的身心状态进行调节。旅游活动是人们公认的能有效地调节人们心理状态的活动。一个人一旦产生了旅游需要，旅游动机就推动其为满足旅游需要而进行种种努力，把行为指向特定的方向：做出旅游决策；开始旅游活动；维持旅游活动的进行并达到目的；满足旅游需要；最终消除心理紧张。不管旅游动机如何复杂，其实质都是为了满足人们的多种旅游需要。

旅游动机的产生必须同时具备两个方面的条件：主观条件和客观条件。主观条件是个体的内在条件，即人对旅游的需要。但是人们具备了旅游动机的主观条件后，如果客观条件不允许，并不一定能够形成旅游动机，因而旅游行为最终也不一定能够发生。所谓的客观条件就是外在的诱因或刺激条件。旅游动机产生的客观条件通常可以归纳为三个主要类别：时间条件、经济条件和社会条件。

（一）时间条件

人们外出旅游必然要占用时间，如果不能摆脱繁忙的公务或无休止的工作，没有供自己自由支配的闲暇时间，人们就难以产生旅游动机。虽然我国还没有全面实施带薪休假制度，但是已经实行了每周五天工作制，还实行了世界上独一无二的长假“黄金周”制度。实践证明，这些时间条件对中国人旅游动机的产生起到了很重要的作用。

（二）经济条件

旅游是一种消费行为，如果财力有限、经费不足，旅游行为就无法实现。旅游是人们生活水平和生活质量提高的体现和重要特征之一，人们只有在基本生活得到保障之后，才会产生旅游动机。在一个温饱尚不能满足的社会是不可能产生大量的旅游需要和动机的。一个国家或地区经济的发达程度与外出旅游的人数通常成正比。研究表明，当一国的人均 GDP 达到 800~1000 美元时，其居民普遍会产生国内旅游动机；当人均 GDP 达到 4000~10000 美元时，居民通常会产生国际旅游动机。我国目前正处在从温饱型向小康型社会迈进的阶段。

（三）社会条件

社会条件指人们生活的社会环境和背景。旅游作为现代人的一种生活方式，不可能脱离社会环境和社会背景的影响而独立存在。在一个旅游风气浓郁的社会环境中，人们的旅游动机将会十分强烈。反之，如果旅游在社会中没有形成风气，人们对旅游的评价很低，人们的旅游动机就很难产生。

二、旅游动机的多元性

旅游动机建立在旅游需要的基础上，旅游需要的多样性决定了旅游动机也必然丰富多样。依据动机在旅游活动中所起的作用，旅游动机也可以分为主导性动机（或称基本动机）和辅助性动机（或称次要动机）。主导性动机在旅游活动中处于主导和支配地位，决定人们到哪里去旅游和用什么方式进行旅游，而辅助性动机则对主导性动机起补充作用。

旅游决策往往是多种动机促成的，但通常只有一个主导性动机，而辅助性动机则可以有多个。如果条件满足，旅游主导性动机和辅助性动机可以同时实现。例如，一个人做出到海滨度假的决策，其主导性动机可能是出于健康的原因要到海滨疗养。同时他也会有一些次要的动机，如探索海滨奥秘的动机、获取新鲜体验的动机、追赶旅游时髦浪潮或到旅游目的地探亲访友的动机等。通过旅游行为，旅游者的主导性动机和辅助性动机可以同时实现。主导性旅游动机和辅助性旅游动机也不是一成不变的，两者在一定条件下可以相互转化。当某种刺激的强度加大后，辅助性动机可以转化为主导性动机，而原来的主导性动机则会变为辅助性动机。

除了主导性动机和辅助性动机之外，还可以将动机分为另外两个类别：表面动机（明显动机）和隐藏动机（潜在动机）。表面动机（明显动机）通常都与社会上流行的价值观保持一致，例如，旅游度假的动机、购买汽车的动机等。隐藏动机（潜在动机）则是那些消费者本人没有意识到或者不愿意公开申明的动机，例如，旅游可以显示自己的社会地位；一套漂亮的服装可以显示出自己与众不同的审美鉴赏能力等。不论是表面动机，还是隐藏动机，都会对消费者的消费决策产生影响，因此旅游企业应该认真对消费者的各种动机进行研究，找出对消费决策产生重要影响的动机。

旅游活动是复杂并具有高度象征性的社会行为，旅游者要通过旅游活动来满足自己的各种需要，因此，人们外出旅游的动机也是丰富多样的。在现代社会中，人们的生活需要复杂多样，旅游行为与人们的生活密切相关，现代生活的许多需要都可以成为旅游动机的一部分，这就决定了旅游动机也必然是多样的。在旅游研究中，研究人员通过对现代旅游者种种旅游行为的研究，从不同的角度对旅游动机进行了分类。

从旅游实践出发，为了更好地理解旅游者的活动规律，认识并预测旅游行为的方向，促进旅游业的有效开发和建设，通过对旅游活动及各种旅游动机分类模式的研究，可以将主要的旅游动机归纳为以下几个大类别。

（一）休闲、健康的旅游动机

休闲、健康的动机表现为在紧张、平淡的日常工作、生活之余，为了休闲放松而进行的观光休闲、度假疗养等旅游活动。通过休闲、养生来恢复和增进健康，通过游玩、娱乐暂时忘却烦恼，以保持心理平衡。

具有休闲、健康动机的旅游者，在选择旅游目的地和旅游项目上，主要选择那些能够调节人们身心活动规律、增进身心健康、使人全身心投入的活动，如轻松愉快的参观游览、不太激烈的体育健身活动、各种修养治疗活动以及令人开怀的文化娱乐活动等。各种自然风光、历史古迹、公园、海滨、温泉疗养区以及有较好艺术传统活动的地区，常常成为具有休闲、健康动机的旅游者选择的对象。

（二）探索、冒险的旅游动机

好奇和探索是人类基本的心理性内在驱力，好奇心和探索的欲望是天生的。旅游活动具有新颖性、知识性，甚至有一定程度的探险性，能够部分满足人们的这种需要。不同旅游者这一动机的强弱程度有明显的差别，有的在保障安全的情况下只求新鲜刺激，而有的则为满足探索甘愿冒生命危险，如当今的珠穆朗玛峰登山探险旅游。

（三）精神审美的旅游动机

审美对人来说是一个从感官体验到精神共鸣甚至灵魂升华的过程。审美动机是指旅游者为了满足自己的审美需要而外出旅游，这是一种高层次的精神方面的需求。当然，有的旅游者纯粹为了审美而游历，如我国古代的徐霞客、李白等人的士人漫游，而有的人则只是其中夹杂审美动机，如当代一般的观光旅游者。

具有这种动机的旅游者，其旅游活动多指向奇异美丽的自然界的事物、现象，指向那些使人们能够接触旅游地居民的活动，以及参观博物馆、展览馆、名胜古迹，参加各种专题旅游活动等。

（四）社会交往的旅游动机

人们为了探亲访友、寻根问祖、结识新朋友等而进行的旅游，就是社会交往动机的体现。社会交往的动机以加强沟通交流，发展人际关系、公共关系为目的，常常表现出对熟悉的东西的一种厌倦和反感，也表现出逃避现实的一种欲望。因此，具有社会交往动机的旅游者的特点是要求旅游过程中的人际关系友好、亲切、热情。

（五）宗教信仰的旅游动机

人们为了宗教信仰而外出旅游。宗教信仰的动机主要是为了满足自己的精神需要，寻求精神上的慰藉和寄托。纯粹的宗教旅游又分为两种情况：一种是朝圣，如玄奘西天取经；一种是传教，如鉴真东渡。在现代社会中，除以上两种情况外，其他夹杂宗教信仰动机的旅游活动也很多，如“白天看庙，晚上睡觉”。

（六）商务、公务的旅游动机

商务、公务动机是指人们为了各种商务、公务活动外出旅游。例如，有些人为了购买商品专程或绕道到某地旅游。另外，参加学术考察、交流，到异地洽谈业务、出差、经商等，都属于商务的动机。此外，参与各种专业团、政府代表团以及交易会、洽谈会等也都属于此类动机。

（七）家庭责任的旅游动机

对很多成年人来说，长年累月地忙于工作会使他们疏忽对家人以及亲朋好友的关心照顾，外出旅游对他们来说更多的是为了尽一份责任和义务，是为了让父母、妻子、儿女和其他亲人、好友得到放松、快乐。例如，每到暑期，以家庭为单位的旅游团队大量增加，其动因正是以上原因。

三、旅游动机的激发

（一）提升旅游资源的吸引力，开发特色鲜明的旅游产品

人们外出旅游的目的之一就是通过游览名胜古迹、欣赏自然风光、感受风土人情等来满足自身的需要。有特色的旅游资源才有吸引力，才对旅游动机有激发作用。因此，旅游资源要具有特色，需从以下三个方面出发。

1. 在旅游开发上要保持原真性

为满足旅游者的求真、求实心理，要尽可能地保持旅游资源的原始风貌。因此，在旅游开发时，要避免对旅游设施、旅游景点的过分修饰甚至全面毁旧翻新，力求在原貌上进行适当的保护。

2. 突出旅游资源的个性

旅游资源的吸引力和生命力取决于它的独特性，因此，在旅游开发中，要尽力突出旅游资源的特色，并强化和渲染这种特色，以增加它的魅力。例如，桂林山水的独特性就在于山青、水秀、洞奇、石美，而自古就有“桂林山水甲天下”的美称。

3. 突出民族的特点

不同的民族有着不同的生活环境和文化气质，也有着不同的生活方式和生产方式以及审美标准，进而会产生不同的物质文明和精神文明。当这些带有民族风格的物质文明和精神文明成为旅游资源时，必然带有民族性。因此，保持某些旅游景观的传统格调，挖掘民族文化内涵，突出民族性，有助于提高旅游资源的吸引力。

（二）加强旅游企业管理，提高旅游服务质量

提高旅游企业管理人员、服务人员的管理水平和服务水平，为客人提高尽善尽美的服务，这是激发旅游供给的重要前提。因此，旅游企业在旅游产品的设计、旅游线路的安排上要合理、新颖；导游人员的旅游知识要丰富，语言水平要高，导游技巧要熟练；

餐饮住宿服务人员的服务态度要好，且能够为旅游者提供标准化和个性化的服务。

（三）完善旅游基础设施

旅游设施的数量、规模和档次要充分满足旅游者的需要，保证旅游活动的顺利开展。同时，旅游设施的建设应该考虑不同旅游者的需求，为多样化的游客需求提供多样化、高标准、高质量的旅游设施。

（四）加强旅游宣传力度，为旅游者提供旅游信息

旅游宣传能够为旅游者提供相关的旅游信息，加深旅游者对旅游目的地的了解，并对该地产生美好的印象，从而引发其旅游兴趣和激发其旅游动机。旅游企业在旅游宣传中应重视新闻媒体的窗口作用，集中力量向电视、报刊和网络媒体投放宣传广告；在机场、车站、酒店等公共场所张贴宣传画册、设置显示屏、分发旅游宣传手册，对旅游产品进行宣传促销。此外，在目标客源市场、周边主要城市和主要交通干道设置旅游广告牌，做到旅游宣传有空间、有阵势、有频率，多角度、全方位、广覆盖，满足最大范围的市场信息需求，实现宣传促销的聚合效应、整体效应和放大效应。

阅读材料

旅游动机的激发：身临其境还是想象空间

2014 年在召开的环球旅讯论坛上展示了几个旅游极客开发大赛的得奖项目，其中一个“让电影带你去旅行”的项目很有意思。年轻的开发者通过开发应用软件，实现由电影展示切换到拍摄地旅游信息介绍，最后引导游客预订相关旅游产品。试图通过激发旅游动机、传播目的地信息和相关产品预订信息链条，使目的地形象营销、信息营销和产品营销一气呵成。

在旅游目的地营销中，激发旅游者的动机和灵感好像一直是一件很“玄乎”的事情，而如何把这种动机与灵感和后续的收集目的地信息和预订旅游产品衔接起来，也是莫衷一是。技术的进步和网络时代的到来，让我们可以利用各种技术手段、通过各种法子和套路实现以上目的。最新的案例是最老牌的托马斯库克旅行社结合虚拟现实技术，在其英国伦敦线下门市店，提供系列虚拟现实度假旅游产品体验，用户可以在店内体验由托马斯库克旅行社推出的基于显示器头盔的 360 度环景虚拟现实热带天堂产品。实际上，这是为虚拟现实电子游戏设计的一种头戴式显示器，能在一定程度上为玩家呈现出虚拟现实般的游戏体验。这不禁使人想起一句成语——身临其境。这个套路是通过技术化的身临其境式营销，促使潜在的旅游者在旅行社门市了解更多的旅游信息，进而预订旅游产品。国内也有许多

目的地通过许多技术方法，以期让潜在游客身临其境，达到营销目的地的作用，这种按照身临其境式的营销思维方式的众多技术路径都能激发旅游者的动机和灵感吗?

虚拟旅游现在是一个很热门的词，很多科技公司向目的地和景区吆喝这个东西，标准说法就是让游客身临其境！甚至有些公司和目的地以此标榜达到了智慧旅游。景区和目的地的营销，无论利用何种手段，都要向潜在游客展现目的地的美感，尤其重要的是这种美感要有一定的想象空间。很多目的地的视频广告片经常使用广视角、大摇臂甚至航拍，表现的景色如诗如画，可实际上绝大多数的游客是不能在拍摄角度观赏到景观的，不可能在半空中瞧瞧孔庙的大屋顶，这好像是“身不能临其境”的味道，但留下了想象空间。很多利用技术手段实现的所谓虚拟旅游的营销作用在很多情景中还不如一段精美的视频甚至不如几幅平面图片，大概是因为想象空间起了作用。谷歌的街景地图是个明显的例子，它的营销作用就不如指南和导向的作用大；艺龙网在酒店介绍页面引入酒店街景，它的引导指南作用就大于酒店外观的展示作用；一些景区和目的地搞的实景视频直播似乎对到了景区门前的游客作用更大一些。当然，现在一些公司将虚拟现实技术和电子导览结合起来为游客进行信息服务，这已经是游客进入景区或者目的地以后的事了。

（资料来源：http//www.dolour.cn/article/9963.html）

本章小结

本章从需要和动机的概念入手，探讨旅游消费行为及特征、旅游需求和动机的影响因素，并且从国内旅游者出发划分了旅游动机的类型。重点是旅游消费和特点的界定，难点是旅游者情绪情感的单一性和复杂性的界定。正确认识旅游消费者的定义，对于健全旅游学科的理论研究、指导实践活动具有重要的理论价值和现实意义。明确旅游需要和动机类型的划分，可以有效指导旅游企业开展实践活动。

复习思考题

1. 什么是需要？如何对需要进行分类？
2. 简述马斯洛的需要层次论，并用其解释旅游需要。
3. 举例说明旅游者在旅游活动中如何维持单一性需要与复杂性需要的平衡。
4. 人生幸福的三大要素如何在旅游行为中体现？
5. 旅游工作人员应该采取什么措施来满足旅游者对高质量生活的需要？
6. 结合自己或他人度假旅游的经历，分析旅游动机的多元性。
7. 结合自己或他人的消费行为，讨论表面动机和隐藏动机对购买决策的影响。
8. 你认为旅游部门和企业应该采取什么措施来激发人们的旅游动机？为什么？

第五章

旅游者的态度

导言

人们生活在一定的社会条件下，有着不同的人生经历，因而形成了各不相同的个性、需要、兴趣、爱好以及思维方式。不同的人对同一个人或同一种事物，可能有相同的或不同的态度。态度影响着个体的行为和生活方式。因此，对旅游者态度的研究是旅游心理学的重要内容之一。

【教学目标】

通过本章的学习，了解态度的含义与特点；认知态度的含义和结构；掌握有关态度形成的理论。了解态度与行为的关系方面的研究，并能分析旅游者不同态度对其行为的影响以及行为对态度的影响。具体运用所学的有关态度的理论来改变旅游者的态度能力。使学生了解旅游消费者个性的含义与特质，个性与旅游消费表现，以及个性怎样影响人们的旅游消费行为的。

【关键术语】

态度；旅游态度；旅游决策；旅游行为；旅游偏好

案例导入

恐袭阴影笼罩欧洲　中国游客锐减 2/3

维罗妮卡有点无聊地坐在位于法国巴黎的办公室内，她是马蜂窝法国合作方

Frenchy Travel 的工作人员。原本每年的这个时候，应该是欧洲游旺季，大量的中国团队游客和散客涌入法国旅游、购物，她应该很忙。然而，最近维罗妮卡却“闲得慌”——游客退团或改道其他地区，使得她在旺季并没有太多业务。2016 年 7 月 26 日，法国北部城市鲁昂发生劫持人质事件。两名袭击者被击毙，但一名人质被残忍杀害。时任法国总统奥朗德称，这是一起恐怖袭击事件，将尽一切努力“迎战”。这是发生在“欧洲心脏”地区的一起流血事件。接二连三发生在法国、德国和土耳其的重大恐袭或政变，严重打击了中国游客赴欧洲旅游的热情。据不完全统计，有 40%~50% 原本报名欧洲游的中国游客选择了退团、改道或改期。部分大型旅游企业反映，在近期，法国、德国这类以往的欧洲游“大户”甚至减少了约 2/3 的中国团队游客。据记者多方采访获悉，中国赴欧洲旅游人数的锐减，使得 7 月“旺季”变成“淡季”，业界预计影响还将持续到 8 月。

欧洲游突然遭遇“滑铁卢”，欧洲当地的酒店、旅行社等从业者的收益下滑，不少业者正在焦虑地进行线路调整，并祈求未来一段时间内不要再有任何突发状况。

于是，旅游业者们开始转向。携程、途牛、同程等均表示，大家都注意到近期欧洲游有所降温。相对而言，原本就不使用申根签证的英国比较独立，其对入境者的核查也比较严格，加上脱欧后的英国旅游利好，因此欧洲游板块中，当推英国游可以独立加码操作。另外，一些取消欧洲游的客人也可以转向美国、澳大利亚等地区，将欧洲游客源引流到其他旅游目的地，是目前最适合的市场平衡法则。

（资料来源：http://money. 163. com/16/0728/07/BTlUT78U00253BOH. html）

问题：

1. 请分析促使中国游客对赴法旅游的态度由积极转为消极的因素是什么？

2. 案例中旅游业者采取了什么措施转变赴欧洲旅游客源的态度，促使他们外出旅游？假如你是营销人员，还有哪些措施可以采取？

第一节　态度的概念

不管人们的职业性质如何，几乎每个人都离不开态度这个概念。比如，企业的厂长或经理关心员工的态度，因为它会影响到生产积极性和生产率；市场营销管理人员关心的是顾客对相互竞争的各种品牌的产品和服务的态度，因为这直接影响到企业的生存和发展。同样，旅游工作者也要关心旅游者的态度，以便进一步提高旅游服务质量，促进旅游业的发展。

一、态度及其构成

态度是指个人对某一对象所持有的评价与行为倾向。态度的对象是多方面的，其中有人、事件、物、团体、制度以及代表具体事物的观念等。人们对一个对象会做出赞成或反对、肯定或否定的评价的同时，还会表现出一种反应的倾向性，这种倾向性就是心理活动的准备状态。所以，一个人的态度不同，就会影响到他的行为取向。从态度的构成看，主要包括三种成分，即认知成分、情感成分和意向成分。

认知成分是指对人、对事物的认识、理解和评价，即我们通常所说的印象，是态度形成的基础。比如，某游客认为大连是个好地方，环境整洁优美，海滨风光秀丽，气候湿润宜人，这就是游客对大连的看法。

情感成分是指对人、对事所做的情感判断，它是态度的核心，并和人们的行为紧密相连。比如，当某游客对大连做出评价、有了印象后，认为“大连是个美丽的、可爱的城市”，这里就清楚地看出其中有积极的情感成分。

意向成分是指个人对态度对象的反应倾向，即行为的准备状态。我们研究态度中的行为成分常常根据态度中的情感成分推测。比如，某游客对大连产生了积极肯定的情绪情感，他在心理上就积极地做各种准备，一旦外部条件成熟就可能来大连旅游。

态度的上述三种成分一般是协调一致的。比如，游客到大连后在选择酒店的过程中，如果他认为渤海明珠大酒店服务优、硬件条件好、所处位置方便，他就会对渤海明珠大酒店比较满意，产生喜欢、愉快的情感，从而准备住到那里。因此，态度的三种成分之间的相互一致性，对我们研究客人的态度与行为的关系系是非常重要的。

态度是人们的一种内在的心理体验，因此它不能直接被观察到，而只能通过人们的语言、表情、动作等进行判断。

二、态度的特点

人们的态度一旦形成，就通常具备以下几个特点。

（一）对象性

态度必须指向一定的对象，若没有对象，就谈不上什么态度。态度是针对某一对象而产生的，具有主体和客体的相对关系。当提到某一关系时，就提出了态度的对象，如对包价旅游的态度、对导游的态度、对酒店的态度等，都有明显的主体与客体的对应关系。

（二）社会性

态度是通过学习获得的，不是生来就有的。态度不是本能行为，虽然本能行为也有倾向性，但这是不学就会的；而所有的态度都不是遗传来的，而是后天获得的。例如，旅游者对某景点的态度，可能是他自己在旅游活动中亲身体验得来的，也可能是通过广告宣传或其他人的评价影响而形成的。

（三）内隐性

态度是一种内在结构。一个人究竟具有什么样的态度，我们只能从他的外显的行为中加以推测。心理学家罗森伯格用下述表格描述了态度的内在结构的特征。表 5–1 是通过刺激、态度、反应三者关系来说明，态度这一内在结构是刺激与反应之间的中介因素。

表 5–1　态度的内在结构特征

刺　激	态　度	反　应
外界刺激是可以观察到的独立变量，如个人情况、社会问题、社会团体及其他对象	态度是中介因素，有三个成分：情感、认知、意向	反应是可以观察到的从属变量情感反应、认知反应以及观点的言语反应外显行为

（四）稳定性与可变性

态度的稳定性是指态度形成后保持相当长的时间而不变。态度是个性的有机组成部分，它使人在行为反应上表现出一定的规律性。当然，态度也并非一成不变，当各种主客观因素发生变化时，态度也会随之改变。假如客人在某酒店受到某个新来的服务员不太礼貌的接待或发现这家酒店的饭菜质量不如从前，他就会改变对这家酒店积极肯定的态度，而产生消极、不满的情绪，可能从此不再光顾这家酒店。

（五）价值性

态度的核心是价值。价值是指作为态度的对象对人所具有的意义。人们对于某个事物所具有的态度取决于该事物对人们的意义大小，也就是事物所具有的价值大小。事物的主要价值有六种：理论的价值、实用的价值、美的价值、社会的价值、权力的价值和宗教的价值。

事物对人的价值大小，一方面取决于事物本身，另一方面也受人的需要、兴趣、爱好、动机、性格、信念等因素所制约。所以，同样一件事，由于人们的价值观不同，因而产生不同的态度。为此，能满足个人需要、契合个人的兴趣爱好、与个人的价值观念相符的事，人们会产生正面的态度；反之，则产生消极的态度。

（六）调整性

态度的一个重要特点就是它具有调整功能。所谓调整就是当事人在社会奖惩或亲朋意见及榜样示范作用下改变自己态度的情况。这种功能有助于旅游者在心理上适应新的或困难的处境，使自己不必亲身经历或付出代价而达到态度的改变。在旅游活动中最常见的就是人们根据他人或社会的奖惩来调整或改变其态度。

三、态度的形成过程

人的态度不是天生就有的，而是在一定的社会环境中形成的。

（一）凯尔曼的态度形成三阶段理论

心理学家 H. C. 凯尔曼提出了态度形成的三个阶段，即服从、同化、内化。

1. 服从阶段

人为了获得物质与精神的报酬或避免惩罚而采取的表面顺从行为称为服从。服从阶段的行为不是个体真心愿意的行为，而是一时的顺应环境要求的行为。其目的在于获得奖赏、赞扬、被他人承认，或者为了避免惩罚、受到损失等。

2. 同化阶段

这一阶段的特点是个体不是被迫而是自愿地接受他人的观点、信念，使自己的态度与他人的要求相一致。同化阶段的态度不同于服从阶段的态度，它不是在环境的压力下形成或转变的，而是出于个体的自觉或自愿。

3. 内化阶段

内化阶段是指人们从内心深处真正相信并接受他人的观点而彻底转变自己的态度，并自觉地指导自己的思想和行动。在这一阶段，个体把那些新思想、新观点纳入了自己的价值体系，以新态度取代旧态度。一个人的态度只有到了内化阶段，才是稳固的，才真正成为个人的内在心理特征。

态度的形成从服从阶段到同化阶段再到内化阶段，这是一个复杂的心理过程。当然，并不是所有的人对所有事物的态度都要完成这个过程。人们对一些事物的态度的形成可能完成了整个过程，但对另一些事物可能只停留在服从或同化阶段。

（二）认知平衡理论

1958 年，心理学家海德（Heider）提出了改变态度的“平衡理论”。该理论认为，认知的平衡状态是一种理想的或令人满意的状态。如果认知上出现了不平衡，就会产生心理上的紧张、焦虑和不舒适、不愉快。为了从不平衡状态恢复到平衡状态，需要改变现有的某个认知或添加一种新的认知。海德认为，态度的两个实体之间存在两种关系，即平衡关系和不平衡关系。若用符号“P”表示认知的主体，“O”表示与P发生联系的另一个人，“X”表示态度的某个对象。如图所示，在图5–1（1）、图5–1（2）、图5–1（3）、图5–1（4）的情形下，P、X、O三者处于一种平衡状态。同样，在图5–1（5）、图5–1（6）、图5–1（7）、图5–1（8）的情形下，平衡状态被打破。平衡理论运用在旅游消费者态度上，可以发现消费者身边的人际交往群体对其态度的改变形成了很大的影响，消费者对某一旅游产品的态度很有可能与其身边关系亲密的亲友态度相一致。

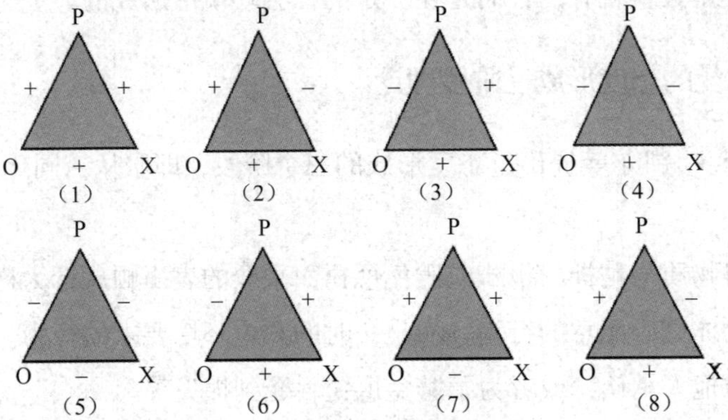

图5–1　海德的三角关系模型[①]

注：符号“+”表示正关系，符号“–”表示负关系。判断三角关系是平衡的，还是不平衡的，其根据是当三角形三边符号相乘为正时，为平衡的结构；当三角形三边符号相乘为负时，为不平衡的结构。

第二节　态度与旅游行为

态度与行为是什么关系？态度与行为是否为一对一的决定关系？了解了旅游者的态度，就可以预测甚至影响他们的行为了吗？

一、态度对行为的影响

有关态度与行为之间的关系的探讨几乎和态度本身的研究历史一样长远。大多数学者对态度和行为之间的关系基本上持肯定的意见，即认为一个人的态度决定了他的行

① 李志飞. 旅游消费者行为［M］. 武汉：华中科技大学出版社，2019.

为。早在20世纪30年代初，美国学者R. T. 拉皮尔就在一项著名的研究中对态度与行为相一致的看法提出了质疑。

社会心理学家认为态度和行为互相支持。流行的大众观点认为态度对行为有重要的影响，而越来越多的研究告诉我们，态度经常不能很好地预测行为。并且改变态度很显然不能在很大程度上改变人的行为。研究证明，人们言行不一的原因是，人们所表露出的态度和做出的行为各自受许多因素的影响。只有在下述情况下，态度能预测人的行为：其他因素的影响最小化；态度是针对具体行为的；当人们清楚地意识到态度是强有力的时候。

二、行为对态度的影响

态度对行为有影响既有大众观念的支持，也有许多研究成果的证明，结论是人们常常言行不一，态度对行为的影响不是简单的一对一的关系。那么，行为和态度是什么关系，前者对后者有什么影响？研究表明，不但态度会影响人的行为，同样行为也会影响态度。那么行为在什么条件下影响态度呢？

（一）行为影响态度的条件

乔治大脑中控制头部转动的区域暂时被植入了电极，当神经外科医生用遥控刺激电极时，乔治总要转头。他并没有意识到这是遥控的结果，而是给他转头做出了合理的解释："我在找拖鞋。""我听到了一种声音。""我闲不住。""我想看看床下有什么东西。"

1. 角色扮演

"角色"这个词来源于戏剧，它指的是那些处于特定社会位置的人被期望表现出的行为。当人们扮演一种新的社会角色时，起初可能觉得很虚假，但很快就会适应，表现出符合"身份"的行为。

2. 语言会变成信念

生活中常有这种现象发生，在尝试说服他人的时候，却说服了自己。人们在向其他人表达自己看法的时候，有时会按照听众的喜好来修改讲话的内容。

托里·希金斯与其同事的研究证实了语言是如何变为信念的。他让一些大学生阅读有关某人的人格描述，然后让被试者对另一个人总结该描述。当听众喜欢此人时，这些学生会总结一个更积极的评价。说过好话以后，他们自己会更喜欢这个人。让他们回忆自己读过的内容，他们会记起比实际更多的积极描述。简而言之，人们似乎倾向于根据自己的听众来调整自己的讲话内容，并且在说过之后也会相信自己所讲的信息。

3. 得寸进尺现象

心理学实验表明，如果想让别人帮你一个人忙，一个有效的策略就是先请他帮一个小忙，这就是得寸进尺现象（foot-in-the-door phenomenon）。要想“进尺”，首先要“得寸”，只有“得了寸”，才能提高“进尺”的可能性。

研究者假扮安全驾驶的志愿者，他们请求加利福尼亚人在院子前面安置巨大的、印刷粗糙的“安全驾驶”标志。结果只有 17% 的加利福尼亚人答应了。然后，研究者就请求其他的人先帮个小忙：他们可以在窗口安置一个 3 英寸的“做一个安全驾驶者”的标志，几乎所有的人都答应了。两周后，76% 的人同意在他们的院子前面树立巨大而丑陋的宣传标志。其他一些研究也证明了得寸进尺现象的存在。

（二）行为影响态度的理论

研究表明，有三个理论似乎对解释行为影响态度的现象有帮助。

1. 自我展示理论

人们都很在意其他人对自己的看法。给别人好印象常常能给自己带来社会和物质的报酬，能让自己感觉良好，甚至能让我们的社会身份更有保障。没有人愿意让自己看起来自相矛盾。为了避免这一点，人们表现出与自己行为一致的态度。为了看起来一致，人们也许会假装表现出某种态度，虽然那意味着有些做作或虚伪，但只要能给人留下好印象就是值得的。总之，为了让自己在他人眼中看起来一致，人们会表现出某种态度，这也称为“印象管理”。

2. 认知失调理论

在态度改变理论中，最著名的理论是美国心理学家费斯汀格提出的认知失调理论。一般情况下，个体的态度与行为是协调的，因此不需要改变态度与行为，假如两者出现了不一致，如做了与态度相违背的事，或没做想做的事，会产生不舒适感、不愉快的情绪，这时就引起了认知失调。例如，一个认为吸烟有害的人告诫自己不能吸烟，但有时仍克制不住吸烟，这时候他的态度与行为是不协调的，导致了认知失调。当个人的认知失调时，减少或消除这种失调的方法通常有以下四种。

（1）改变态度。改变自己对态度对象的态度，使其与以前的行为一致（我喜欢吸烟，我不想真正戒掉）。

（2）增加认知。如果两个认知不一致，可以通过增加更多一致性的认知来减少失调（吸烟让我放松和保持体型，有利于我的健康）。

（3）改变认知的重要性。使一致性的认知变得重要，不一致的认知变得不重要（吸烟让我放松和保持体型，有利于我的健康）。

（4）改变行为。使自己的行为不再与态度有冲突（再次戒烟，即使别人给也不再抽烟）。

3. 自我知觉理论

当问一个人对某事的态度时，人们通常会首先回忆他们与这事有关的行为和经历，然后根据过去的行为推断出对该事的态度。所以如果某人被问到他从事某工作的感受，由于他已经干了好多年了，他就会说喜欢这个工作。自我知觉理论认为，态度是在事实发生之后，用来使已经发生的东西产生意义的工具，而不是在活动之前指导行为的工具。这种倾向是非常强的，这是达里尔·贝姆的观点。他认为，当人们的态度不很坚定时，就通过观察自己的行为及其环境来推断自己的态度。自我知觉理论根本上还是归因理论的延伸。当人们无法把自己的行为归因于外部约束力的时候，就容易归结为自身原因。此研究似乎表明，我们擅长为自己的行为寻找理由，而不擅长去做有理由应该做的事。

从影响人的行为的角度来看，自我知觉理论告诉我们，报酬和奖励的运用要非常慎重。如果因为出色的表现而获得赞扬，这能让人们觉得自己更有能力和更成功，并能够增加动力。如果个体很明显是为了控制别人而事先付出不相称的报酬时，就会发生过度合理化效应。关键是报酬意味着什么，如果报酬和赞赏是针对人们的成就的，会增加个体的内部动机。而如果报酬是为了控制别人，而且人们自己也相信是报酬导致了他们的努力，那么这会降低个体对工作的内在兴趣。

三、态度与旅游决策

态度对旅游者行为的影响直接体现在对旅游决策的影响上。旅游决策与人的其他决策一样，往往要求决策者经历一系列的心理步骤。态度是由认知、情感、意向三种成分构成的一种内在心理结构。在旅游决策过程中，旅游者的某种态度一旦形成，就会导致某种偏好，进而影响人们的旅游决策。当然，某种偏好能否导致某种行为，还取决于各种社会因素的影响。

四、态度与旅游偏好

态度即便不能完全预测人们的实际行为，却可以很好地预测人们的旅游偏好。所谓旅游偏好，是指人们趋向于某一旅游目标的心理倾向。旅游偏好与旅游行为之间有着直接关系，这也就是我们探讨旅游偏好的原因。

（一）影响旅游偏好的因素

态度是偏好形成的基础，心理学研究表明，态度至少有两个特征对偏好的形成具有重要影响，这两个特征是态度的强度与态度的复杂性。

1. 态度的强度

态度的强度即态度的力量，它是指个体对对象赞成或不赞成的程度。一般来说，态度强度越大，态度就越稳定，改变起来也就越困难。

2. 态度的复杂性

态度的复杂性是指人们对态度对象所掌握的信息和信息种类的多少，它反映了人们对态度对象的认知水平。人们对态度对象所掌握的信息量和信息种类越多，所形成的态度就越复杂。一般来说，复杂的态度比简单的态度更难以改变。

（二）旅游偏好与旅游消费决策

人们在进行旅游决策的过程中，不仅要受到共性影响，即感知环境差异的影响，还要受个性特征，即国情、民俗习惯，以及个人的兴趣、爱好与性格差异的影响。旅游者对突出属性的知觉会导致旅游偏好的形成，而这些旅游偏好又产生了直接影响旅游者决策过程的意向，即旅游者的旅游决策在很大程度上取决于其旅游偏好。

在旅游决策过程中，做旅游决策的人常常根据他所寻求的基本利益，通过评估每种选择所能提供的最突出的利益的潜力，在诸多选择中进行选择。旅游决策的形成要经过以下三个阶段。

1. 意识到选择对象的存在

首先，决策者必须意识到该选择是一个潜在的选择，否则便无法进行对该对象的评价和后期的选择。例如，决策者在对焦作云台山进行评价和考虑之前，必须先在感知觉系统中意识到它的存在。

2. 对实现条件的考虑

意识到某一选择的存在后，决策者还必须判断它是否能够实现，即从它是否有足够条件担负这一选择的角度去考虑这个问题。比如，去云台山游玩食宿和交通问题好不好解决，那里的安全问题有没有保障等，这些问题若都可以解决，那么云台山就成为决策者可实现的选择。当然，在人们意识到的选择中，有些选择是不能实现的选择，但经过一段时间，问题得到解决后，现实条件得到改善，这个选择可能又变为可实现的选择，这都是决策过程中常常发生的事情。

3. 初步筛选

在意识到某一特定选择是否能实现之后，旅游决策者就会对该项选择按照偏好形成过程去做初步判断。判断可能会出现三种情况：第一，选择被否定；第二，对选择犹豫不决；第三，认为选择是可行的。这三种情况中，只有第二种、第三种情况的选择才可能会成为最后的抉择。第二种情况需要决策者获得更多的信息才能做出选择，第三种情况是某项选择会被决策者列入可行的选择范围内，但还要做更为详尽的评估，才能成为一种抉择。

探索旅游决策形成的心理步骤可以发现：人们的某些内在需要在一定的外部条件的作用下产生旅游动机；在具备旅游动机的前提下，人们面对某些具体的旅游产品，会产生旅游兴趣（即认识倾向）；在旅游兴趣的作用下，通过对旅游产品的认识、评价构成旅游态度；旅游态度在一定外界信息的作用下，得到强化或消退，积极、肯定的旅游态度会产生旅游偏好（即行为倾向）；有了旅游偏好，只要时机恰当经过一个或几个决策过程就会形成旅游决策。

知识链接

同一度假地的不同旅游偏好

有两个在大连金石滩国家旅游度假村度假的旅游者，在相互交谈时道出了完全不同的度假理由。A 来这里的理由是基于自然风光和气候，B 则是受一流的高尔夫球场的吸引。

问题：为什么他们对同一度假地会有不同的旅游偏好？

第三节 旅游者态度的改变

了解旅游者的态度更主要的是为了对其施加影响，从而最终影响旅游者的行为。所以，了解和掌握旅游者态度改变的知识和方法则成为本章的核心。

一、影响旅游者态度改变的因素

态度的改变有两种情况：一是方向的改变，二是强度的改变。影响旅游者态度改变的因素主要有以下几个方面。

（一）旅游者本身的因素

旅游者的需要、智力水平、性格特点、受教育程度以及社会地位等的不同，对态度的改变都会产生影响。

1. 需要

态度的改变与旅游者当时的需要密切相关，如果能最大限度地满足他当时的需要，则容易使其改变态度。

2. 性格特点

从性格上看，凡是依赖性强、暗示性高或比较随和的人容易相信权威、崇拜他人，因而容易改变态度。反之，独立性强、自信心强的人则不容易被他人说服，因而不容易改变态度。

3. 智力水平

就一般而言，智力水平高的人，由于具有较强的判断能力，能准确分析各种观点，不容易受他人左右。反之，智力水平低的人，难以判断是非，常常人云亦云，因而容易改变态度。

4. 自尊心

自尊心强的人，心理防卫能力较强，不容易接受他人的劝告，因而态度改变也比较难。反之，自尊心弱的人则敏感易变。

其他如受教育程度高和社会地位高的人要想改变他们的态度也比较难。

（二）态度的特点

态度的强度、态度的价值性、态度的三种要素之间的关系以及原先的态度与要求改变的态度之间的距离等都能对旅游者态度的改变产生影响。

（1）态度的强度直接影响旅游者态度的改变。旅游者态度的强度指旅游者对某一旅游对象赞成或反对、喜爱或厌恶的程度。一般来说，旅游者受到的刺激越强烈、越深刻，态度的强度就越大，因而形成的态度越稳定，也越不容易改变。如旅游者在旅途中发生重大车祸，或在住宿过程中贵重物品被损或丢失，会使旅游者产生强烈的恐惧或不满，因而对某种交通工具或某家旅馆产生强烈的否定情绪。这种态度一经形成，就难以改变。

（2）态度形成的因素越复杂，越不容易改变。例如，一位客人对某旅馆的否定态度如果只依据一个事实，那么只要证明这个事实是纯偶然因素造成的，客人的态度就容易改变过来。而如果态度是建立在很多事实的基础上，那么要改变态度就比较难。

（3）构成态度的三种要素（认知成分、情感成分、意向成分）一致性越强，越不容易改变。如果三者之间直接出现分歧、不一致，则态度的稳定性越差，也就越容易改变。

（4）态度的价值性也对旅游者的态度产生重要影响。态度的价值性是指态度的对象对人的价值和意义的大小。如果态度的对象对旅游者的价值很大，那么对他的影响就会很深刻，因而一旦形成某种态度后，就很难改变。反之，态度的对象对旅游者的价值小，则其态度就容易改变。

（三）外界条件对态度改变的影响

除了旅游者和态度本身的特点影响态度的改变以外，一些外界条件也能改变旅游者的态度，这些外界条件主要包括以下三种。

1. 信息的作用

从某种意义上说，旅游者的态度是他们在接受各种信息的基础上形成的。

2. 旅游度之间态度的影响

态度具有相互影响的特点，这在作为消费者的游客之间表现得尤为明显。

3. 团体的影响

旅游者的态度通常是与其所属团体的要求和期望相一致的。

二、改变旅游者态度的策略

旅游者的态度是旅游者在旅游活动中形成的对旅游商品或服务的肯定或否定的心理倾向。对旅游商品或服务持积极肯定的态度会推动旅游者完成旅游活动，而消极否定的态度则会阻碍旅游者完成旅游活动。所以，要促进旅游者产生旅游行为，完成旅游活动，就必须把旅游者的消极态度转变为积极态度，把否定态度变为肯定态度。那么如何改变旅游者的态度呢?

（一）更新旅游产品，提高旅游产品质量

旅游产品是旅游者在旅游过程中所购买的各种物质产品和服务的总和。从某种意义上讲，更新旅游产品是改变旅游者态度的最基本的有效方法。只有不断更新旅游产品，提高旅游产品质量，才能长期占有稳定的市场，保持源源不断的客源。

鉴于这种情况，为了改变旅游者的态度并促进旅游业本身的持续发展，必须更新旅游产品，不断提高旅游产品的质量。

（1）改善旅游基础设施的建设。旅游基础设施包括交通、通信、金融、文化娱乐、宾馆饭店等旅游接待，设施的建设要跟上时代发展的进步，要适应日益繁荣的经济环境的要求。

（2）运用先进的科学技术，可以简化服务过程，这既节省了时间，又方便了旅游者，有助于旅游者形成更加肯定的态度或变消极的态度为积极的态度。

（3）对旅游从业人员进行业务训练，提高人际交往的能力。

（4）运用价格策略。对一般人来说，旅游服务项目的价格是一个比较突出、比较敏

感的问题。因此，适当地运用价格策略，可以使旅游者产生“公平、合理”的感觉。例如，在物价上涨的情况下，降低一些产品的价格或保持价格不变，但增加服务的品种和项目，可以收到较好的效果。此外，也可以改变服务的手段和策略，如预订车船票、代办金融信贷等业务，这些都可以改变旅游者的态度。

（二）旅游宣传科学化

信息是态度形成的一个重要因素，也是态度改变的重要依据，向游客宣传新的旅游信息会产生改变态度的效果。旅游市场不断变化，新的信息不断产生，游客掌握的新信息越多，旅游态度改变的可能性就越大。目前旅游行业非常重视旅游宣传，通过不同的宣传途径，如做广告，举办讲座，开办展览，发行小册子、旅游杂志、专刊，制作旅游电视节目、电影等，向旅游者输送新的旅游知识和信息，从而改变他们的态度。

（三）引导人们参加旅游活动

积极参加实际活动，既可以促进某种态度的形成，也可以促使某种态度的改变，因为实践活动能够增进相互了解、认识新事物，吸收有利于某种态度形成或导致原有态度改变的新信息，特别是当游客离开原来的工作、生活的环境，融入新的旅游环境时，新的环境、新的生活、新的朋友、新的感受使游客对旅游有了全新的认识、理解，使原有的消极旅游态度发生改变，新的积极旅游态度形成。引导游客积极参加旅游活动，创造机会十分必要，旅游销售部门应积极做好旅游活动策划工作，吸引更多的游客投身于旅游之中。

阅读材料

向推销员推销

下午一点多钟，广州一家餐厅服务员小李接待了四位操江浙口音的男士。他们入座后只是一个劲地喝饮料，并不着急点菜。当小李走上前再一次询问点什么菜时，只听他们有的说：“腿都跑细了，身子像散了架，真不想吃东西。”小李又从他们随身携带的产品说明书、购销协议合同书来分析他们可能都是搞产品推销的，便主动招呼说：“各位是搞产品推销的吧？”客人答：“你猜对了，今年丝绸产品出口量大大减少，厂里积压了一大批货再推销不出去，职工们的工资、奖金就难办了，这顿饭菜你就代我们随便点一些吧。”小李立即由衷地说：“这么热的天你们满城去找百货店、商场跑推销，实在够辛苦的。这样吧，我先给各位上啤酒和四个凉菜，然后再上一个四川白肉、一个锅贴酿豆腐、一个清蒸鱼、一个青椒炒肉丝、一个榨菜肉丝汤和两盘小笼包子怎么样？这是本餐厅价廉物美、清淡可口的夏日菜肴，欢迎各位品尝。”饭后，本来就没有什么胃口的四位男士却高兴地对小李说：“感谢你的热情服务，这顿饭我们吃得很开心，吊起了胃口，吃了个菜净饭光，也恢复了体力。下次我们一定会再来这里吃的。”事后小李谈体会说：“我首先很清楚他们的职业，当时外边的天气特别热，他们个个又疲惫不堪，所以在为他们服务时语言上就格外地以关怀二字为核心进行交谈与服务，所以受到了他们的表扬。”

（资料来源：http://ishare.iask.sina.com.cn/f/iAsi90dizG.html）

分析：

首先，态度理论中的所谓态度偏好，是指人们趋向于某一旅游目标的心理倾向性，也就是旅游者是否喜欢某一旅游地或某一旅游企业，而影响态度偏好形成的因素有态度的强度与态度对象的属性，以及态度对象的价值性等。

第一，态度的强度是指态度的力度，对某事物赞同或不赞同的程度，它与态度的属性有关。态度对象的属性，是指人们在旅游活动中旅游对象所表现的各种属性，它对人的重要程度因人而异。案例中，本来没有什么胃口的四位男士饭后却高兴地对小李说，感谢你的热情服务，这顿饭我们吃得很开心，吊起了胃口，吃了个菜净饭光，也恢复了体力。下次我们一定会再来这里吃的。很开心是客人的态度的强度，价廉物美、清淡可口的夏日菜肴是态度对象的属性。

第二，态度对象的价值性，是指态度对象对旅游者的价值和意义的大小。如果态度的对象对旅游者的价值很大，那么对他的影响就会很深刻，因而一旦形成某种态度后，就很难改变，反之亦然。案例中，这四位推销员在该餐厅中得到了小李的安慰与热情、周到的服务，既满足了他们超值享受的需要，同时又提升了他们的自尊感，有一种自我价值得到了认同的感受，所以他们才会说下次再到该餐厅吃饭。这正是态度的价值性的体现。

第三，在为这四位顾客推荐餐厅的菜单时，小李细心观察顾客，从顾客入座后只是一个劲地喝饮料，并不着急点菜，顾客的语言以及顾客随身携带的产品说明书、购销协议合同书分析出他们可能都是搞产品推销的，对顾客的身份做出了准确的判断，为推销开了一个好头。然后小李凭社会经验判断出，作为推销员在炎热的夏天跑业务的艰辛，继而为这四位顾客推荐了最适合他们、满足他们心理需求的，既物美价廉又清凉可口的夏日菜肴，并且获得了四位男士的好评。这是小李在点菜服务中恰当应用了旅游者态度理论的原则，改变旅游者态度偏好的体现。小李在服务中提高对旅游服务工作的认识，熟悉餐厅的菜肴，有娴熟的服务技能，服务语言的运用亲切、具有说服力，这些是小李宣传推销餐厅产品成功的重要因素。

综上所述，在旅游服务中，旅游服务人员要把握旅游者态度偏好的三个影响因素，即态度的强度与态度对象的属性，以及态度对象的价值性，把它们应用到服务中，在宣传旅游产品时增加所提供沟通信息的影响力，弱化态度主体对态度改变的自我防御。

本章小结

本章介绍了态度的概念及其内在结构和特征以及态度的形成与转变。态度由三种成分构成，即认知成分、情感成分、意向成分。态度具有以下特点：对象性、社会性、内隐性、稳定性与可变性、价值性、调整性。态度是可以改变的，但这种转变依赖于多种因素。有关态度转变的理论介绍了凯尔曼的态度形成三阶段理论，他提出新态度的形成会经历“服从”“同化”“内化”三个阶段。最后探讨了影响旅游者态度改变的因素以及改变旅游者态度的策略等内容。

复习思考题

1. 旅游态度能否改变？为什么？试举例分析。
2. 根据生活经验，你认为具有什么特征的人容易说服他人改变态度？
3. 在哪些情况下行为对态度产生影响？
4. 列举实证说明行为对态度的影响。
5. 为了培养忠实顾客，我们应该注意哪些问题（运用认知失调理论）？
6. 以一实例分析旅游偏好形成的过程。

第六章

旅游者的个性

导言

个性是由个人行为中那些能将自己区别于其他人的稳定的特征构成的。这些特征有助于说明个人怎样尽力满足具体的要求和目标。作为旅游从业人员，只有了解旅游者的个性，才能把握住他们的心理特点，这对以后的旅游工作具有很大的帮助。

【教学目标】

通过本章教学，使学生了解旅游者个性的含义与特质，个性与旅游消费表现，以及个性是怎样影响人们的旅游消费行为的。

【关键术语】

个性；个性特征；个性结构；自我意识；个性测量

案例导入

伸展个性与实现自我的徒步旅游运动

在各种交通工具日趋完善的今天，有不少旅游者正舍弃便利和舒适，选择“自讨苦吃”的徒步旅行。这对久居都市的人来说，是对自我的一种挑战。在徒步旅游中，各种困难和危险随时都可能出现。困难不断，险象环生，而徒步旅游的乐趣也因此而频生。

旅游界人士指出，在人们日益崇尚自然、渴望返璞归真的今天，徒步旅游作为旅游的一种新形式，将对越来越多的旅游爱好者形成强劲的诱惑。徒步穿越不是比赛，更不是马拉松，不刻意追求速度。不论男女老少，只要身体健康，就可以报名参加。这样做的目的是要徒步健身，展示休闲、轻松、快乐、友爱、团结的一面，让每个人都能充分享受到徒步旅游的乐趣。

选择这种形式旅游的人，通常有着强健的体魄，并怀着几许怀旧、浪漫的情结，他们更追求自我实现。他们认为坐着飞机、火车、汽车等交通工具东奔西走，在旅途中更多的时候只是走马观花，很难让自己真正地融入大自然，达到天人合一的境界，不但会错过途中的许多好景致，也会错失旅游中本来可以领略到的不少乐趣。因此，在人们争相坐飞机、火车出游时，他们独树一帜，采取徒步旅游的形式行走天涯，他们被称为“驴”。

参加徒步旅游的人既有经济较拮据的普通大学生，也有腰包鼓鼓的各界成功人士。在草深林密的原始森林，在人迹罕至的荒原沙漠，在涛声阵阵的绵长海岸，他们像当年的徐霞客一样，身背沉重的行囊，脚踩坚实的土地，风餐露宿地度过一个个新鲜刺激的日子。

（资料来源：舒伯阳，廖兆光. 旅游心理学［M］. 2版. 大连：东北财经大学出版社，2011）

问题：

1. 结合上述案例，分析选择徒步旅游的人的个性特征的具体表现是什么。

2. 你认为喜欢徒步旅游的人是外倾型旅游者，还是内倾型旅游者？请解释理由。

第一节　个性的形成

一、个性的含义与特征

（一）个性的含义

“个性”一词来源于拉丁文 persona，也称人格，原指演员演戏时所戴的假面具，后来指演员自身和他所扮演的角色。心理学和行为学把这一概念引申为个体在人生舞台上扮演的角色的外在行为和心理特质。很多学者对个性的定义进行了诠释，本书采用以下定义：个性是个体比较稳定的心理倾向和心理特征的总和。由此定义可得知，个性心理包括个性倾向性和个性心理特征两个方面。

1. 个性倾向性

个性倾向性是指人在与客观现实交互作用的过程中，对事物所持有的看法、态度和意识倾向，具体包括需要、动机、兴趣、态度、理想、信念和价值观念等。个性倾向性是人从事各项活动的基本动力，它决定着一个人的态度、行为的积极性与选择性，它对个性的变化和发展起推动与定向的作用，是整个个性结构的核心。

2. 个性心理特征

个性心理特征是指区别于他人，在不同环境中经常表现出来的本质的、稳定的心理特点。其主要包括气质、性格和能力，是多种心理特征的独特组合，集中反映了人的心理面貌的差异。比如，在行为方面，有的人活泼好动，有的人沉默寡言，有的人热情友善，有的人冷漠无情，这些都是气质和性格方面的差异；在能力方面，有的人有绘画方面的才能，有的人有数学方面的才能，有的人有音乐方面的才能，这是能力方面的差异。

（二）个性的基本特征

1. 个性的独特性

每个人的个性都是由其独特的个性倾向和个性心理特征所构成的。因为个性是在遗传、环境、成熟、学习等多因素影响下发展形成的，而这些因素又有所差异，所以人与人之间在个性上不完全相同。例如，有的人脾气暴躁，有的人性格温和；有的人热情大方，有的人孤僻冷漠。由此可见，每个人的个性都是独特的。

2. 个性的整体性

个性的整体性是指构成个性的个性倾向和个性心理特征，如能力、气质、性格、情感、动机、态度、价值观、行为习惯等，在每个人身上，它们并不是孤立存在的，而是密切联系构成一个统一的整体结构。正常人的行动并不是某一特定成分（如能力或情感）运作的结果，而是各个成分密切联系、协调一致所进行的活动。

3. 个性的稳定性

个性的心理特征是在一定的社会历史条件下，通过一个人的长期社会生活经历逐渐形成起来的，且一经形成就比较稳定。一个人在行为中偶然表现出来的心理倾向和心理特征并不能表示他的个性，只有比较稳定的、在行为中经常表现出来的心理倾向和心理特征，才能表明他的个性。例如，一个平时处事谨慎稳重的人，在特定的情况下表现出冒险、轻率的举动，不能由此就说他具有轻率的个性特征。俗话说："江山易改，本性难移"，就很形象地说明了个性的稳定性。

4. 个性的可塑性

个性的稳定性是相对的。由于现实生活是十分复杂的，人们的生活环境和人际关系也是复杂多变的，因此人的个性也必然会随着现实的多样性和多变性而发生或多或少的变化。例如，一个平时活泼快乐的学生，由于突遭家庭不幸或重大变故，精神上承受巨大打击，可能会变得沉默寡言，个性发生改变。

二、个性形成和发展的影响因素

个性的形成主要受先天遗传因素、环境因素和社会实践因素三个方面的交互作用和影响。

（一）先天遗传因素

遗传因素是指个体生来就具有的生理特征，如个体的身体构造、形态以及感觉器官、运动器官和神经系统，特别是大脑的结构和机能特点。这些生理特征对个性的形成和发展产生基础性的作用，直接影响人们形成不同的个性。但是，先天遗传因素对个性的形成并不起决定性的作用。

（二）环境因素

在所有对个性形成和发展起作用的环境因素中，家庭、学校和社会文化是最直接也是最重要的影响因素。

1. 家庭环境对个性的影响

家庭是儿童生活的主要场所。个性首先受家庭的影响，家庭成员特别是父母是儿童最早的老师，他们的生活经验、价值观念、行为方式、教育态度和教育方法等都可以通过言传身教或其他潜移默化的方式影响儿童个性的形成，儿童在家庭的地位也会在他的个性中留下深刻的烙印。例如，儿童若受家庭的溺爱会养成任性、娇气、执拗等不良性格；若家庭民主和睦、管理得法，则儿童易形成独立、坚强、乐于助人、有创造精神的性格。而父母本身的个性特征，也会通过他们的言传身教影响子女的个性。俗语有“有其父必有其子”，从表面上看是遗传的原因，但事实上，家庭环境和家庭教育也对个性影响起着非常重要的作用。

2. 学校教育对个性的影响

学校教育是由一定的教育者有目的、有计划、有组织地对未来的社会成员施加规范的影响，促使学生实现社会化，形成和发展适应所处社会环境的个性。尤其是教育能排除和控制环境中的一些不良因素的影响，给人以更多正面的引导，从而使人的个性发展朝着适合社会规范和价值观念的方向发展。所以，教育在个性形成发展中起主导作用。例如，一个人发音器官再好，如果没有音乐教师的培养训练，不学声乐技巧，不认识音符，就不可能成为优秀的歌手。

3. 社会文化对个性的影响

在人类的社会生活中，文化的影响是无处不在、无时不有的。有时它是显而易见的，有时它是潜在的，但不论怎样，社会文化时刻都在约束个体的言行，塑造适应文化要求的个体个性。为了更好地在社会文化中生存，个体在成长过程中都以各自的方式对社会的要求做出反应，这就导致了个体的个性与社会文化的高度一致。

（三）社会实践因素

家庭环境、学校教育和社会文化只是学生个性形成和发展的外因，至于个体究竟会形成什么样的个性，主要取决于他们各自经历的社会实践过程。在社会实践中，个体扮演特定的社会角色，承担一定的社会责任，必须适应社会环境才能生活和发展，这促使个体形成和发展符合社会要求的态度体系、行为方式等个性特征。

三、个性的经典理论

（一）弗洛伊德的精神分析论

在弗洛伊德（Freud）的精神分析论中，完整的个性结构由本我、自我和超我组成，个性就是在这三种力量的冲突中产生的。弗洛伊德认为，个性的形成取决于个体在不同的个性心理阶段如何应付和处理各种相应的危机。

本我是指原始的自己，包含生存所需的基本欲望、冲动和生命力。本我是一切心理能量之源，按快乐原则行事，它不理会社会道德、外在的行为规范。

自我是在本我的基础之上分化和发展起来的，是幼儿时期通过父母的训练和与外界交往逐渐形成的，是本我与外界环境的中介。它奉行现实原则，既要满足本我的需要，又要制止违反社会规范、道德准则和法律的行为。

超我也是从自我中分化和发展起来的，它是人在儿童时期对父母道德行为的认同，对社会典范的效仿，是接受文化传统、价值观念、社会理想的影响而逐渐形成的。它遵循理想原则，通过自我典范（即良心和自我理想）确定道德行为的标准，通过良心惩罚违反道德标准的行为，使人产生内疚感。

（二）荣格的个性类型说

荣格（Carl Jungian）曾是弗洛伊德精神分析论的支持者，后因观点不同而自创分析心理学。荣格的个性类型说认为，个性由很多两极相对的内动力形成，如感觉和直觉的对应、思维和情感的对应、外倾和内倾的对应等。彼此相对的个性倾向力量的平衡和不同个性的组合形成了不同人的个性表现，如有的人做事更倾向于直觉判断，而有的人则体现出理性的分析。因此，荣格将个性类型分为四种，分别为感觉思维型、感觉情感型、直觉思维型和直觉感情型。

感觉思维型表现为，决策理性，观点具有逻辑性和事实根据，决策遵循“客观性”导向，价格敏感性高，大量收集与决策有关的信息，风险规避者、实用主义者，决策具有短视性。

感觉情感型表现为，实证观点，决策受个人价值观影响，决策遵循“主观性”导向，考虑别人的想法，与他人共担风险，实用主义者，决策具有短视性。

直觉思维型表现为，视野开阔，决策时依赖想象并同时运用逻辑，想象很多选择方案，权衡各种方案，乐于承担风险，决策具有长远性。

直觉感情型表现为，视野开阔，想象很多选择方案，在意旁人观点，决策遵循“主观性”导向，价格敏感性低，喜欢冒险，决策采用无限时间观。

（三）新弗洛伊德个性理论

一些被称为“新弗洛伊德者”的学者们不同意弗洛伊德关于个性是由本能或性本能决定的观点，而是认为个性的形成和发展与社会文化关系密不可分。因此，这些学者们从不同的理论视角纷纷对弗洛伊德的理论提出了强有力的挑战。例如，阿德勒（Adler）认为，人具有追求卓越的内在动力，即人类共同的个性特质，正是由于这种动力和人们在实际生活中追求的不同而形成了人不同的生活方式。另一位代表人物沙利文（Sullivan）认为人总是追求与他人建立互利的关系。学者霍恩（Honey）将个性分为顺从型、孤立型和攻击型三种类型。顺从型的人在与他人交往中特别注意爱、赞许、慈善等需要，因而表现出同情、谦卑、慷慨的个性特点；孤立型的人躲避他人，注重独立、自由、自我依赖，漠视他人的期望，崇尚孤独；攻击型的人常与他人相违背，不怕冲突，注重权力、地位和控制他人的需要。

（四）特质论

人格特质理论认为，人的个性是由诸多特质要素构成的。所谓特质，是指人拥有的品质和特征，它们作为一般化的、稳定的、持久的行为倾向而发挥作用，是个体以相对一贯的方式对刺激做出的反应。

最具代表性的特质论是卡特尔（Cattell）的个性特质理论。他认为，在构成个性的特质中，有的是人人皆有的，有的是个人才有的，有的是遗传决定的，有的则是受环境影响的。卡特尔把特质分为表面特质和根源特质。表面特质就是指由每个具体的行为所体现出来的人格特点，根源特质则反映一个人整体人格的根本特质方面，表面特质是从根源特质中派生出来的，一个根源特质可以影响多种有形的表面特质。卡特尔经过多年的测查、筛选，找出了反映人的个性的 16 种根源特质（见表 6–1）。

表 6–1　卡特尔反映个性的 16 种根源特质

根源特质	低分特征	高分特征
开朗性	缄默、孤独	乐观、外向
聪慧性	迟钝、学识浅薄	智慧、富有才识
稳定性	情绪激动	情绪稳定
支配性	谦虚、顺从	好强、固执
兴奋性	严肃、谨慎	轻松、兴奋
有恒性	敷衍	有恒、负责
勇敢性	畏缩、胆怯	冒险、敢为
敏感性	理智、看重实际	敏感、感情用事
怀疑性	信赖、随和	怀疑、刚愎
幻想性	现实、合乎成规	幻想、狂放不羁
机敏性	坦白直率、天真	精明能干、世故
忧虑性	安详沉着、有自信心	忧虑忧郁、烦恼多端
实验性	保守、传统	自由、批评激进
独立性	依赖、随群服众	自主、当机立断
自律性	矛盾冲突、不明大体	知己知彼、自律严谨
紧张性	心气和平	紧张、困扰

（资料来源：杜伟 . 旅游消费行为学［M］. 天津：南开大学出版社，2009）

第二节　个性特征与旅游消费者行为

个性作为人的复杂心理现象，对人的行为有极其深刻的影响。在旅游领域，旅游消费者的个性特征也同样与其旅游行为存在复杂且密切的关系。本节将从个性特质、个性类型、自我概念和生活方式等方面讨论个性特征与旅游消费者行为之间的关系。

一、个性特质与旅游消费者行为

对旅游业来说，个性特质的研究有助于理解旅游者如何选择及选择何种类型的旅游产品，经营者可根据此设计提供符合旅游者需要的旅游产品。

在旅游研究中，研究者们发现不同的旅游类型体现了不同的旅游者个性特质。在旅游活动中，可以发现某些个性特质与某些旅游消费者行为相关，如表 6–2 所示。

表 6–2 旅游消费者行为类型及个性特质

旅游消费者行为类型	个性特质
度假旅游	乐群、忧虑、稳定、世故
观光旅游	乐群、兴奋、敏感、幻想、自律、聪慧、世故
探险考察旅游	乐群、独立、敢为、有恒、兴奋、聪慧、好强
国内旅游	激进、独立、稳定、兴奋、敏感、聪慧、怀疑
国外旅游	乐群、敢为、聪慧、幻想、好强
乘飞机旅游	乐群、忧虑、敢为、幻想
乘火车旅游	乐群、独立、紧张、怀疑
春季旅游	乐群
秋季旅游	稳定、自律
冬季旅游	乐群、敢为、好强

（资料来源：甘朝有，齐善鸿 . 旅游心理学［M］. 天津：南开大学出版社，1995）

二、个性类型与旅游消费者行为

瑞士心理学家荣格依据“心理倾向”将个性分为内倾型和外倾型两大类型。外倾型（外向型）的人重视外在世界，爱社交、活跃、开朗、自信、勇于进取，对周围一切事物都很感兴趣，容易适应环境的变化。内倾型（内向型）的人重视主观世界，好沉思、善内省，常常沉浸在自我欣赏的陶醉中，孤僻、缺乏自信、易害羞、冷漠、寡言，较难适应环境的变化。实际上，内倾和外倾是一个连续体，大多数人介于外倾型和内倾型之间或是两个极端的中间。

美国心理学家斯坦利 · 普洛格在《为何旅游点受欢迎程度出现大幅度摆动》一文中建立了一种连续统一的心理图示，阐述了不同个性类型的旅游者在旅游行为方式上的差异。他将旅游者的个性类型划分为安乐小康型（内倾型）和追新猎奇型（外倾型）。安乐小康型（内倾型）的旅游者和追新猎奇型（外倾型）的旅游者在旅游行为上具有较大的差异，如表 6–3 所示。

表 6-3 安乐小康型（内倾型）与追新猎奇型（内倾型）旅游者的行为特点

安乐小康型（内倾型）	追新猎奇型（外倾型）
选择熟悉的旅游目的地	选择人迹罕至的旅游地
喜欢旅游目的地的一般活动	喜欢在别人到来该地区前享受新鲜体验
选择日光浴和游乐场所	喜欢新奇的、不寻常的旅游场所
活动量小	活动量大
喜欢去能驱车前往的旅游点	喜欢坐飞机去旅游目的地
喜欢正规的旅游场所，如设备齐全的旅馆、家庭式的饭店以及旅游商店	旅游设施只需一般的旅馆，不一定要现代化的大型旅馆，不喜欢专门吸引旅游者的商店
喜欢家庭的气氛、熟悉的娱乐活动，不喜欢外国的气氛	愿意会见和接触他们不熟悉的文化或外国文化的居民
要准备齐全的旅行行装，全部日程都要事前安排妥当	旅游的安排只包括最基本的项目，留有较大的余地和灵活性

（资料来源：白凯 . 旅游者行为学［M］. 北京：科技出版社，2013）

但在实际的旅游活动中，中间型旅游者占所有类型旅游者的大多数。中间型旅游者的行为特征表现在某种程度上是“心理中心型”和“他人中心型”两个极端类型的综合。中间型旅游者不真正具备冒险精神，但又喜欢旅游，可以说是旅游市场中最活跃的群体，是大众旅游市场的代表。这些人在旅游地点和活动项目的选择上，会选择当今最受欢迎的旅游景点和活动项目。由于个性受环境的影响很大，因此，即使是对内向型个性的人来说，经过一个长期的过程，性格也会发生改变。而趋向于中间类型个性的特征，在选择旅游地点或活动方面也会接近中间类型的人。原本中间类型个性的旅游者也会接近外向型性格的人转变为大量的内向型性格的人，即表示旅游地点已更趋向商业化、普通化，需要旅游业更多的投入，以服务这类旅游者日益增长的旅游需求。

三、自我概念与旅游消费者行为

（一）自我概念的含义与构成

自我概念是指个人将其自身作为客观对象所具有的所有思想和情感的总和。换而言之，就是自己如何看待自己。自我概念回答的是“我是谁”和“我是什么样的人”这类问题，它是个体自身体验和外部环境综合作用的结果。由于人们具有行为和自我概念相一致的需求，因此，自我概念就成了个性基础的一部分。在决策中，消费者将会选择那些与自我概念相一致的产品或服务。对企业营销来说，研究消费者的自我概念就显得特别重要了。

人们拥有不止一个自我概念，表 6-4 确定了自我概念的 9 个维度。

表 6–4 各种类型的自我概念

类型	定义
真实的自我	个人实际上如何看待自己
理想的自我	个人希望自己是怎样的
社会的自我	个人认为他人是如何看待自己的
理想的社会自我	个人希望别人如何看待自己
预期的自我	介于真实和理想之间的自我形象
环境的自我	在特定环境下的自我形象
延伸的自我	包含个人财产对自我形象的影响的自我观念
可能的自我	个人希望成为、可以成为或害怕成为什么样
连通的自我	个人根据与自己相关的他人或团体来定义自我的程度

（资料来源：李志飞. 旅游消费者行为学［M］. 武汉：华中科技大学出版社，2019）

（二）自我概念与产品的象征性

一些研究者认为，人们购买很多产品并不是为了获得它们的使用价值，而是为了获得产品所代表的象征价值。例如，购买劳斯莱斯和宝马，对购买者来说，显然不是购买一种单纯的交通工具。因此，通过对这些商品或服务的消费，可以显示出消费者与众不同的个性特征，加强和突出个人的自我形象，从而帮助消费者有效地表达自我概念。

图 6–1 表述了产品象征意义对自我概念的重要性，图由三个部分构成，个人的自我概念、参照群体和象征性产品。如图所示，首先，消费者会购买一种能向他人表达其自我概念的产品；其次，消费者希望参照群体感知到产品所具有的象征性；最后，消费者希望参照群体将产品所具有的象征品质视为其个性的延伸部分或自我的一部分。由于旅游产品不仅能够反映一个人的社会地位、事业成就及个人素质，还能够增进一个人的自我形象，表明一个人的个性。因此，旅游产品是最富有象征意义的产品。

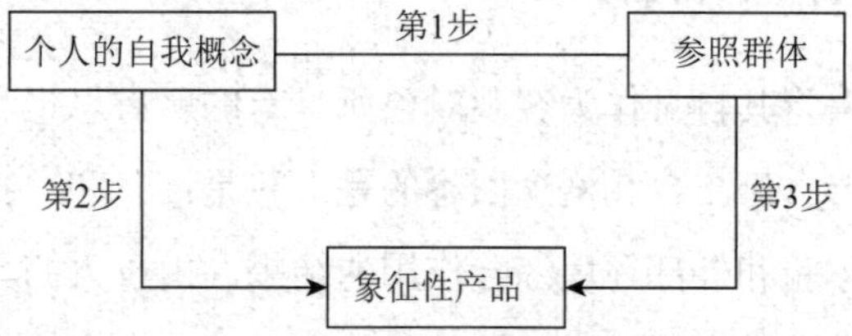

图 6–1 产品的象征意义

（资料来源：王曼，白玉苓，熊威汉，等. 消费者行为学［M］. 2 版. 北京：机械工业出版社，2011）

自我概念一致性，即自我一致性，是指人们选择购买和使用那些与自己形象一致的产品或服务。当某种旅游产品的象征意义与一个人的自我形象一致时，旅游消费者就会采取行动获得它。白凯在回顾过去研究结果的基础上，总结了自我概念一致性理论在旅游消费者行为研究中的应用，具体如下：①自我形象与旅游目的形象的一致性与旅游满意度的关系；②自我形象一致性和旅游消费行为之间的关系；③自我形象一致性与旅游兴趣、旅游可能性的关系；④个人主义 / 集体主义对自我形象一致性与消费行为产生的影响；⑤目的地自我形象的一致性与品牌偏好以及购买的关系；⑥目的地品牌个性与旅游者的自我一致性之间的关系。

四、生活方式与旅游消费者行为

所谓生活方式是人们生活、花费时间和金钱的方式。简而言之，生活方式就是人如何生活。个人的日常生活、兴趣、需要、价值观念等方面反映了一个人的生活方式，而生活方式又能反映出个人的个性特征。一个人的生活方式与其旅游行为有密切的关系。通过对个性的分析，有助于区分不同生活方式的旅游消费者，并更好地了解不同类型的旅游消费者及其行为规律。

根据不同旅游消费者的个性特征以及其在旅游中的行为表现，对不同生活方式的旅游消费者有以下分类。

（一）喜欢安静生活的旅游者与旅游行为

追求平静安宁生活的人，重视家庭，关心孩子，维护传统，渴望井然有序的生活，非常注意自己的身体健康。此类人一般不愿意外出旅游，如果旅游的话，他们乐于选择适宜全家人度假、环境优美、幽雅宁静的湖滨海岛、山庄等旅游度假地。他们也喜欢清新的空气、明媚的阳光、野营、狩猎、垂钓以及其他户外活动。

（二）交际型的旅游者与旅游行为

交际型的人外向、活跃、自信，乐于主动和他人交往，易尝试和接受新鲜的事物，总是希望能以某种方式更多地介入社会生活。这类旅游者对异国文化感兴趣，热爱周游世界，喜欢去遥远陌生的旅游目的地，并认为假期不能只是休息和疗养，还应该有全新的活动内容，使自己拥有更加丰富多彩的人生经验。此外，他们常常被不同文化的美术馆、博物馆、音乐会、传统剧目所吸引。

（三）对历史感兴趣的旅游者与旅游行为

这类旅游者的旅游动机是源于对历史的兴趣，历史人物、历史遗址遗迹、历史事件等对他们的吸引力非常大。对历史感兴趣的旅游者非常重视旅游活动的教育作用，这与他们对孩子、家庭的强烈责任感联系在一起。他们认为假期应该是为孩子安排的，且全家能一起度假是家庭的幸福。因此，要吸引这一类旅游者，在宣传上应该突出旅游能提供受教育、增长知识的机会，并强调全家能在一起旅游。

（四）使用信用卡的旅游者与旅游行为

目前，越来越多人喜欢使用信用卡消费，尤其是在西方国家。喜欢使用信用卡的人比较活跃、自信，不怕花钱，对未来经济状况充满乐观。在旅游活动中，这一类旅游者会花钱买头等车票、住豪华酒店。

知识链接

8种新时代旅行人格，你旅游的时候能对号入座几种

随着旅游市场的增长，游客的多样性也变得更丰富，除了传统的“来都来了”打卡集邮型选手，早几年涌现的“用脚丈量土地”“在旅行中结交好友”其实就是没钱的背包客、沙发客，当代年轻人又在实际操作中发现了许多新的旅行需求和选择。

根据好奇心研究所的一系列旅行调查以及其他旅行机构的数据，我们总结了下面8种体现在年轻消费者身上的旅行人格。它们中有些可能彼此冲突，有些也可能并存在同一个旅行者身上。

1. 穷只穷机票的“伪穷游”型

“穷游”的概念原本是针对消费能力较低的学生游客提出的，他们会为了省钱购买廉价机票，住几十块钱的青旅床位，被上铺大哥的呼噜声吵得整夜睡不着，但这没什么，毕竟身体好、兴致高。

工作了一段时间的年轻人也会选择“穷游”，不过他们“穷游”得并不彻底，整个旅行消费中最节省的部分是机票。他们会提前很久买好票或合适的旅游产品，或者是在做旅行计划时花费较大的精力去查询比价，最后选择一个相对便宜的航班。但除了机票，他们其实很愿意为舒适便捷的酒店和当地的旅游体验买账，比如在当地租好车自驾游玩、报名考潜水证等，而且越是抢到了便宜机票的时候越是容易花钱没节制。反正都已经赢在起跑线上了，就很容易有“抢到了这么便宜的机票，其他地方的预算就可以多一点了”“就算是路费便宜，也想把省下来的钱花出去，不然怎么体现出赚到了”这样的思路，最后光是花在吃上的钱就够来回商务舱机票的钱了。

2. 数学超好的“人肉海淘”型

人肉海淘者即那些以扫货为目的出境旅游的人，早年间他们的目的地主要是香港，后来是去日本购买马桶盖、电饭锅等，英国脱欧之后，又纷纷涌向当地的高街品牌，是紧跟政经局势的一批旅行者。在名为“你旅游的时候都是怎么败家的”的调查中，有近600次表态赞同去海外城市购买免税产品的是旅游消费的重头戏。人肉海淘者的内心活动基本上有以下几种：①这个好像比我们那儿的便宜，这个好像也比我们那儿的便宜；②一年的化妆品、护肤品都在免税店买齐，如果没囤够，那下次就要浪费好多税钱；③在海外买到了划算的护肤品和包就感觉值回票价。

3.“不找旅伴潇洒走一回”型

Google 数据显示，“独自旅行创意”（solo travel ideas）在网络上的搜索量增加了 50%，“独自旅行目的地”（solo travel destinations）的搜索量则每年增长 60%。Trip Advisor 的数据显示，现在已经至少有 43% 的中国女性选择过独自旅行，略高于全球 41% 的平均水平。

4.“错峰出游狂魔”型

这类旅行者在学生时代就开始利用得天独厚的假期（和翘课）优势，总是选择错开最热门的时间、热门的旅行地出行，享受不用排队、不用在拍摄风景照片时以没有人头入镜为构图准则的怡人假期。他们选择目的地的准则是“不挑”，相对随性，在“你都是如何挑选旅行目的地”调查收获的 3141 次表态中，有 11.8% 的人表示会不定期地刷廉价机票，哪里划算去哪里，信奉“看到便宜机票不买是一种罪过”。

5.“一切为了吃”型

一个数目庞大的旅行群体，他们以吃为旅行的终极意义，觉得若想了解旅游目的地的文化，逛景点拍照不如品尝美食。这种类型的旅行者不在乎天气、交通，什么景点都可以考虑不去，觉得去当地饭馆的路上就是最美的风景。

根据报告的数据，从 2006 年到 2013 年，为了体验各地风味而出门玩耍的美国人数增加了 11 %，超过一半的人都觉得，想了解旅游目的地的文化，不如用尝的。而最在意吃的果然还是中国人，55% 的中国人把吃得怎么样列在旅游体验的首位，许多吃客玩家还会为了好吃的选择故地重游。

6.“中产阶级徐霞客”型

中产阶级徐霞客们怀有欣赏壮丽山川的宏伟梦想，认为旅行最重要的就是跋山涉水、贴近自然。他们拒绝一切古镇、影视城；从来不看用力过猛的民族风情表演。至于城市，在他们眼里都一样丑，只有高楼、喷泉、灯光秀这样无聊的人造景观。他们喜欢背着各种装备到处远足，属于徒步圈里的新人，认为尼泊尔和西藏某一个无名山头是此生见过的最美风景，但他们相比原来的徒步客更注重生活质量，会对深山老林里的民宿和本地美食感兴趣。

7.“你看不出我是游客我就赢了”型

本着“一切专为游客提供的服务都是专坑游客的服务”的信念，部分中产游客培养出一种独出心裁的深度旅游方式，即吃、穿、住、行无限接近当地人。这一类游客会特别留心当地人喜爱的小众景点和美食。在吃东西上假扮当地人的方式，还会去逛当地菜市、鱼市、野生菌市场，买点很少有人吃过的食材和调味料。他们会选择当地的民宿，会尝试当地的公共交通，即使语言完全听不懂，文字完全看不懂。

8.“酒店 / 民宿三日游”型

这类旅游者的旅行目的就是到当地住一间很好的房子，在一个美的地方（酒店 / 民宿里）浪费时间，飞 1 万公里跑去躺在床上打开电视看一天综艺，美其名曰轻奢。酒店三日游旅行者不大在乎在当地具体怎么玩，可能出行前连行程都没规划过，但却极度在意住宿品质。

第三节　个性结构与旅游消费者行为

最早的个性结构理论是弗洛伊德的本我、自我和超我个性结构理论。后来，加拿大心理学家埃里克·伯恩（Eric Beme）博士和美国心理学家托马斯·哈里斯（T. Harris）在此基础上创造了个性结构的新理论。该理论指出，个性由儿童自我状态、父母自我状态和成人自我状态组成。

一、自我状态

在任何情况下，人们都受到这三种自我状态或其中某种自我状态的支配和控制。个性作为人的复杂心理现象，对旅游消费者的行为产生深刻的影响。了解这一个性理论，有助于更好地理解个性是如何影响旅游消费者行为的，以及人们为什么会有不同的旅游行为。

（一）儿童自我状态

儿童自我状态是记录内部信息的主体，是一个人最初形成的自我状态。它是个性中主管情感的部分。在儿童自我状态的支配下，人们所表现出来的行为模式有两种：一种是自然式，即行为不受其他因素的影响，行为无拘无束；另一种是顺从式，即一种拘谨的行为。当我们在欣赏电影时，会随着剧情的起伏而高兴、悲伤、紧张、害怕，这是儿童自我状态运作的表现。

（二）父母自我状态

父母自我状态是记录外部信息的主体，指通过模仿父母或在心目中具有威信的人物的道德准则和其他信息而形成的态度和行为。父母自我状态是个体形成个人意见、行为方式和是非观念的信息来源，也常体现出安慰和同情的特征。

（三）成人自我状态

成人自我状态是个性中支持理性思维和信息客观处理的部分。它对父母自我状态和儿童自我状态中的信息加以检验，以确定其是否符合具体情况。另外，成人自我状态还能预测可能发生的事情并做出理性的决策。

埃里克·伯恩博士和托马斯·哈里斯为上述三种自我状态归纳了一组言语表现和非言语表现，如表 6–5 所示。

表 6–5　儿童、父母和成人自我状态表现

类型	语言表现	语调	非语言表现
儿童自我状态	孩子的口吻：我想要，我不知道，我不管，我猜，当我长大时，更大，最大，好得多，好极了	激动、热情而尖的嗓门，欢乐，悲哀，恐惧	喜悦、笑声、咯咯笑，可爱的表情，眼泪，颤抖的嘴唇，噘嘴，发脾气，眼珠滴溜溜地转，耸肩，垂头丧气，咬指甲，扭身子撒娇
父母自我状态	按理，应该，绝不，永远不，总是，不对，让我告诉你应该怎样做。评论的言语：真蠢，真讨厌，真可笑，淘气，太不像话了，别再这样做，你又想干什么，我跟你说过多少遍了，现在总该记住了，好啦，小家伙，宝贝，可怜的东西，可怜的，亲爱的	高声（批评） 低声（抚慰）	皱眉头，摇头，惊愕的表情，跺脚，双手叉腰，搓手，叹气，拍别人的头，死板
成人自我状态	为什么，什么，哪里，什么时候，谁，有多少，怎样，真的，有可能，我认为，依我看，我明白了，我看	几乎像电子计算机那样准确无误	直截了当的表情，舒适自如，不热情，不激动，默然

（资料来源：刘纯．旅游心理学［M］．天津：南开大学出版社，2000）

在一个正常人身上，三种自我状态都发挥作用。有时是他的儿童自我状态支配他的行为，有时是他的父母自我状态支配他的行为，有时是他的成人自我状态支配他的行为。当一个人在做旅游决策时，这三种自我状态往往同时出现，并且常常是儿童自我状态提出要求，父母自我状态给予否定，成人自我状态进行仲裁。

二、自我状态与旅游消费者决策

人的个性中三种自我状态相互独立、相互制约，共同参与决策。当一个人在考虑

去不去旅游、去哪里旅游、花费多少钱、旅游的时间、乘坐什么样的交通工具等问题时，其内心的三种“自我”都会有不同的观点。若这三种自我状态的观点不一致，那么旅游决策就不能形成。同时，不同的“自我”所处的地位不同，会导致不同的旅游决策结果。

一般来说，许多主要的旅游动机比较明显地存在于儿童自我状态中。而最易受到吸引的是情绪性强、富有好奇心的儿童自我状态。当儿童自我状态希望摆脱熟悉的日常生活和工作或是被某些旅游产品吸引时，就会激动不已，并提出旅游的要求。然而，父母自我状态会对儿童自我状态的动机常常持保留态度，或对旅游产品所能提供的价值提出一些质疑，如是否有必要进行一次旅游，通过这次旅游能否达到教育、放松身心、提高地位和声望等的目的。而成人自我状态的理性会在父母自我状态和儿童自我状态之中进行调解和仲裁，并努力设法使旅游的决策合理化。

在旅游决策过程中，儿童自我状态是最容易产生旅游需求的状态，首先，旅游产品的宣传应突出特色，以“吸引”潜在旅游者的儿童自我状态；其次，要提出充分的理由来“说服”父母自我状态同意儿童自我状态的旅游要求，父母自我状态关注的是旅游产品的价值，是否具有教育意义、是否能达到休闲的目的等；最后，旅游企业还应提供详细的有关旅游产品的构成、日程安排、特色、价格方面的信息，以供成人自我状态的分析和慎重考虑，达到“打动”成人的自我目的。

第四节　旅游消费者个性测量和实践运用

测量个性的方法有很多，本节主要介绍自我概念和生活方式的测量方法。

一、个性测量

（一）自我概念的测量

消费者自我概念最常用的测量方法是语义差别法。美国学者马赫塔（Malhotra）设计了一种既可衡量自我概念，又可衡量产品形象的语义差别量表，如表 6-6 所示。该量表由 15 组两极形容词构成，这些形容词可以运用在很多不同的场合。

表 6-6 测量自我概念与产品形象的量表

1	粗糙的	精细的
2	易激动的	沉着的
3	不舒服的	舒服的
4	主宰的	服从的
5	节约的	奢侈的
6	愉快的	不快的
7	当代的	非当代的
8	有序的	无序的
9	理性的	情绪化的
10	年轻的	成熟的
11	正式的	非正式的
12	正统的	开放的
13	复杂的	简单的
14	黯淡的	绚丽的
15	谦虚的	自负的

表6-6中每组形容词均被用来描述被评价对象。消费者通过在7级量表上表明看法，可反映两极形容词中的某一极在多大程度上刻画了被评价的个人、产品或品牌。比如，形容词的两极分别是“愉快的”和“不快的”，消费者越是在靠近令人“愉快的”一极做记号，表明被评价对象越是令人愉悦，反之则令人不悦；如果消费者在量表中间做记号，则表明被评价对象既非令人愉快，也非令人不快。

在旅游营销实践中，旅游企业应设法使产品代言人的形象、产品或品牌形象与目标消费者的自我概念相匹配。为此，可运用上述量表或改进的量表对旅游消费者进行调查和研究。

（二）生活方式的测量

目前较为流行的生活方式的测量方法主要有两种：一是 AIO 方法，即活动、兴趣、意见结构法；二是 VALS 方法，即价值观念和生活方式结构法。

1. AIO 方法

AIO 结构法是通过问卷调查的方式了解消费者的活动、兴趣和意见，以区分不同的生活方式类型。研究人员从消费者中抽取大量样本，以问卷的方式向被调查者提出一系列问题和答案，请消费者以文字表述或选择答案的方式回答。提出的关于活动方面的问题是消费者做什么、买什么、怎么样打发时间等；兴趣方面的问题是消费者的偏好和优先考虑的事物；意见方面的问题是消费者的世界观、道德观、人生观，对经济和社会的看法等。表 6–7 列出了测量消费者态度、兴趣和意见因素的主要指标以及回答者的人口统计项目。

表 6–7　AIO 统计测试项目

态度	兴趣	意见	人口统计项目
工作	家庭	自我表现	年龄
爱好	性别	社会舆论	性别
社会活动	工作	政治	收入
度假	交际	业务	职业
文娱活动	娱乐	经济	家庭规模
俱乐部活动	时髦	教育	寓所地理区域
社交	食品	产品	教育
采购	媒介	未来	城市规模
运动	成就	文化	生命周期阶段

研究人员运用计算机分析消费者的回答，把回答相似的消费者归为一类，以此识别不同的生活方式。AIO 问卷表中具体设计什么项目并没有一个一成不变的标准，应视研究目的和研究所涉及的领域及其性质来决定。一般来说，AIO 问卷中的问题可分为具体性问题和一般性问题两种类型。前者与特定产品相结合，测试消费者在某一产品领域的购买、消费情况；后者与具体产品或产品领域无关，意在探测人群中各种流行的生活方式。两种类型的问题均有各自的价值。具体性问题提供关于消费者如何看待某种产品的信息，使营销者了解消费者喜欢产品的哪些方面、不喜欢哪些方面和希望从中获得哪些利益，从而有助于企业改进产品和提高服务水平。一般性问题提供的信息为营销者勾勒出目标市场上消费者的一般生活特征，从而有助于企业从中发现市场机会和据此拟定有关的营销策略。

2. VALS 方法

目前，最受推崇的关于生活方式的研究是斯坦福国际研究所（SIR）于 1978 年做的价值观与生活方式项目，即 VALS 系统。随后，SRI 于 1989 年开发了第二代 VALS 系统，即 VALS2，较之于 VALS 系统具有更广泛的心理学基础，而且更加强调对活动与兴趣方面的问题的调查。VALS2 根据两个层面将美国消费者分成 8 个细分市场，第一个层面是资源的多寡，第二个层面是自我取向。消费者资源不仅包括财务或物质资源，而且包括心理和体力方面的资源，自我取向则被分成 3 种类型：①原则取向。持原则取向的人主要依信念和原则行事，而不是依情感或获得认可的愿望做出选择。②地位或身份取向。持这种取向的人在很大程度上受他人的言行、态度的影响。③行动取向。持这种取向的人热心社会活动，积极参加体能活动，喜欢冒险，寻求多样化。下面就这 8 个细分市场进行简单描述。

（1）实现者，约占人口的 8%。他们是一群成功、活跃、独立、富有自尊的消费者。他们的资源最丰富，一般具有大学文化水平，平均年龄在 43 岁左右，年收入达 58000 美元。他们在消费活动中喜欢“精美的东西”，容易接受新产品、新技术，对广告的信任度低，经常广泛地阅读出版物，看电视较少。

（2）完成者，约占人口的 1.1%。他们采取原则导向，是一群成熟、善于思考的人。他们拥有较丰富的资源，受过良好教育，从事专业性工作，平均年龄 48 岁，年收入约 38000 美元，一般已婚并有年龄较大的孩子。他们在消费活动中对形象或尊严不感兴趣，在家用产品上高于平均水平的消费者，休闲活动以家庭为中心，喜欢教育性和公共事务性的节目，广泛并经常阅读。

（3）信奉者，约占人口的 16%。他们采取原则导向，是传统、保守、墨守成规的一群人。他们资源较少，高中教育程度，平均年龄 58 岁，年收入约 21000 美元。他们的生活超过平均水平，活动以家庭、社区或教堂为中心，购买美国制造的产品，寻找便宜货，看电视，阅读有关养老、家居、花园的杂志，不喜欢创新，改变习惯很慢。

（4）成就者，约占人口的 13%。他们采取身份导向，是一群成功、事业型、注重形象、崇尚地位和权威、重视一致和稳定的人。他们拥有丰富资源，受过大学教育，平均年龄 36 岁，年收入约 50000 美元。在消费活动中，他们对有额外报酬的产品特别有兴趣，看电视的程度处于平均水平，阅读有关商业、新闻和自己动手一类的出版物。

（5）奋斗者，约占人口的 13%。他们采取身份导向，寻求外部的激励和赞赏，将金钱视为成功的标准，由于拥有资源较少，因而常因感到经济的拮据而抱怨命运不公，易于厌倦和冲动。平均年龄 34 岁，年收入约 25000 美元。在消费活动中，他们中的许多人追赶时尚，注重自我形象，携带信用卡，钱主要用于服装和个人护理，看电视比读书更令他们喜欢。

（6）体验者，约占人口的 12%。他们属于行动导向、年轻而充满朝气的一群人。他们拥有较丰富的资源，一般单身、尚未完成学业，平均年龄 26 岁，年收入约 19000 美元。他们追逐时尚，喜欢运动和冒险，将许多收入花在社交活动上，经常冲动性购物，关注广告，听摇滚音乐。

（7）制造者，约占人口的 13%。他们属于行动导向，是保守、务实，注重家庭生活，勤于动手，怀疑新观点，崇尚权威，对物质财富的拥有不是十分关注的一群人。他们拥有的资源较少，受过高中教育，平均年龄30岁，年收入约30000美元。在消费活动中，他们的购买是为了舒适、耐用和价值，不去关注豪华奢侈的产品，只购买基本的生活用品，听收音机，一般阅读杂志中涉及汽车、家用器具、时装和户外活动的内容。

（8）挣扎者，约占人口的14%。他们生活窘迫，受教育程度低，缺乏技能，没有广泛的社会联系。一般年纪较大，平均年龄61岁，年收入仅9000美元，常常受制于人和处于被动的地位。他们最关心的是健康和安全，在消费上比较谨慎，属品牌忠诚者，购物时使用赠券并留心降价销售，相信广告，经常看电视、阅读小报和杂志。

需要指出的是，虽然VALS2较VALS系统有较大的改进，但它同样存在VALS系统的某些局限。如VALS2是针对个体进行的测量，而大多数决策是以家庭为单位做出或很大程度上受家庭其他成员的影响。另外，很少有人在自我取向上是“纯而又纯”的，SRI所识别的3种导向中的某一种可能对消费者具有支配性影响，然而支配的程度及处于第二位的自我取向的重要性会因人而异。尽管如此，VALS2仍是目前运用生活方式对市场进行细分的最完整的系统，它已经并将继续被企业广泛地运用。

二、个性在旅游营销实践中的运用

通常情况下，人们会选择那些适合他们个性的产品，例如，一个羞怯的旅游者可能还会放弃入住豪华酒店的机会，因为“它不像我”。另外，人们也会购买那些使他们感到能使自己的某些个性弱点得到弥补的产品，例如，一个要使自己变得更加勇敢的旅游者会参加滑翔、跳伞等冒险类的极限活动。显然，产品和品牌有助于旅游消费者表达他们的个性。

品牌形象是人们在听到或看到某个品牌名称时所想到和感受到的东西。某些品牌所具有的独特的形象就是品牌个性（brand personality）。品牌个性是与其品牌相联系的一组人格化的特性。

一个旅游目的地或者旅游企业通过品牌个性的塑造与运用，的确可以从众多目的地或企业中凸显自身的特色，使游客容易辨识和选择。例如，巴黎的“浪漫”、西班牙的“热情”等。不得不承认，品牌个性强有力地影响着旅游消费者的行为。很多研究也证实了这一观点，如张之乐以旅行社及旅游网站品牌个性为研究对象，选取稻草人旅行社、携程旅行网以及春秋国旅三家旅游企业，就品牌个性与消费者重购意愿的影响进行研究，结果显示，消费者对不同旅游企业品牌个性的评价差异主要受“新乐”和“真诚”这两个维度的影响。旅游企业品牌个性与消费者重购意愿之间存在显著正相关，其中“新乐”对重购意愿的影响最大，“高雅”对重购意愿的影响最小。

由于品牌个性能够作为瞄准特定市场细分的方法，旅游营销人员需要管理和传播品牌个性。而名人代言则是传播品牌个性重要的手段之一，它是使某个品牌人格化的常用方式，因为名人代言的特点和意义能够转移到该品牌上。

阅读材料

驴妈妈的个性化服务

驴妈妈成立之初，就以自助游服务商的身份进行市场定位，以景区票务为切入点，融合景区“精准营销”和“网络分销”的需求，使景区以“零投入”的方式拥有了自己的门票网上预订平台。

旅游电子商务快速发展，驴妈妈旅游网后来居上，已有5000多家旅游景区和5000多家特色酒店加盟驴妈妈。驴妈妈所提供的产品不仅有景区门票，而且包含景区＋酒店的自由行产品、旅游团购、国内游、出境游、精品酒店等多品类产品。

驴妈妈之所以能仅用三年时间就成为中国领先的新型B2C旅游电子商务网站，主要取决于它将个性化服务进行低成本运作。

驴妈妈将主要消费群体定位为喜爱自助游的年轻人，这个年龄段的特点是崇尚个性；喜欢自助、自驾、背包旅游，不愿跟团受拘束；对新事物好奇，喜欢接受新体验；偏爱省时、省力的互联网网上消费。针对个性十足的目标群，旅游服务公司就必须满足消费者的诸多个性化需求，才能得到他们的喜爱和信任。驴妈妈是怎么做的呢？

旅游要组团才能享受门票打折优惠，这让越来越多的散客开始产生抱怨。驴妈妈创始人洪华就是在听到市场的抱怨声后，洞悉了“自由行”这个巨大的市场需求，将驴妈妈准确定位在服务散客上。“一个人、一张票也打折”，这是驴妈妈最核心的服务。比如想去杭州晚上看《印象·西湖》，一个人或几个人去窗口买票都是220元/人，如果从驴妈妈旅游网订票，一个人160元就可以了。

电子商务几乎都有“物流”，但驴妈妈的“电子门票时代”实现了零物流。这不仅节省了纸张和能源，还大大地提高了工作效率，同时也为消费者提供了更好的消费体验。游客只要在驴妈妈平台上预订旅游产品，就会收到一条手机短消息，客户根据这个含有二维码的手机短信，就能顺利地通过景区驴妈妈的专用通道，实现数字化通关。

那么，合作景区的数量激增之后，驴妈妈又是怎样把游客和景区“无缝对接”在一起的呢？有些高端客户想要更自由的旅游方式又是如何满足的呢？

驴妈妈开发的“E景通”软件，免费将景区的后台与驴妈妈网站对接。平台对接后，通过“E景通”可以直接把信息推送到驴妈妈网站指定的页面上，让更多需要查找信息、安排行程的“驴友”看到；而诸如“因大雪要封山”“部分游乐设施正在维护中”等来自景区的临时性紧急信息，经由“E景通”也可以在第一时间通知到已经买了票的散客。

驴妈妈iphone客户端能满足游客对目的地的更多资讯，只要登录驴妈妈iphone客户端，不仅能享受到精美界面带来的现场体验，更能随时随地获取目的地旅游资讯。此外，该客户端还特别根据iphone用户的使用特点，添加了许多实用功能，如“目的地的丰富信息”“推荐的景点和酒店”“每周团购”等。驴妈妈iphone客户端甚至堪比一本精心编辑的旅游杂志。同时，客户端依托驴妈妈旅游电子商务的优势，提供便捷的“景点门票预订”“酒店预订”“自由行产品预订”“订单管理”等贴心服务。

（资料来源：https://www.xzbu.com/2/view-3132545.htm）

分析：

国内景区对团队游有门票折扣，而散客的自助游则是全价。一般自助游的群体是年轻人，他们崇尚个性；喜欢自助、自驾、背包旅游，不愿跟团受拘束；对新事物好奇，喜欢接受新体验；偏爱省时、省力的互联网网上消费……驴妈妈正是将主要消费群体，定位为这群人，通过降低自助游消费的门槛，吸引到消费潜力远强于一般跟团游客的中高端自助游客，帮助景区做游客和消费增量。针对个性十足的目标群，旅游服务公司就必须满足消费者的诸多个性化需求，才能得到他们的喜爱和信任。在个性化成为企业发展必然趋势的当下，驴妈妈领风气之先，锁定目标顾客群体，针对其特点和需求，提供个性化服务，并整合各种营销渠道，降低成本，达到低成本、高价值的目标，这正是个性化时代企业应该追求的目标。

本章小结

本章主要讲述了个性、个性的形成及个性心理特征，以及个性的理论及个性结构的三种自我状态，介绍了旅游者的个性特征与旅游行为、个性测量及实践运用。

复习思考题

1. 简述个性的概念、特征、影响因素与测量方法。

2. 简述有关个性的经典理论。

3. 什么是自我概念？自我概念有哪些类型？试分析自我概念与旅游消费者行为的关系。

4. 试分析不同生活方式的人的个性特征及其在旅游活动中的行为表现。

5. 举例说明旅游消费者在旅游决策中体现出的儿童自我状态、父母自我状态和成人自我状态，并讨论针对这些状态旅游企业应采取何种对策。

6. 请举几个具体事例，讨论品牌个性及在旅游营销实践中的运用。

第七章

社会因素与旅游行为

导言

随着旅游业的发展，旅游行为不仅受到各种心理因素的影响，还受到社会因素的影响。除了受到旅游必备因素即经济因素和时间因素的必然影响外，还主要受家庭、社会阶层和社会文化的影响。而本章着重就家庭、社会阶层和社会文化如何影响人们的旅游行为进行全面分析，以反映社会因素对旅游行为影响的重要意义。

【教学目标】

通过本章的教学，使学生了解人的旅游消费行为不仅受心理因素的影响，同时还受到社会因素的影响。学习本章后，学生应掌握社会群体的构成因素，以及它们与旅游消费行为之间的关系。

【关键术语】

社会角色；家庭；社会阶层；旅游行为；社会因素；文化；亚文化；面子文化

案例导入

旅店和度假村：迎合家庭旅游消费者

多年以来，旅店业的服务不能使儿童感到满意，他们对许多高档的旅店和度假村感到失望。但是，最近一些大型旅游产业，包括美国一些著名的大型旅店和度假胜地，开始将儿童市场作为一个重要市场来对待了。

美国家庭人口组成的重要变化是这些旅店和度假村改变营销战略的根本原因。从20世纪80年代开始，生育高峰一代陆续开始生儿育女。一位旅游产业专家说:“这些生育高峰一代是最喜欢旅游的一代人。现在他们有了孩子，但仍希望能带孩子一起去度假，希望能有时间参加属于成年人的娱乐活动。”因为生育高峰一代人生育孩子的时间较晚，并且大多数是双收入家庭，因此，许多家庭在旅游和度假上的支出相当高。1993年，这些家庭有20%的夜晚是在旅店里度过的，而1989年的比例为15.6%。1994年有5000万人和自己的孩子在外面度假，为旅店业带来了127亿美元的营业额，而旅店业的总营业额为690亿美元。

为了迎合这个市场的消费者，许多旅店和度假村想办法来满足儿童的需求。即使是豪华酒店也增加了白天照顾孩子的项目，其中包括每晚房价200美元的克里夫特旧金山酒店，其管理者已经意识到他们必须要让和父母一起来的这些儿童感到满意。“许多人喜欢住高档豪华酒店，并且要把孩子带在身边”，酒店的一位管理人员说。

为了适应这种趋势，保住自己的生意，这家酒店推出了Clift居民项目。现在，酒店成了一家人的安乐窝，酒店要询问孩子的姓名和年龄。当一家人出现在酒店里的时候，服务台的人也会向孩子表示欢迎，并赠送一份适合他们年龄的玩具或者图书。在住店的第一天，婴儿会得到免费的尿布和婴儿食品。孩子们会有和父母在一起的时间并有属于自己的房间，且这种房间可以享受打折优惠。Clift大酒店会派人照顾孩子，带他们参观博物馆或者动物园，收费标准是每小时5美元，酒店提供夜宵，全天24小时都可提供食品。酒店还欢迎小朋友到豪华的餐厅就餐，那里身穿燕尾服的侍者早已接受过如何接待这些小朋友的培训了。

其他的酒店和度假村也为迎合这些孩子而推出了自己的项目。夏威夷所有的希尔顿酒店都增加了为4~12周岁儿童服务的项目。只要每天交纳10美元的费用，酒店就可以给儿童安排一系列活动，包括学打网球和学变魔术等。华盛顿的Hyatt（凯悦）度假村为周末晚会提供方便，孩子们可以钻进睡袋里在起居室过夜，而他们的父母可以住在旁边的卧室里。曾经被冠以“美国商业胜地”的希尔顿大酒店也为商务旅行的家庭推出了周末促销活动，芝加哥的希尔顿大酒店将婴儿床位增加了3倍，在小房间里放了玩具熊。

旅行社和度假的组织者们对市场的变化也做出了改变。以家庭为目标市场的旅行社生意非常火爆。现在甚至有了一份月刊《和您的孩子一起旅游》，介绍家庭旅游市场的最新发展动态，并介绍为孩子增加的服务项目。20世纪80年代初期，只有1/12的旅店提供适合孩子的服务项目（迪士尼这样适合家庭的主题公园除外）。这么多年过去了，现在夏威夷一个地方就有50家为整个家庭提供服务的旅店了。

那些曾经忽略过儿童的公司也开始学习如何迎合小朋友了。Club Med（地中海俱乐部）曾经是独身者旅店的缩影，这家旅店价格固定，顾客可以在旅店假设自己在世界各地的度假地观光。但是由于生育高峰一代年纪逐渐变大，开始结婚生子，旅店正面临顾客减少的危险。

因此，20世纪80年代中期以来，Club Med一改从前单身者乐园的形象，开始将注意力集中到家庭旅游市场。1987年，旅店接待了约8万名儿童（当然还有他们的父母），这个数字比上一年增长了10%。1988年，公司在佛罗里达开设了第一家婴儿俱乐部，在开业的头一年就接待了1500名2周岁以下的孩子。现在该旅店一半以上的顾客是已婚者，许多人是和孩子一起住店的。到了20世纪90年代中期，Club Med已经开设了6个家庭村。旅店将继续增加适合家庭的新项目，包括一家为离异家庭建的旅店，在这家旅店里，孩子和父亲住一个星期，再和母亲住上一个星期。

《家庭旅游指南》的作者相信，市场营销战略的这些新趋势仅仅是一个开始。美国有许多人在等待着自己的孩子来到这个世界上，他们有钱，并且已经习惯了某种旅游方式。如果旅店不想办法留住他们，他们就会住到其他旅店去。因此，我们希望有更多针对家庭旅游市场的营销战略出现。

（资料来源：朱姝．消费者行为学［M］．上海：华东理工大学出版社，2009）

问题：

1. 对于如下三种类型的家庭来说，决定到哪里度假这一家庭购买决策过程会有什么差异？这三种家庭分别为：孩子年龄在8岁以下的家庭，孩子年龄在9~14岁的家庭和孩子年龄在15~19岁的家庭。这些差别对于文中提到的旅店和度假村的营销战略有什么启示？

2. 讨论一下旅店和度假村该如何利用现代家庭生活循环来找到潜在市场，并且制定出相应的市场营销战略。

3. 参照群体是如何影响家庭度假决定的？从中可以得到什么启示？旅店和度假村可以采取什么营销战略来强化这种参照群体影响？

第一节 社会角色

心理学中通常把个体在特定的社会文化环境中形成与之相适应的个性特征，以及掌握该社会公认的行为方式的过程称为社会化。简而言之，社会角色是指人们在社会的各种组织和群体中的“身份”。在社会生活中的不同场合，人们总是在自觉或不自觉地扮演着不同类别的社会角色。一个人一生中所扮演的角色也是多种多样的，而且往往同时担任多个社会角色。

一、角色规范

所谓角色规范，就是指个体在取得其角色的身份和位置后，必须按照社会的要求，实施其角色行为，而角色行为有既定的社会标准（包括法律、伦理、道德、习惯等），这种符合角色身份和社会要求的行为模式被称为角色规范。

人们在生活中逐渐学会在不同群体中扮演不同的角色，并在所属的群体中按角色规范行事，行为表现符合社会行为的标准，这种现象被称为“从众”。从众对群体和社会是有利的，它将使团体和社会行为协调一致，减少行为冲突，使传统习俗得以传承，流行风尚得以形成。

社会生活中的许多规章都是针对某一特定的社会角色制定的，并不是针对扮演这一角色的具体的某一个人。例如，“导游员行为规范”就不是针对某一个导游员制定的，而是为导游员这种社会角色制定的。因此，不论是哪一个人，只要你做导游员，就要受这个行为规范的约束和限制，就要遵守这个行为规范。而在导游员的业余生活中，由于其社会角色改变了，其行为就不必受这个行为规范约束和限制了，但是要受所扮演的其他社会角色的角色规范的约束和限制。

二、角色期待

社会或团体对其成员按照既定的角色规范履行权利和义务的心理倾向，称为角色期待。角色期待反映了社会对个体的期望。教师、父母、学生、公务员、酒店服务员、导游员等，都是不同的社会角色，各自都有着明确的角色规范，社会对他们也都有明确的角色期待。个体一旦成为某一社会角色，就应该努力学习，尽快掌握好角色特征，扮演好既定的社会角色。也就是说，在社会这个大舞台上，“演什么就应该像什么”。例如，作为一名教师，就要为人师表，教书育人。社会和学生对教师角色的期待通常为：能够将尽可能多的知识，用最好的方法传授给学生，关心学生的全面成长，平易近人，富于爱心，举止得体等。如果一个教师不能满足人们对他的角色期待，他就不是一名合格的教师，也就是说，他没有扮演好教师这个角色。

三、角色冲突

角色冲突指个体在角色扮演时所遭遇的心理困境，通常可以分为以下三种类型。

（一）个体内不同角色之间的冲突

指个体由于同时扮演数种角色而不能周全兼顾时所受到的心理困扰。例如，某女士是独生女，在家里备受父母的呵护和宠爱，而在工作的酒店里则是为“上帝”服务的餐厅服务员。她经常为自己所从事的服务性工作而苦恼，尤其是遇到过分挑剔的客人时，常常按捺不住心中的怨气，与客人发生冲突。这就是一种角色冲突，是作为女儿的家庭角色与作为餐厅服务员的职业角色之间的冲突。其原因是这位女士在工作中没能真正进入餐厅服务员的角色，或者说，没能真正退出作为掌上明珠的女儿的角色。

（二）个体外不同角色间的冲突

指个体与个体之间，由于所扮演的角色不同所产生的心理困扰。人与人之间应该是平等的，但是当人们扮演着不同社会角色进行交往时，却常常是不能平起平坐的，因为不同的角色规定了各自不同的权利和义务，人们一旦进入某一个角色就要各行其职，一些角色与另一些角色之间常常是不“平等”的，是会有冲突的。例如，服务人员与客人是不可能平起平坐的，因为服务人员是要为客人服务的，平起平坐就体现不出谁是服务者，谁是服务对象了。导游员和旅游者、酒店服务员和客人、管理者和员工、产品的生产者和产品的使用者之间的角色矛盾，都属于不同角色之间的冲突。

（三）角色内冲突

指个体在扮演某一角色时，由于不能妥善处理所面临的种种矛盾而引起的心理困扰。例如，旅游消费者既要求旅游产品质量好，又希望价格低廉；激烈的市场竞争使生产经营者陷入求质量和求廉价的两难困境等，都是角色内的冲突。

四、旅游角色

在旅游活动中，旅游者所扮演的角色，往往完全不同于他们在日常生活中所扮演的角色。旅游是日常生活之外的生活，在旅游情境中，人们为了追求愉快而进入了一个幻想世界。旅游者在这个幻想世界中，会把束缚其行为的日常义务与责任完全忘掉，其行为标准会明显不同于日常生活中的行为标准。旅游者所扮演的角色因为不受日常生活中的行为准则的限制，所以有很大的灵活性和伸缩性，有更多的选择余地，个体的个性更容易充分表现出来。这种角色的错位对旅游者也是一种挑战或刺激，因此在一定程度上，这可能也是旅游的魅力所在。

第二节　家庭与旅游行为

旅游作为一种休闲消费行为，也必然在很大程度上受到家庭因素的影响。这些影响因素主要是家庭结构、家庭生命周期和家庭旅游决策等。

一、家庭结构

家庭结构状态影响着消费需求的重点、消费动机的类型、消费能力的大小等。在研究消费心理和行为时，通常将现代家庭划分为以下三种典型结构形态。

（一）配偶家庭

配偶家庭指仅有夫妻双方而没有子女的家庭。这类家庭有两种情况：一是未生育子女的家庭；二是空巢家庭，即子女都已经长大成人，脱离父母自立门户的家庭。这类家庭在正常情况下，有比较高的收入，消费不受子女或其他负担的拖累，旅游消费的欲望比较强烈，消费能力也比较高，个性化消费的倾向也比较大。

（二）核心家庭

核心家庭又称为基本家庭，由夫妻与他们的子女共同组成。核心家庭是现代社会的主流家庭模式。西方社会的典型核心家庭通常由父母和一对子女组成，而我国的绝大多数核心家庭则由三个人构成，即父母和一个孩子。这类家庭的消费，除了维持家庭的正常开支之外，重点会放在孩子的成长和教育上。父母的角色强化在工作过程中，而在消费中的主体地位却被淡化，孩子通常成为家庭的消费重点。

（三）复合家庭

复合家庭由三代或三代以上的家庭成员构成，其基本结构特征是“上有老，下有小”。这类家庭由于家庭人口多，劳动力少，人均收入水平通常相对比较低，因此整个家庭的消费能力通常处于维持基本生活的低水平状态，追赶潮流的个性化消费的倾向很小。

二、家庭生命周期

家庭生命周期就是家庭的发展过程，指一个家庭从诞生开始经历不同的发展阶段，直至最后消亡的整个过程。

家庭生命周期的划分方法很多，最简单的方法是依据夫妻双方的年龄将其划分为三个阶段：青年阶段、中年阶段、老年阶段。受收入、年龄、家庭角色、家庭需要等因素的影响，家庭生命周期的各阶段表现出不同的旅游消费心理和行为。

（一）青年阶段

在传统家庭的青年阶段，夫妻双方的年龄在 35 岁以下，这一阶段还可以进一步分为两种类型：已婚无子女和已婚有子女。

已婚无子女时期又称为“蜜月期”，这段时期比较短，一般不超过两年。但是在现代社会中，随着人们观念的转变或者由于事业和经济上的因素，很多青年人并不想过早生儿育女，他们希望更长时间地享受“两个人的世界”，因此这段“蜜月期”很可能会延续好多年。在这段时间里，夫妻除了要花费一定的财力构建家庭基础外，度假旅游是一项重要的消费活动。青年夫妻一般都会意识到有了孩子后，自由支配的时间、金钱和精力将会减少，外出旅游将会受到限制。由于这一认识，“蜜月期”的青年夫妻常常是旅游消费领域中的活跃群体。

除非选择终身不育或离婚，传统家庭在婚后的几年里将有孩子出世，这时家庭生命周期进入了青年时期的已婚有子女阶段。青年夫妻一旦有了孩子，家庭生活方式就会发生很大变化。由于孩子年龄小，加上时间、经济及精力等方面的原因，人们外出旅游的可能性一般不会太大，偶尔出游，也要视孩子的兴趣和教育的需要而决策。

（二）中年阶段

在一家之主的年龄达到 35 岁以后，家庭生命周期就进入了中年期。除了已婚无子女或离婚家庭，家庭生命周期在这一阶段可以分为满巢期和空巢期。

满巢期指有子女家庭的家庭成员完整时期。大多数传统家庭的中年阶段都包括青少年子女，这些孩子的年龄大致在 6~18 岁。这类家庭的生活方式或多或少地是以子女为中心，具有实用主义的消费心理倾向。这类家庭能否外出旅游，在很大程度上取决于家庭的经济状况和父母对旅游的态度。如果家庭的经济状况良好，父母重视对子女的教育，父母把旅游当作开阔子女眼界、增加子女知识的机会，就会经常组织全家外出旅游，通过旅游满足子女长知识、受教育和全家共享天伦之乐的需要。

空巢期指子女成年后独立，仅剩下年长的父母的家庭时期。子女长大成人，各自离开之后，不再需要父母抚养，因此父母的经济负担就大大减轻了，在经济上就有了比较大的自由度，具备了充分享受较高水平消费的条件。同时，由于子女的离开，夫妻也开始考虑新的生活方式，旅游的欲望也会变得更加强烈、更加迫切。如果经济上允许，他们可能会到更遥远的旅游目的地去休闲度假。

那些已婚无子女的夫妻在这个家庭生命周期阶段中，一般是无忧无虑的，因为绝大部分中年人事业上都取得了一定成就，由于没有子女的负担，大多数人的经济状况也比较优越，大都舍得把大笔钱花在旅游度假上。

（三）老年阶段

一家之主退休标志着家庭生命周期老年阶段的开始。退休意味着生活方式和经济状况要发生变化，他们能否外出旅游主要取决于经济状况和身体条件。那些退休金丰厚或有大量积蓄，且身体健康的老年夫妻大都希望享受积极的退休生活，使自己的心理得到调理，因此外出旅游就是一种主要的生活方式。在现实生活中，我们在世界各地的主要旅游目的地地区、旅游景区、景点和风景区、旅游度假区常年都可以看到很多成双成对的老年夫妻游客。很多旅行社和旅游部门也都把“银发旅游”作为重要推销策略来吸引老年旅游者。

三、家庭旅游决策

在现代社会中，家庭的规模已趋小型化，其中核心家庭最具代表性。下面以核心家庭为例分析家庭旅游决策。在核心家庭中，丈夫、妻子和子女在家庭中的地位和作用不尽相同，因此，对家庭旅游决策产生的影响也不一样。随着社会的进步，家庭的经济状况会发生变化，家庭中夫妻双方的地位也会发生变化，这种变化也必然会影响到家庭旅游决策的方式。总体上讲，现代家庭成员的地位日趋平等，决策方式日趋民主，家庭中的很多决策往往都是通过共同协商的方式做出的。我国旅游心理学研究者借鉴国外的研究成果，通常将家庭旅游决策的方式归纳为四种主要类型：丈夫主导型；妻子主导型；共同影响，一方决策型；共同影响，共同决策型。

第三节　社会阶层与旅游行为

每个旅游消费者都处于一定的社会阶层中，同一社会阶层的旅游消费者在行为、态度和价值观念等方面具有同质性，不同阶层的旅游消费者在购买、消费、沟通、个人偏好等方面存在较大的差异。因此，研究社会阶层对旅游消费者行为的影响对旅游企业有着重要的意义。

一、社会阶层概述

（一）社会阶层的含义

社会阶层是指一个社会按照一定的社会标准将社会成员划分为相对稳定的不同层次。由于种种社会差异成分以及社会成员多样化取向的存在，一个社会必定会形成一定的社会阶层体系，而处在不同状态和社会位置的社会成员就构成了不同的社会阶层，处在相同状态和社会位置的社会成员则组成了同一个社会阶层。同一社会阶层由具有相同或类似社会地位的社会成员组成，这些处在同一阶层的社会成员具有类似的价值观、生活方式和行为方式。

社会学家吉尔伯特和卡尔将决定社会阶层的因素分为三类，即经济因素、社会因素和政治因素。经济因素包括职业、收入和财富；社会因素包括个人声望、社会联系和社会化；政治因素则包括权力、阶层意识和流动性。

（二）社会阶层的特征

社会阶层的特征包括以下六个方面。

1. 地位性

社会阶层展示一定的社会地位，因此，一个人的社会阶层是与其社会地位相联系的。处于较高社会阶层的人，必定拥有较多的社会资源。他们通常会通过各种方式，展现其与社会其他成员相异的方面。炫耀型旅游消费，实际上反映的就是人们显示其较高社会地位的需要与动机。

2. 同质性

社会阶层的同质性是指同一阶层的社会成员在价值观和行为模式上具有共同点和类似性。这种同质性在很大程度上是由他们共同的社会经济地位所决定的，同时也和他们彼此之间更频繁的互动有关。同一阶层的人由于有相同的或相似的态度、活动、兴趣和其他行为模式，因此他们接触的旅游产品也会比较相似。例如，富人经常去打高尔夫球、入住五星级酒店、乘坐飞机时选择头等舱等。

3. 限定性

社会阶层的限定性主要指对个人行为的限定性。大多数人在和自己处于类似水平和层次的人交往时会感到很自在，而在与自己处于不同层次的人交往时会感到拘谨甚至不安。这样，社会交往较多地发生在同一社会阶层之内，而不是不同阶层之间。一方面，同一阶层内社会成员更多的互动会强化共有的规范与价值观，从而使阶层内成员间的相互影响增强。另一方面，不同阶层之间较少的互动会限制产品、广告和其他有关信息在不同阶层人员间的流动，使得彼此的行为呈现更多的差异性。

4. 多维性

社会阶层包括职业、收入、财产、教育水平和价值取向等各个方面。每个方面都是一个维度，它们对划分社会阶层都起着重要的作用，可在同一阶层内进行更细的划分。每一个维度都可能对人们的旅游消费行为产生影响。

5. 变动性

随着时代的变迁、科技革命的发展，每个人所属的阶层都是可能发生变化的。有的阶层可能上升，有的阶层则可能下降。社会成员在不同阶层之间的流动，主要有以下两个方面原因：一是个人的原因，如个人通过勤奋学习和努力工作，赢得社会的认可和尊重，从而获得更多的社会资源和实现从较低到较高社会阶层的迈进；二是社会条件的变化，如在我国 20 世纪 60 年代中期，知识分子的社会地位很低，但改革开放以来，随着社会对知识的重视，知识分子的地位不断提高，作为一个群体它从较低的社会阶层跃升到较高的社会阶层。

6. 层级性

从最低的地位到最高的地位，社会形成一个地位连续体。不管愿意与否，社会中的每一个成员实际上都处于这一连续体的某一位置上。那些处于较高位置上的人被归入较高层级，反之则被归入较低层级，由此形成高低有序的社会层级结构。层级性使得消费者在社会交往中，要么将他人视为与自己同一层次的人，要么将他人视为比自己更高或更低层次的人。这一点对旅游企业分析旅游市场十分重要。如果旅游消费者认为某种旅游产品主要被同层次或更高层次的人消费，他购买该旅游产品的可能性就会增加；反之，他选择该旅游产品的可能性就会减小。

二、社会阶层的划分

（一）国外社会阶层的划分

美国社会学家为了研究人们的消费行为，把美国社会划分为 6 个不同的社会阶层（见表 7–1）。社会阶层理论认为，任何个人或家庭所属的社会阶层，主要取决于教育和职业两个因素。除了上上层与下下层的人以外，财富与收入对一个人的社会阶层地位作用并不大，这是因为相同的收入并不必然导致相同的行为。每个社会阶层都会有带着自己特色的生活方式，如相似的旅游目的地、相似的旅游度假方式等，从而表现其与其他阶层不同的价值观、人生观及自我概念。因此，各社会阶层之间的行为有时会截然不同。

表 7–1 美国社会阶层划分

社会阶层	成员	人口比例
上上层	名门望族、连续三四代富户、贵族、商人、金融家或高级职员、财富继承者	1.5%
上下层	新显身于上等阶层者、暴发户、未被上上层社会接纳者、高级官员、大型企业创始人、医生和律师	1.5%
中上层	中等成就的职员、中型企业主、中级经纪人、有地位意识的人、以子女及家庭为中心的人	10%
中下层	普通人中的中上者、非管理者身份的职员、小企业以及蓝领家庭、正在努力并受到尊敬的人、保守者	33.6%
下上层	一般劳动阶层、半熟练工人、生活水平同中等阶层的人、对生活满意的人、过着温饱生活的人	38%
下下层	非熟练工人、失业者、持宿命论的人、冷漠者	15.4%

社会阶层的这种划分方式，主要可以理解为上层、中层和下层三个层次。同一阶层的人，由于价值观、生活方式的相似，他们在行为方式上便表现出共同的倾向性，并与其他阶层的人相区别。不同阶层人的态度和行为方式也会影响他们的旅游行为，表现出不同的旅游倾向。

1. 上层阶层的人

比较重视旅游，把旅游作为生活的基本内容之一。他们较强调旅游的知识性，要求旅游活动具有文化和审美的内容及高级文化娱乐活动，注重旅游活动和旅游交通、食宿。要求服务符合自己的身份地位，喜欢购买艺术品、古玩等商品。他们之中会有较多的人参加远距离旅游和出国旅游。

2. 中层阶层的人

他们比下层阶层的人地位优越，因而比下层阶层的人思想开放，更有自信，也更重视旅游的积极意义和教育意义。他们由于受更高的社会地位直接吸引，更爱冒险和承担风险，因而对旅游的兴趣比下层人士大而且广泛，是各种旅游活动的参加者，在所有旅游者中是数量最多的一种人。

3. 下层阶层的人

由于文化教育水平的限制，大部分人的视野不如上层人士，他们会把时间、金钱和精力投入自己的家庭。他们也参加旅游活动，但由于对外部世界有较大的风险感觉，对去遥远的旅游地不感兴趣，他们把到国内短途旅游观光或到某个旅游点短期度假作为自己理想的旅游方式，在旅游购物时比较注重实用性。

（二）我国社会阶层的划分

我国的一些经济学家根据目前城镇的发展和家庭收入的差距，将我国的城镇居民家庭划分为富豪、富裕、小康、温饱、贫困五种阶层。

1. 富豪阶层

富豪阶层包括民营企业家、合资企业老板、著名演员和体育明星、名画家和名作家、部分股份制企业负责人、部分承包租赁者、包工头、证券交易获高利者等。其消费行为的特点为：奢侈享受型消费，即购买各种高档用品；炫耀显示型消费，打高尔夫球、住高星级饭店、出国旅游等；投资储蓄型消费，即购买房地产、珠宝、古董车。

2. 富裕阶层

富裕阶层包括外资企业和合资企业的中方高级管理人员、高级专家、律师、部分企事业单位领导人、个体企业主等。其消费行为的主要表现为：象征标志型消费，注重商品的名牌，喜欢到风景名胜区旅游度假；高雅舒适型消费，对吃、穿、住较为讲究；简便快捷型消费，偏爱科技含量高的商品。

3. 小康阶层

小康阶层包括公司的中高级职员、一般外企雇员、企业中层以上的管理人员和技术人员、公务员、效益较好的单位职工等。其消费行为的特点为：注重生活质量，追求品牌、个性化消费；有较强的攀比和从众心理，喜欢追求时尚；在旅游方面，注重保健活动和娱乐休闲，是我国旅游活动的主体和生力军。

4. 温饱阶层

温饱阶层主要指普通工薪阶层，由企事业单位的普通职工构成。其消费特点的表现为：经济实惠型消费，主要收入用于购买生活必需品；对价格很敏感，追求物美价廉、经久耐用，购物时精挑细选；对质量稳定的老牌子、老厂家忠诚感强，不盲目追求时尚或名牌；对旅游不太重视，只是在节假日、家人生日等特别的日子里才到公园及周边地区做短暂游览。

5. 贫困阶层

贫困阶层包括经营状况不好的企业职工、临时工人、部分退休职工、失业人员等。其消费行为特点为：勉强度日型消费，主要购买日常生活必需品，留心廉价低档商品，如折价处理品、换季甩卖品等。

以上划分比较符合我国城镇居民的情况，旅游企业可根据不同阶层居民的消费特点开展旅游营销、服务、产品开发等工作。

知识链接

从社会阶层角度看我国出境旅游

一、富裕人群：海外消费震惊世界

根据国家统计局拟定的标准，我国的“高收入群体”是户均年收入在3万~6万元的家庭，其总人口超过4500万，约占城市人口的10%，全体人口的3.5%，其恩格尔系数已经降至15%以下，为典型的富裕型消费。另据《2004年度全球财富报告》，2003年中国拥有超过100万美元金融资产的富裕人士的人数为23.6万，其拥有的总资产已超过9690亿美元，中国最富裕人士的增长速度堪称世界最快。

新兴的中国富人构成了一个庞大的出国旅游群体。他们的足迹不仅踏上欧美、澳大利亚等遥远的国家，而且其奢侈品购买能力已经引起越来越多商家的注意。以法国为例，中国有条件前往的游客大多为生意人、官员和高级白领，正因为如此，中国游客才以3000美元的人均消费独占鳌头。即便是在近程目的地，中国游客亦以刷卡消费平均单笔253美元居于Visa国际组织“2003年全世界刷卡单笔交易平均消费金额”榜首。2001年，我国内地游客在香港购买首饰和高档衣物等奢侈品的花费分别高达49.5亿元和38.4亿元。国内财经杂志《新周刊》有文章题为“密集观光疯狂购物，中国人海外高消费震惊世界”。

2004年，中国公民出境旅游参与地下经济的情况浮出水面，在社会上引起波澜。据北大中国公益彩票事业研究所的保守估算，我国每年有多达6000亿元人民币的资金流向国外及港澳地区的赌场和赛马场。这既对我国经济造成了直接的负面影响，也使“出境旅游提高国民素质”的说法受到质疑。

二、中间阶层：崛起的出境旅游主力军

我国处于金字塔中部的中等收入阶层总人口为4.5亿左右，其人均可支配收入在6000~7000元，恩格尔系数在35%左右，其消费正在从小康型向富裕型、从数量追求型向质量追求型转变。

2002年年初，北京第二外国语学院课题组通过旅行社渠道对出境旅游者进行的调研结果显示，随着前往周边国家出境游价格的不断下降，我国出境游消费群体的范围逐渐从高收入阶层向中等收入阶层扩展，家庭收入在5000~30000元的中间阶层正成为近程出境旅游的主力军。事实上，价格在三五千元左右的出境游产品正是国内旅游有竞争力的替代品。

中等收入阶层作为崛起的出境旅游主力军，有两大主要特点：一是人口基数大，预计未来10年间该阶层的人数和比重还将有一个跳跃式的增长；二是集中消费，数据显

示，中国人出境旅游期间的购物、娱乐等非基本旅游消费远远高于食、住、行、游等基本旅游消费，境外旅游购物特点表现为密集式、积累式、家族式，成为家庭购买力的一个释放出口，花钱数量甚至超过了日韩旅游者。此外，消费的示范效应、攀比行为和不可逆性也使中等收入阶层的出境旅游消费呈现出某些超前特征。

三、低收入人群：依然无缘

另外，还有处于收入金字塔底部的低收入阶层，总人口在7亿左右。他们的人均可支配收入或纯收入低于2000元，且收入增长缓慢，恩格尔系数在50%左右，其消费尚处于温饱有余的阶段。在这个阶层中，还有8000万左右人均纯收入低于700元的农村人口，其恩格尔系数在60%以上，属绝对贫困人口。对于这个阶层，出境旅游显然还是遥不可及的梦想，出境旅游近10万元的担保对他们来讲简直是天文数字。

（资料来源：http://lvyoul681cn/tooLs/doPrint.aspx?main_id=；200752994418844）

三、社会阶层与旅游消费者行为

社会阶层对消费者行为产生直接的影响，旅游消费者行为也不例外。社会阶层对旅游者消费行为的影响主要体现在以下四个方面。

（一）同一社会阶层内旅游消费者行为的相似性

同一个社会阶层的成员，在价值观念、经济收入、教育程度和社会地位等方面比较接近，因此，旅游消费者行为呈现出相似的特点。人们把和自己属于同阶层的其他人视为与自己相同或相似的人，对所属阶层具有认同感，会协调自己的行为，使之与同一阶层的人们保持一致。如中层阶层的人常选择有文化内涵和教育意义的旅游产品，对出国旅游很感兴趣；下层阶层的人会选择离家较近的旅游目的地，开支也不会太大。

（二）同一社会阶层内旅游消费者行为的差异性

社会阶层是一个多维度的集合体，在同一社会阶层内部，因为人的兴趣、爱好、动机不同，旅游消费者行为也会表现出差异。有的对中国的传统文化感兴趣；有的对新的旅游方式，如生态旅游、农业旅游等感兴趣；有的秉持“读万卷书，行万里路”的目的，以了解社会、增广见闻；有的则出于健康的需要，选择一些疗养地、温泉景区以修养身心。

（三）不同社会阶层之间旅游消费者行为的相似性

“人同此心，心同此理。”处于不同社会阶层的人在消费心理方面也存在一定的相似性。旅游者的消费行为有时会超越他们所属的阶层，如对时髦的关心程度，就与社会阶层没有太大的联系。不同阶层的旅游者，都可能追逐同一种旅游产品与服务。

（四）不同社会阶层之间旅游消费者行为的差异性

不同社会阶层的人在消费观念、消费行为上存在明显的差异，在旅游目的地、交通工具、住宿设施等方面的选择差别较大。如上层社会的人，购物时倾向于求美、求新，注重品牌和款式；下层社会的人，则倾向于求实、求廉，注重物品的实用价值。上层社会的人不仅想漫游全国，还想周游世界；下层社会的人，则可能选择比较经济的自助旅游，搭乘汽车或火车前往比较近的旅游区度假。

第四节　中国传统文化与旅游行为

一、文化的含义

文化是个多维度和复杂的概念。克鲁伯和克拉克曾总结了 160 多种关于文化的定义。由于文化范围的广泛性，给文化下一个准确或精确的定义是一件非常困难的事情。英国的文化人类学家泰勒（Tylor）在 1871 年出版的《原始文化》的著作中，第一次把文化作为一个中心概念提出来，并加以系统的表述，即文化是一个复杂的综合体，包括知识、信仰、艺术、道德、法律风俗，以及人类在社会里所获得的一切能力与习惯。自泰勒以后，许多人类学家对文化这一概念又重新做了定义，例如，美国人类学家艾·克劳门和莱·克鲁克霍斯认为，文化包括内隐和外显的行为模式，文化的基本核心包括传统的观点，尤其是价值观念。

总之，人们对文化含义的解释是多种多样的。一般而言，文化的定义可以分为广义和狭义两种。广义的文化是指人类在社会历史发展的实践过程中所创造的物质财富和精神财富的总和。狭义的文化是指人类精神活动所创造的成果，如哲学、宗教、科学、艺术、道德等。在消费者行为研究中，由于研究者主要关心文化对消费者行为的影响，所以本书将文化定义为经过学习获得的，用以指导消费者行为的信念、价值观和习惯的总和。

二、文化的特征

就整体而言，各民族文化具有某些共同特征，把握这些共性特征有助于了解文化对旅游消费者行为的影响和作用方式。

（一）文化的习得性

文化不是与生俱来的，而是在后天成长过程中通过学习而得到的，文化的学习有两种途径。一是文化继承，即学习自己民族的文化。通过这种方式保持民族文化的传承，并形成了独特的民族个性。中华民族在几千年传统文化的影响下，形成了强烈的民族风格与个性，即使在今天西方文化的不断冲击下，仍保持着中庸、忍让、谦恭的民族性格。二是文化移入，即学习外来文化。在一个民族文化的演进过程中，通常会学习和吸收其他民族文化的内容，甚至使其成为本民族文化的典型特征。例如，中国人现在的礼服西装，就是学习西方、借鉴西方服装文化的结果；日本的民族服饰和服，则是在沿用唐朝服饰的基础上改进而成的。

（二）文化的动态性

文化不是静止不变的，而是不断变化的。人们的价值观念、行为方式、生活习惯、偏好和兴趣等都会随着社会的进步而不断变化。例如，20 世纪初的几十年，在西方人的文化意识里，人们追求悠闲、享乐、安逸、舒适的生活方式，节省时间的观念比较淡薄，这是大多数人的基本信念。但近几十年来，随着商品经济的高度发展和工业化程度的不断提高，人们越来越关心如何提高工作效率、节省时间。在节省时间和提高工作效率的新观念下，更多的人开始学会接受省时、方便的产品或服务，如速溶饮料、快餐食物、邮政快递等，也更愿意到便利、高效的大型超市去购物。

（三）文化的群体性

每个国家、民族或地域都会形成不同的文化特质，从而构成各自特有的社会或群体文化。就国家文化而言，每个国家在其建立和发展的过程中都会形成自己独特的语言、文字、仪式、风俗、习惯、民族性格、民族传统与生活方式。例如，英国文化的典型特征是经验的、现实主义的，由此使得英国人形成重视经验、保守、讲求实际的民族性格，英国人的时装往往给人以庄重、大方、实用、简练的鲜明印象；法国文化则是崇尚理性的，法国人更喜欢能够象征人的个性、性格及反映人精神、意念的东西。因此，文化能够确定不同群体之间的界限。

（四）文化的规定性

作为某一特定群体成员共同拥有的价值观念、行为方式和生活习惯等的文化，具有规范、约束每一个个体成员行为的特征。因为文化本身包含了一些理想的行为标准或模式，它使群体成员在特定的情况下，对问题的思考和行为的方式有一个共同的理解。如果有人的思想或行为与群体的价值观念、行为方式和生活习惯等不一致，那么他就会受到来自群体的压力或谴责，在这种压力或谴责的包围之下，他就会改变思想与行为，保持与群体的协同一致，或者为了避免尴尬，保留思想观念的差异，而直接保持与群体行为规范的一致。

（五）文化的无形性

文化是抽象的、无形的，就像一只“看不见的手”影响和引导着消费者的行为。这种影响是潜移默化、自然而然的，因此，人们根据一定文化所采取的行为通常被看作是理所当然、顺理成章的。例如，当研究人员问消费者为什么要做某件事时，消费者通常会回答：“因为这是正确的事情。”这种回答表面看似是肤浅的，但它却反映了文化对消费者行为根深蒂固的影响。通常只有当人们接触到具有不同文化价值观和习惯的人时，才能真正感受到文化对人们行为的影响如此深刻。

三、亚文化

每一种主文化都由几种亚文化构成。亚文化是主文化的一部分，其成员具有共同的独特的信念、价值观和行为模式，每一种亚文化都会坚持其所在主流文化的主要的信念、价值观和行为模式，同时，每一种主文化都包含能为其成员提供更为具体的认同感的亚文化。

亚文化有许多不同的分类方法，其中，较为经典的分类方法是按年龄、性别、种族、民族、地理、宗教以及社会阶层等划分的。

（一）年龄亚文化

不同年龄的亚文化群体有不同的价值观念和消费习惯。例如，青年人喜欢追求新颖、奇特、时尚，乐于尝试新产品，容易产生诱发性、冲动性购买；中年人承担着家庭生活的重任，同时扮演着家庭消费品购买决策者的角色，所以其消费行为具有明显的讲究实惠、理性、精心挑选的特征；老年人比较保守，习惯于购买熟悉的产品，求实、求利动机较强。

（二）性别亚文化

不同性别的亚文化群体有着截然不同的消费心理和消费行为。一般来说，女性消费者对时尚的敏感程度往往会高于男性，她们通常比较重视商品的外观，而男性消费者则比较重视商品的性能和品质。例如，女性旅游消费者在购买旅游商品时，比男性旅游消费者更注重花色、款式，对旅馆房间的布置也比较注重。另外，女性消费者对价格的敏感程度也远远高于男性消费者。在购买方式上，女性消费者通常有足够的耐心，同时又缺乏决断性。

（三）种族亚文化

白种人、黄种人、黑种人都各有其独特的文化传统、生活态度和行为习惯。即使生活在同一国家甚至同一城市，他们也会有自己独特的需求、爱好和购买习惯。这是以种族渊源及遗传特征为基础的亚文化群体。不同种族的消费者在体形、肤色、发色等方面的差异，会对消费者产生某些特定的心理与行为上的影响。

（四）民族亚文化

民族亚文化是人们在历史上经过长期发展而形成的稳定共同体的文化类型。它是以历史渊源为基础的具有基本文化的总体特征，又由其自身较稳定的以观念、宗教信仰、语言文字、生活方式等形式表现出来的人群共同体。例如，中华民族是由 56 个民族构成的总体文化，而每一个民族又具有自己的民族亚文化特征，形成了有自己特点的语言文字、风俗习惯、爱好禁忌，不同的民族在饮食、服装、礼仪等方面各有特点。

（五）地理亚文化

地理环境上的差异会导致人们在语言、生活方式、消费习俗和消费特点上的不同，形成地理亚文化。例如，北方人喜欢吃面食，南方人则更喜欢吃米饭；北方人喜欢逛庙会，南方人喜欢逛花会。这种长期形成的地域习惯，一般比较稳定，但随着地理、历史、政治与经济力量、语言以及宗教等方面的变化，地理亚文化会发生演变。

（六）宗教亚文化

不同的宗教群体，具有不同的文化倾向、习俗和禁忌。全世界有基督教、佛教、伊斯兰教等，这些宗教在不同的国家或地域甚至是同时存在的。宗教不仅能影响人们的行为，也能影响人们的价值观。以基督教为例，在美国，90% 的人信奉基督教，美国社会的主要节日，如圣诞节、复活节和感恩节等都起源于基督教。圣诞节期间，工作人员都要放假狂欢，以示庆祝。在圣诞节前后，人们会掀起一次大规模的购物高潮，人们会购买大量的圣诞贺卡和圣诞礼品，以便相互赠送表达美好的祝愿。

（七）社会阶层亚文化

社会阶层亚文化是指由于教育背景、收入水平、职业以及地位声望的不同，形成社会不同层次群体之间的文化。产生社会阶层的主要原因是人们获得社会资源和发展机会的不均等。因此，不同社会阶层在价值观念、生活方式上是不同的，在消费行为上表现为消费结构、品牌偏好、购物方式的差异。

中国传统文化是指以汉族为主体的，多民族共同组成的中华民族在漫长的历史发展过程中创造的特殊文化体系。它是以几千年来的小农经济为基础，以宗法家族制度为背景，以儒家伦理道德为核心的传统农业文化、血缘文化与修养文化的统一。中国传统文化源远流长，在这种文化背景中繁衍生息的中华民族，其价值观念、思维方式、生活方式、消费观念等都有其独特性。

四、中国传统文化的基本精神

（一）讲究中庸

中庸之道是儒家的一种基本主张。著名的理学家朱熹认为，中庸就是“不偏之谓中，不易之谓庸”。通俗地讲，“中”就是“度”，指凡事要把握个度，超过这个度就是过犹不及，物极必反；“庸”则是平常的意思。中庸是中国人的一种重要的价值观，几千年来一直深刻地影响着我们的思想和行为。

中庸之道的思想精髓是“和”。孔子强调中庸，是因为天下的事物都是有差异的，人与人也是不同的，但事物与事物、人与人、人与事物之间又是彼此联系的，要实现相互间的沟通和融洽，就需要发挥中庸思想的“和”的作用。

（二）注重伦理

由于中国传统文化是建立在宗法制度基础上的血缘文化，国家同构，宗法一体，神权、王权、父权合一，所以中国传统文化最基本的功能就是维持和强化作为宗法制度基础的血缘关系，强调人与群体之间的关系，强调血缘家族关系和以血缘为基础派生出来的人际关系。也就是以家庭为本位，家庭观念、家庭依赖感、家庭责任感都很强。虽然现在家庭核心化，三世或四世同堂的现象有所减少，但传统的家庭伦理观念仍然保持着，亲子之间的相互依存关系依旧很明显。

（三）爱好面子

由中国传统文化中的“礼”演变出了中国特有的面子文化，经过几千年的发展，时至今日，人们对面子更加看重。爱好面子是中国人典型的文化心理特征。在人际交往中，中国人特别讲究自己的形象和在他人心目中的地位，重视脸面。中国人的爱面子是多方面的，既讲究自己给自己装面子，也注重给别人留面子。

（四）重义轻利

注重情义和精神价值，轻视物质利益，强调人与人之间的感情和道义，是中国文化的又一特色，也是中西方文化的主要差异之一。孔子曰：“君子喻于义，小人喻于利。”这种重义轻利的价值观使得中国人非常注意人与人之间的感情交流，许多情况下，甚至是正常的工作来往，也常常带有个人的感情色彩。

（五）求是务实

面向现实，求是务实，历来是中国人的认识原则和人生信条。孔子主张“学而时习之”“知之为知之，不知为不知”，就是求实精神的反映。道家虽然大讲“道”，但仍然具有求实的精神。如老子认为，“知人者智，自知者明”，庄子学派主张“析万物之理”等，都蕴含求实的精神。求实精神必然表现为务实态度。中国文化历来就具有务实精神，反对不切实际的空想。中国人务实的人生态度和价值原则在人的行为方面有着重要影响，如立身行事强调脚踏实地、循序渐进，生活中讲求朴实、实用。

（六）崇尚勤俭

中国传统文化中，崇尚节俭，以节制个人欲望为美德。孔孟主张“克己复礼”，朱熹提出“存天理，灭人欲”。因此，在家庭和个人消费上强调勤俭节约，主张精打细算，量入为出，反对奢侈浪费，反对及时行乐的生活态度。由于古代生产力较为落后，且天灾人祸等因素造成产品的缺乏，商品经济的发展也不是很发达，以及百姓经济购买力不足等原因，促成了勤俭习惯的形成。改革开放之后，人们的收入不断提高，人们的消费观也有很大变化，虽然已经出现大批超前消费的人群以及铺张浪费的情况，但是勤俭节约的消费观念，在中国社会仍然是主流。

五、中国传统文化与旅游行为

从旅游消费者购买决策的过程来看，中国传统文化对旅游行为的影响主要体现在以下五个方面。

（一）旅游需要识别阶段

旅游需要识别即旅游消费者意识到的需要解决的问题，产生了购买旅游产品的需要，这是购买决策的第一个阶段。中国传统文化，尤其是儒家文化在旅游消费者心里根深蒂固，有的旅游需要被肯定和强化，有的旅游需要被贬抑和压制。例如，中国文化中的勤俭节约的观念很长时间以来一直影响着旅游者的消费观念，他们认为旅游是一项奢侈性的消费，往往会把可自由支配收入储蓄起来而不会花费在旅游上。

（二）旅游信息收集阶段

一旦旅游者决定外出旅游，首先是收集旅游目的地的旅游信息。旅游者的信息来源主要有四个途径，分别是个人来源、商业来源、大众来源以及经验来源。中国旅游消费者受传统文化的影响，重视亲情、友情和人际关系，这使旅游消费者更容易接受个人来源和经验来源，更信赖意见领袖和口碑效应。

（三）旅游方案评估阶段

中国传统文化会在诸多方面影响和制约旅游者旅游方案评估的过程。例如，受中国传统文化中集体主义价值观的影响，在旅游目的地的选择上具有从众心理，旅游者通常会选择一些知名度高或者开发成熟的旅游地。

（四）购买决策实施阶段

旅游者经过对方案评估选择后，会产生一定的购买意图，但从有购买意图到完成购买活动，还要受他人的态度、购买力、支付方式等其他因素的影响，文化价值观在其间也会产生一定的作用。在传统的中国家庭中，男性往往在家庭重大消费决策中具有决策权，但是随着中国社会的发展和家庭结构的变化，女性逐渐成为旅游决策的参与者或制定者。特别是随着中国家庭的小型化和核心化，家庭成员集体决策成为家庭决策的主要形式。而且，由于中国女性地位的提高，“男女平等”取代了“男尊女卑”，家庭购买决策由男性决定型转变为女性决定型购买模式。另外，很多中国家庭只有一个孩子，通常全家在消费决策上以孩子为中心，会经常考虑到旅游对孩子的作用，如他们会选择一些娱乐性强的旅游项目或者是研学旅游产品。

（五）旅游购后行为阶段

不同的文化价值观对消费者购后行为的影响不同，有的消费者会重复购买，有的消费者会退换货，有的消费者会投诉和抱怨，还有的消费者会把产品转让给他人等。中国传统文化对旅游购后行为的影响主要表现在旅游消费者对旅游过程中不满意的投诉问题上。中国受传统儒家思想的影响，主张“以和为贵”，通常对旅游中的不满意采取“息事宁人”的态度，不会投诉。但随着旅游者旅游经验的增多和法律意识的增强，越来越多的旅游者也会利用法律武器维护自己的合法利益。

六、面子文化与旅游者行为

学术界对面子的界定主要侧重于心理学意义和社会学价值两个方面，即面子既被视为个人心理的一种自我意象，也被看成一种尊严或地位的象征。作为传统文化价值观的面子文化，深刻影响着旅游者的行为。

（一）中国旅游者的面子结构

旅游者的面子是一个多维度的概念，相较于惯常状态中的面子，既有继承，也有明显差异。这种差异就在于部分和阶段性地脱离了熟人社会的结构制约。之所以是“部分”，源于旅游活动的异地性。旅游过程中不断面对陌生人（如导游、其他陌生游客、旅游地居民等），但同时中国旅游者经常携亲带友，所以身边还有大量的熟人，不同的人际关系环境在旅游的情境下同时存在。而之所以是“阶段性”，则源于旅游活动的暂时性，经历了短暂的时空变换，旅游者将重新回归到惯常的工作生活地，“争面子”或“保面子”的行为仍会继续，如在亲友面前高调或低调地展示和分享异地购买的商品和趣闻等。新媒体的不断发展，甚至使得在原有熟人社会的“争面子”行为能和旅游的过程同步发生，如用微博、微信等工具展示风景照和美食照。由此，正是因为旅游者身处传统乡土社会所不具有的多重社会结构背景，旅游者的面子结构更加丰富和复杂。

郭晓琳通过混合研究的方法揭示了中国旅游者面子的结构。研究结果表明，旅游者的面子包含以下四个维度。

1. 文化资本型的面子

与一般实物消费不同的是，旅游是一种文化消费，时空的转换为旅游者积累文化资本提供了可能，文化资本型的面子也由此产生。通过一次或者多次的旅游，旅游者增长了见识，这种见识就构成了他们的文化资本。旅游者的每一段旅游经历都融入了个人的体验、情感，甚至价值导向，而使这种文化资本具有了独特性。面子是一种正向的社会认可，通过旅游形成的丰富的阅历、特殊的技能、独到的见解使得旅游者在心理和行为上形成一定的优势，并在与亲友的互动、传播中得到强化。

2. 消费本位型的面子

惯常生活中的奢侈品消费、炫耀性消费有可能成为人们面子的来源，以表征个人的阶层地位和品位。旅游者的消费本位型面子也延续着这种认同，只不过在旅游的情境下更加明显。出国出境游、住在高星级的奢华酒店对于一般的消费群体而言，都具有花费较高、相对稀缺的特点，即使对于城市中产阶层，这样的旅游经历也是一种难得的奢侈，因此会觉得有面子。正因为如此，旅游中的消费竞赛一直未停止，互相攀比、消费攀升的现象在旅游的情境下以更集中、更强烈的方式释放了。

3. 关系交往型的面子

关系交往型的面子同中国旅游者的行动单元有关，中国旅游者多为集体出行，从社会功能的角度而言，旅游起到增进感情、维系社交关系的作用。关系交往型的面子也体现了旅游中对情感、社交关系的认可和维系，陪同家人旅游、家庭关系和睦、为亲友购物被视为有面子的事情，关系交往型的面子在这里既是一种行为准则，又反映了中国旅游者的行为特点。

4. 个性彰显型的面子

在后现代思潮的影响下，旅游者通过不走寻常路、参与一些特殊的、小众的旅游活动并由此获得认同的趋势愈演愈烈，甚至在日常生活中没面子的事情在旅游的情境下也能是有面子的体现。如有受访者提到在西藏沿途搭车穷游很有面子，又如不乘索道徒步另辟蹊径翻越泰山、骑单车从上海到杭州、在茫茫戈壁上抛锚修车……经历越新奇，越觉得有面子。

（二）面子文化在旅游行为中的表现

1. 旅游消费炫耀型

有些旅游者凭借某些超越其他旅游者的消费行为来炫耀财富、身份与地位，如一味乘坐豪华邮轮或头等机舱、下榻高星级或奢侈型酒店、享用高档餐厅的美食，甚至进行奢侈、浪费、享乐主义的旅游消费，这其中也不乏诸多超出实际消费能力的行为。在炫耀性心理支配下的此类旅游消费行为，常被炫耀型旅游消费者视为“挣得面子”的手段。

2. 旅游消费跟风型

旅游消费跟风型是指顺从社会潮流行为标准、规范及趋向引导而进行的旅游消费，在旅游目的地的选择上表现为避冷趋热、求名求热以及被动旅游消费等。大多数旅游者在目的地的选择上多偏好大中城市和著名的风景名胜区，目的地城市选择则集中在北京、上海、广东、江苏、浙江等热点地区，为了面子宁愿忍受交通拥挤、住宿紧张、门票上涨的旅游环境，以致牺牲旅游质量。被动旅游消费的人，通常本无旅游消费的意愿，或被人怂恿鼓动，或担心被人看不起，或碍于面子不得不从众消费。

3. 旅游消费时尚型

当旅游逐渐成为人们的一种生活方式时，某些旅游者为了有别于大众旅游，以突出自己的优越地位而尝试用更新颖、更刺激的旅游消费来建构旅游面子，并由此催生了许多时尚的旅游方式的诞生，如背包游、徒步探险、自驾游以及高尔夫、潜水、跳伞、马术等所谓上流社会的旅游活动。

4. 旅游消费盲目型

旅游消费盲目型是指旅游者不考虑收入约束，或不追求实际经济效用，或不熟悉旅游消费对象而做出的非理性的消费决策和行为，究其原因其实是面子在作祟。加上在某些旅行社层出不穷、花样翻新的旅游产品的推波助澜之下，盲目旅游消费的倾向更加突出。据相关调查显示，目前中国人的出境旅游消费已进入世界前列，购物是中国游客在境外自主消费的第一大项。境外购物大都瞄准了高档时装、名牌化妆品、品牌首饰和珠宝、名牌家电等商品。

（三）面子文化对旅游者行为的影响

1. 面子文化对旅游者行为的消极影响

出于面子考虑的旅游消费者行为给旅游者造成了额外的经济和心理负担，压抑了旅游者的真实需求。跟风型旅游易造成目的地旅游设施的超负荷，甚至资源被破坏。面子文化可能刺激某些旅游企业的破坏性建设和不道德旅游产品的开发行为，如高尔夫球场的兴建造成土壤和水质污染，某些“赌”“嫖”产品污染了旅游环境。

2. 面子文化对旅游者行为的积极影响

如同面子文化对人们积极提高自身素质和能力等自身发展行为具有刺激作用一样，面子文化对旅游者也具有激励作用。面子文化能刺激新的旅游消费需求的产生，进而在某种程度上推动旅游业的创新和发展。从直观结果来看，面子文化为旅游经济贡献了一定力量，尤其是“道德面子”规范，约束了旅游者的行为，客观上提高了个体旅游伦理道德行为向公共旅游道德靠拢，对旅游道德建设具有积极作用。充分发挥和利用面子文化的积极意义，将有利于建设理性、健康的旅游消费文化，进而引导旅游者健康、理性地消费[①]。

阅读材料

西方传统文化对旅游消费者行为的影响

一、强烈而多样的旅游消费动机

基于人与自然的对立，西方文化强调支配自然、改造和征服自然，以个人主义为中心，追求享乐，塑造了西方民族明显的外向性格，这使得西方人较中国人对外部世界有着更强烈的探索意识，表现在外出旅游的动机十分强烈。同时，由于他们强调“个人”的突出位置，在旅游需求心理上表现为追求能张扬人的个性的旅游项目，从而在征服自我、征服世界的过程中满足个人的好奇心，体现个人的竞争本能，获得个人成就感，因而旅游动机又是多样性的。

二、个性突出的旅游目的地选择

西方人受个人自由主义思想的影响，加之性格外向和富有探险精神，因而他们在旅游目的地的选择上呈现出多样性的特点。一般而言，凡是特色鲜明的目的地往往会成为西方旅游者的首选，因此，他们往往趋向于富有差异性、刺激性或挑战性的旅游地，率先享受发现的喜悦和新鲜的体验，在追求巨大差异的文化探索中，满足新奇感。这些目的地或景观，诸如汹涌澎湃的大海、挺拔险峻的高山、水流湍急的大河、险象环生的热带丛林、充满神秘文化色彩的民族地区等对西方人而言是极具吸引力的。

三、认知性的旅游审美观

西方审美以“物我两分”为出发点，正如托马斯·门罗所说的“东方的主观主义是要将注意力转向内心”，而“西方的趋势是要客观化和外化内心的生活，并给予外部对象和对它们的思考越来越多的重视”。所以，西方审美的价值取向强调的是知识性和科学性，具有鲜明的认知性、思辨性和逻辑性。相应地，西方人对旅游目的地的审美，倾向于对旅游资源及其产品的认知与思辨。正像英国著名学者弗兰西斯·培根在《论旅行》中所谈到的旅游的求知价值，指出“对于年轻人，旅游是一种教育方式；而对于老年人，旅游则构成一种经验”“在每一地逗留时间的长短，要根据其所能提供的知识的价值来决定”。因此，有人分析了中西（英、美）方对旅游景点的介绍，侧重点是不同的。英、美两国旅游介绍的模式为：景点的地理位置—主要景观—服务设施—交通状况—人文特色—对特殊群体的吸引力—社会特色—负面现象。中国旅游景点的介绍模式为：景点的社会地位及社会影响—发展变化及业绩—风光景色及景观—人文特色—对特

① 李志飞. 旅游消费者行为［M］. 武汉：华中科技大学出版社，2019.

殊群体的吸引力—地理位置服务设施。

同时，在旅游过程中，西方旅游者的审美往往通过对客观存在的景观的探索与认知，得到感观的刺激与精神的享受。因而在西方旅游中一些寻求刺激、恐怖的旅游活动对于我们而言可能毫无美感，但西方人却因为其恐怖、刺激而全身心投入，并兴奋不已。他们追求的是一种形式美和现实美的享受，而不同于中国人触景生情式的审美体验。

四、以个人为中心的旅游组织观

西方人的旅游组织形式也充分反映了西方文化的个人主义特点，他们自我意识强，重视个人独立空间，在乎个人隐私，因而个人主义倾向十分明显。西方旅游者为尽情享受属于个人的时间和空间，独自一人旅游的情况相当普遍，即使结伴也往往只是情侣或夫妻这种私人关系非常密切的人，而非其他人。在他们看来，似乎与人结伴或与家人同行会损害自己旅游的效益。例如，一个由三口人组成的英国家庭，假期出游的安排为，男主人扛着球杆去乡村高尔夫球俱乐部，女主人赴东欧购物观光，他们的孩子则独自去希腊寻找古典与浪漫。而这种情况在中国是十分少见的。当然，西方人出国旅游也有参加旅游团队的，但其中一个很重要的目的是省去订房和订机票的麻烦，他们喜欢的组团模式是“团体（订房、机票）+自由选择”。到达旅游目的地后，他们往往按自己独特的意愿自我设计线路和安排活动，尽量避开旅游点的喧闹和各种服务，更愿意另辟蹊径或深入当地居民的生活中，去体验风土人情。当然，他们时间观念很强，会准时在应该集合的地方集中。

五、享受性的旅游消费观

旅游者的消费可分为基本消费、主动消费和随机消费三部分。基本消费是指旅游者花费在交通、食宿、餐饮等方面的旅游日常性消费。主动消费是指旅游者参观景点、游玩娱乐以及为本次旅游目的而花费的费用。由于这部分费用是为了满足旅游者出游动机和目的的，所以称为主动消费。而随机消费是指由于在旅游过程中，旅游者随机购物、品尝风味餐饮及其他的额外开支。这部分消费因事先无明确的消费计划，属随机支出。从旅游者的角度来讲，基本消费是必需的，但不是旅游的主要目的，其根本目的是通过主动消费和随机消费满足出游之需。有关资料显示，西方旅游者的主动消费和随机消费在旅游消费支出中所占的比例比中国要大得多，这是西方享受性消费观与中国传统的量入为出、崇尚节俭消费观在消费结构上的反映。

（资料来源：李星明．旅游文化概论［M］．武汉：华中师范大学出版社，2007）

本章小结

本章从社会角色入手，阐述了社会角色分为角色规范、角色期待、角色冲突和旅游角色；介绍了家庭与旅游行中的家庭的概念、家庭结构、家庭生命周期与家庭旅游决策以及社会阶层与旅游行为；重点介绍了中国传统文化对旅游行为的影响。

复习思考题

1. 什么是社会角色？研究角色规范、角色期待和角色冲突对旅游活动和行为有什么意义？

2. 研究家庭生命周期对旅游产品的开发和销售有什么意义？

3. 分析社会阶层对人们的旅游消费行为的影响。

4. 通过实例论述中国传统消费文化的特征对我国居民旅游消费行为的影响。

5. 举例说明旅游者带来的外来文化的影响和当地居民对外来文化影响的感知程度之间的关系。

6. 试从文化的基本含义出发，总结大学生群体的亚文化特征。

第八章

旅游服务心理

导言

旅游服务是一种复杂的活动，它蕴含在旅游业的各个方面和各个环节，贯穿于旅游活动的全过程，体现在食、住、行、游、购、娱诸方面。旅游业是以旅游资源为基础，旅游服务设施为条件，向旅游者提供一系列旅游服务的行业。旅行社与饭店、旅游交通一起，被称为旅游业的三大支柱。旅游活动的核心和关键环节就是“游”，而担负着组织旅游活动、为旅游者提供导游服务的组织就是旅行社。现代旅游业的产生、发展有赖于交通条件的改善。“行”是旅游活动的首要环节，旅游者的旅游活动离不开旅游交通。饭店是旅游供给的基本构成因素，是旅游业经营活动必不可少的物质条件，因而是旅游业的重要组成部分。

【教学目标】

通过本章的学习，能达到以下目标：了解服务市场中的消费者行为特点；认识客人需求心理、前厅服务心理、客房服务心理、餐厅服务心理、旅游商品服务心理、导游服务心理和投诉心理。了解在旅游服务发生和进行中客人的心理特点，掌握客人投诉时与客人交往的基本技巧。通过学习，要掌握旅游服务客我交往的基本心理策略以及旅游服务各阶段的心理规律。

【关键术语】

旅游服务；旅游饭店；客房；餐厅；服务质量；导游服务；旅游商品；客我交往；人际关系

案例导入

指鹿为马

一公司经理在某宾馆的粤菜餐厅宴请客人，服务员小孔给客人上花雕酒。她先给这位经理酒杯中放一颗话梅，不料这位经理伸手挡住酒杯说："小姐，您的操作方法不对，喝话梅泡黄酒，应该先倒酒，后放话梅。"小孔一愣，明知客人的说法不对，但还是按照客人的说法做了。

上的第一道菜是滑炒虾仁，这位经理尝了一口，眉头一皱说："这虾仁味道太淡了。"小孔说道："我马上拿到厨房去请师傅再加工一下。"小孔向餐厅经理汇报了此事，餐厅经理和厨师长品尝后认为咸淡合适。经理联系前后发生的事，认为这位客人好面子，应该尽量满足其自尊心。遂让厨师长放了点盐回炒了一下，然后让小孔把菜重新端回餐桌，并对这位经理说："先生，对不起，刚才确实淡了点，现在加盐了，请品尝。"这位经理尝了一口，笑着点头说："这还差不多。"小孔松了一口气。

过了一会儿，最高档的菜——鱼翅上来了，这位经理照例邀大家趁热品尝，他刚尝了一口，果然又"发难"了，对小孔说："这鱼翅有问题。"小孔大吃一惊，这时早在远处留心观察的餐厅经理马上走了过来，和气地说："我是餐厅经理，欢迎您对这道鱼翅多提宝贵意见。"这位经理一口咬定鱼翅有问题，餐厅经理毫不犹豫地说道："这边为您取消。""取消"就是白送，这时在座的客人有些看不下去了，纷纷劝解。这位经理一点也没想到店方会主动提出取消，在众人的劝说下也觉得过意不去，便说："取消就不必了。"餐厅经理见形势缓和下来了，就退一步说："那就打8折。"这时，这位经理颇有点不好意思，又显得洋洋得意。从此后，这位经理和他的公司职员便成了该宾馆的常客。

（资料来源：徐栖玲．酒店服务案例心理分析［M］．广州：广东旅游出版社，2003）

问题：

1. 为什么服务者要满足客人的挑剔要求？
2. 餐厅经理那样做为什么会取得好的效果？
3. 探讨案例中出现的现象与中国文化的关系。

旅游服务是一项与旅游者打交道的工作，要做好旅游服务工作，就必须在研究旅游者心理的基础上，依据旅游者的心理提供其受欢迎的服务——优质服务。优质服务是适合旅游者心理、满足旅游者需要，主客双方都满意的服务，其涉及主客双方交往时的心理状态、旅游的整个过程，尤其是服务人员的表现及其职业心理素质等方面。

第一节　旅游服务中的人际关系

服务与物质产品一样，虽然无法触摸，但由于服务能给消费者提供一定的利益，因此，服务提供者可以通过交换而获得报酬。而对于消费者来说，由于服务的特殊性，因而购买服务比购买物质产品有更大的风险。本节主要探讨服务的含义、旅游服务产品的特点以及旅游服务中的客我交往。

一、旅游服务的含义

旅游服务的基本含义是，以直接的劳动形式，即活动本身，去满足旅游者享受需要的某种需求，是旅游业重要产品的组成部分。旅游服务不同于一般的服务，它是有形的物与无形的服务行为的综合。旅游服务是指旅游从业人员通过各种设施设备、方法、手段、途径和“热情好客”的种种表现形式，为旅游者提供能够满足其生理和心理需求的各种有偿服务。

旅游服务主要包括旅游饭店服务、餐饮服务、导游服务、交道服务、娱乐服务、购物服务。在旅游产品商品化条件下，旅游者在食、住、行、游、购、娱整个消费过程中，游览是中心环节，是旅游活动的最主要内容；食、住、行、购、娱五个环节是围绕游览活动展开的。这六个环节是有机衔接、紧密联系的，无论哪个环节出现意外情况，就会发生一系列的连锁反应。因此，诸如民航、铁路、公路、饭店、餐馆、景点、车船队、商店、娱乐场所等涉旅部门应做好组织工作，提供优质服务，使游客游得尽兴、吃得有味、住得安适、购得称心、行得安全、娱得开心，乘兴而来、满意而归。

二、旅游服务产品的特点

从旅游服务过程分析，旅游服务产品的特点可以归纳为以下几方面。

（一）服务产品的无形性

服务产品不同于实物产品，它多表现为一种观点和概念。与实体商品相比较，其特质与组成服务的元素在许多情况下都是无形无质的，人们不能触摸或凭视觉感到其存在，消费者只有在消费服务后才能感觉出其存在。服务产品的这一特征决定了消费者在购买服务产品前不能以对待实物商品的方法去触摸、尝试、嗅或聆听等去判断服务的优劣，只能以收集信息的方法，参考多方意见及自身的过往体验来做出判断。

（二）服务内容的感受性

旅游者在旅游过程中，旅游服务不仅向旅游者提供物质性的服务，同时由于旅游者有社交、尊重、审美和自我发展等高层次的精神需求，因此，旅游者在接受物质服务时，更体验着精神上的感受，而旅游服务人员在举止、仪表、态度、作风、语言等方面的态度与情感情绪的反应，直接影响着旅游者的精神感受。

（三）服务产品对象的直接性

旅游服务人员以劳务的方式直接面对面地给旅游者提供服务产品，满足他们的物质与精神需要。因此，在服务过程中，旅游服务人员的举止、仪表、态度、情绪、语言等都直接展示在旅游者的面前，旅游者直接以此评价服务质量的优劣。

（四）服务产品的时效性

旅游服务过程中，旅游服务人员与旅游者之间发生的产品（服务）生产、交换、消费过程是同时进行的。服务人员向顾客提供服务之时，也正是顾客消费、享受服务的过程，生产与消费服务在时间上不可分离。旅游者的需要表现为定时、定量的时效性，旅游服务人员提供的产品（服务）可能瞬间即逝，因此要求服务质量高，一旦在服务中出现差错不可挽回，服务也就毫无价值。

（五）服务产品价值的不可储存性

服务产品价值的不可储存性是指服务产品既不能在时间上储存下来，以备未来使用，也不能在空间上将服务转移或将服务价值保留，如不能及时消费则会成为服务的损失。如车船、电影、剧院的空位现象，其损失表现为机会的丧失和折旧的发生。旅游设施、空间、环境等一般不能储存，也不能搬运，在某一时间内不能销售出去，其价值便随时间而消失；同时，服务人员良好的服务情感、举止、仪表、态度、语言等，在与旅游者的短暂接触时也不能储存，因此这就需要服务经营者根据市场需要灵活调整服务策略以及要求服务人员一视同仁地提供优质服务产品。

（六）服务产品质量评价的情感性

旅游者对服务的要求比较重视感受，带有较大的个人主观性。由于旅游服务人员的气质、服务技巧和情绪等多种因素的影响，服务质量有较大的可变性，难以恒定维持一致。同时，旅游者不可能先让服务人员展示一遍整个操作过程，然后再购买服务，只能在服务与消费同时结束后才能评价是否“物有所值”。加之，旅游服务的精神性内容一般是无形的，所以对其质量的衡量大多是定性的，并无十分准确、精密的尺度。旅游者会根据自己享受服务产品的体验评价服务质量，带有强烈的情感性。因此，服务人员要注重与顾客之间的良好互动，从而全面提高服务质量，树立良好的企业形象。

（七）服务产品质量的差异性

服务产品质量的差异性是指服务的构成成分及其质量水平具有经常变化、难以统一认定的特性。服务的主体和对象均是人，人是服务的中心，而人又具有个性，人涉及服务方和接受服务的顾客方两方面。服务质量的差异性既受服务人员素质的差异影响，也受顾客本身的个性特征的影响。

三、旅游服务中的客我交往

旅游活动中的人际交往大致有三类：第一种是服务人员与客人之间的交往，称之为“客我交往”，这是旅游工作中人际交往最典型、最有价值的；第二种是客人之间的相互交往，通常情况下此类交往发生频率较低；第三种是员工之间的交往。在此主要探讨第一种情况，第二种情况由于发生率较低在此不予讨论，第三种情况将在后面章节进行讨论。

（一）客我交往的含义

所谓客我交往，是指旅游服务人员与客人之间为了沟通思想、交流感情、表达意愿、解决在旅游活动中共同关心的某些问题，而相互施加影响的各种过程。

（二）客我交往的心理特点与基本策略

“客我交往”的形式分为直接交往和间接交往两种。直接交往可以理解为运用人类自然交际手段（语言、面部表情、身体语言），面对面的心理接触。间接交往是借助于书面语言、大众传播媒介或通信技术手段所形成的心理接触。直接交往的优点是反馈迅速而清楚，间接交往的反馈则比较困难，当然这也是相对而言的。故而心理学家通常把直接交往简称“交往”，而把间接交往称为“沟通”。

旅游服务中两种交往形式同时存在，多以直接交往为主，它是影响服务效果的主要因素。怎样增进客我交往，通过客我交往使客人对旅游服务产生良好的回应，这方面南开大学甘朝有、齐善鸿二人合著的《旅游心理学》一书中对客我交往心理状态的假设很有参考价值，在此加以转述。

旅游服务人员在与游客的交往中要想取得理想的交往效果，关键取决于旅游者与旅游服务人员所具有的心理特点及双方相互配合的效果。

1. 主客双方的心理特点

为使主客交往顺利进行，在服务中就要调整好主客之间的相互关系，为此必须对双方个性特点有透彻的了解。在一般情况下，要研究每一个人是不可能的。尽管人的特点多种多样，但总能找出相似之处。这样就能根据主要的特征把人们分为不同的类型，从而集中精力去分析各种类型的典型人物。由于主客是处于暂时相互关系中，若以影响游客消费的个性和其对他人、他事一贯的处事态度来把握游客的心理，显然是比较困难的。依据心理学的研究，如果完全抛开与人的行为所同时产生的内心感受，那么就可以把人的心理状态视为积极性和情绪的结合。

假设在某种可以量测人的积极性与情绪的单位，再取单个人的积极性和情绪的平均值作为读数的起点（即零点），那么，该人的积极性和情绪的高涨就可以用正数表示，低落用负数表示。为了直观起见，将上述情况画成坐标图，x 轴代表情绪，y 轴代表积极性。显然，表示情绪和积极性的具体数值在图上总可以找到交点，这个交点则表示人的心理状态，它既标志着人的情绪位置，也标志着人的积极性位置。从图 8–1 可以看出，可能出现的各种心理状态基本上分为四种类型，即坐标系划分的四个区域。

I 区的状况表示情绪很好，积极性也很高。在这种情况下，一般人的表现是心情愉快、积极主动、善于近人。这对游客来说，意味着游兴浓、消费欲强，乐于与服务人员接触；对旅游服务人员来说，则意味着热情很高，乐于进取和为他人奉献。但必须指出，人的情绪和积极性的高涨对人的交往并不是永远起促进作用，如果超越了某种最适宜的限度，过于积极和兴奋，就会使人的交往行为杂乱无章而失去明确的目的性。

II 区的状况表示情绪很好而积极性不高。在这种情况下，一般人是沉着冷静、消极被动、礼貌适度、行为缓慢稳重的。这对游客来说，意味着不慌不忙、小心翼翼、无所苛求或游兴一般；对旅游服务人员来说，则意味着殷勤适度、缺乏主动、不爱理睬游客。

III 区的状况是情绪不好，积极性不高。处于这种状态的人一向沉默寡言、冷淡、昏昏沉沉。对游客来说，完全丧失游兴；对接待服务人员来说，心中没有游客，好像不在岗位上。

Ⅳ区的状况是情绪不好，但积极性却很高。在这种情况下，人们易激动、爱找碴儿、凶狠、好挑衅。对旅客和服务人员来说，都失去了正义感，不可能、不想去了解对方。一句话，主客双方若在此状态下交往最易导致冲突。

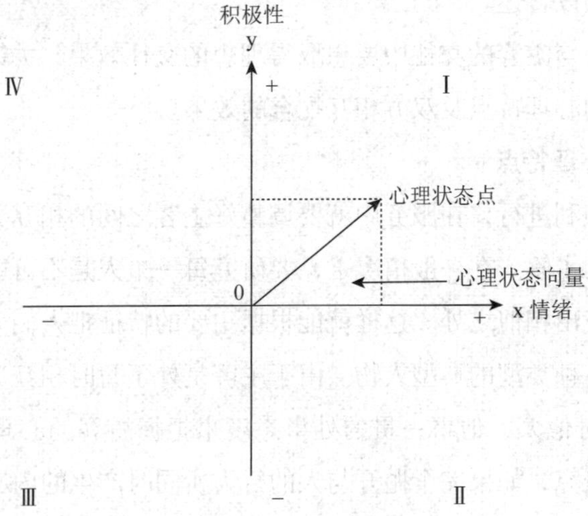

图 8–1　积极性与情绪心理状态坐标图示

在实际的旅游活动中，旅游服务人员的情绪和积极性会因时空的变化而变化。但不管时空如何变化，凡是面带微笑或眉飞色舞的人，情绪和积极性都是比较好、比较高的，凡是表情冷淡、眉头紧锁的人，大都是情绪不太好、积极性也不高的人，这种人很可能有心事或有怨气。

2. 主客交往结果分析

假如旅游服务人员与游客的心理状态出现在不同区内，他们交往能否成功首先要看他们心理状态的方向差距有多大，其次看他们的心理力量的对比如何。不管怎样，只有积极性的合力呈正号的情况下才有实际意义。一般情况下，合力在Ⅰ区的位置越固定不变，交往的效果就越好。下面用图示来具体分析一下主客交往的效果。

图 8–2 例证了一个事实：主客交往双方，矛盾的主要方面是服务人员，没有不可交往的游客，只有服务不到位的员工。

总之，主客心理状态充满着许许多多实际的内容，客我交往并非一个简单的过程，旅游服务工作在不同的行业中会有其独特的表观，本章所阐述的仅是一些普遍性的原则，目的在于为以后各章的学习提供一个思考和理解问题的角度。

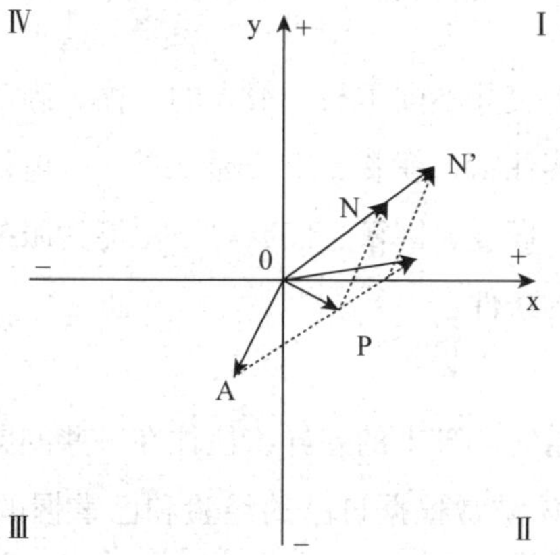

图 8–2 主客交往的效果

（三）客我交往的特殊性

在旅游服务行业中，旅游服务人员的特定角色以及客人所处的特定地位，决定了旅游服务与一般服务的不同，其特殊性主要表现为以下几个方面。

1. 不稳定性

旅游服务是人对人的活动，它与一般商品截然不同，具有不稳定的特性。比如，人们购买获得好评的食品，结果发现名不副实；去住受称赞的宾馆或去游某一知名度高的景点，结果发现服务并不佳。这两种情况是性质不同的问题，前者食品（商品）相同，评价各异；而后者服务是否相同则是个大问题。如果是做法相同，评价似乎也有个人的差异。纵然采用相同的做法，但如果接受这种做法的客人有差异，如客人的社会地位、经济利益、文化背景、情绪变化等不同，那服务也就可能成为不相同的事物了。因此在旅游服务中很难形成“人投我以桃，我定报之以李”的互利关系，但却容易出现“1+1=0”这种特殊现象，即一般的旅游者接受服务人员的一般服务，其结果是没有冲突，也没有美好的回忆。

2. 个体与群体的兼顾性

在交往中，一般情况下旅游服务人员接待的是一些个性心理相异、具有不同消费动机和消费行为的个体旅客，因此，在交往中依据个体旅游者的个性消费特征向他们提供服务就成为交往的主要方面。但旅游活动的复杂与特殊现象，使得同一阶层、同一文化、同一经济条件、同一职业的人聚在一起组成同质旅游团，在消费过程中便出现从众、模仿、暗示、对比、感染等群体消费特征。旅游业服务人员在与游客交往中必须注意对个体与群体性的兼顾。

3. 有利性

旅游服务人员同游客的交往不同于与一般人的交往，因为绝大部分游客的消费动机是十分明确的。比如，游客住宿、就餐、乘交通工具、打电话、游览古迹与风光等。又如游客不同的年龄、性别、职业、国籍、民族等，也能为服务人员与游客更好地交往提供重要的参考资料和有利的条件。

4. 主观性

由于旅游服务人员和游客心理上的差异，往往在一些问题上出现不一致的情况，如何处理这些问题，交往主体常常根据自己的经验和已掌握的资料进行主观假设，这就容易违背客观实践性原则。此外，在研读分析一些问题时又可能掺入一些非真实性的东西，也会影响交往的效果。

5. 短暂性

旅游交通与市场经济的迅猛发展，使注重高效益的旅游者们穿梭般地往返各地，形成了旅游服务交往频率高、时间短的活跃局面，短暂性的特点愈加突出。客人在一个目的地逗留的时间不会很长，一般只有一两天，因而客我之间接触的时间也比较短暂，客我之间相互熟悉、了解的机会也随之减少。

6. 不对等性

客我之间的接触通常是一种不对等的过程。所谓不对等的接触，是指这种接触过程中只有客人对服务员下达指令、提出要求，而不存在相反过程的可能。不对等接触也表示主人必须服从和满足客人的意愿。因此，客我之间的不对等主要体现为客人的金钱与地位为一方面，主人的知识与服务为另一方面，是这两方面的关系的不对等。对于传统观念较深的服务员，常常不能正确理解和处理这种不对等关系而陷于自卑或产生逆反心理，给旅游企业管理和服务质量造成消极影响。

（四）旅游服务交往的沟通方式

沟通是指双方通过一定的信息交流而达到相互了解的过程。在旅游活动中，旅游者与旅游服务者之间经常不断地进行各种各样的信息交流。这种沟通方式主要有两种：言语沟通与非言语沟通。

1. 言语沟通

（1）言语沟通的原则。旅游服务人员在与客人进行语言沟通时要遵守以下两个原则。

第一，要选择准确表达思想内容的语句。选用合适的语句，准确、恰当地表达自己的思想是与客人进行顺利交往的首要一环。“言不在多，达意则灵。”交谈时要慎重地斟酌措辞，不要造成歧义，使客人误解。导游员在讲解过程中，语言要讲逻辑顺序，不要颠三倒四，啰唆重复，使客人抓不住要领，听不出所以然。

第二，言语交往要符合特定的交往环境。言语交往都是在特定的交往环境中进行的，一般包括谈话的对象、时间、地点、场合、心理情绪等。讲话的语言要适应不同对象的特点，首先要弄清客人的年龄、身份、职业、文化修养等条件，针对不同的对象，交谈不同的内容，采用不同的语言形式。

（2）旅游交往中的语言表达技巧。旅游交往中的语言表达要注意以下几个方面。

首先是旅游服务用语。旅游服务交往中的用许是相当丰富的。由于服务工作的特殊性，要求服务人员在服务中正确使用礼貌用语，常用的有："对不起""别客气""谢谢""您好""再见""欢迎再来"等。

其次是声调的使用。说话声调能直接影响服务交往的效果。比如，客人刚进酒店时，服务人员说的"您好""请进""请坐"等用语，因为蕴含着"您的光临使我们非常高兴"的意思，这时用语的声调应当响亮而有朝气，以表示一种喜悦的心情。

2. 非言语沟通

非言语沟通是人们通过使用不属于言语的方式来沟通感情、交流信息的过程，通常包括身体动作、面部表情、穿着打扮、交往距离等内容，一般称作身体语言。

第二节　旅游饭店服务心理及策略

一、饭店前厅服务心理及对策

饭店业是旅游业的支柱产业，在旅游活动的六要素"食、住、行、游、购、娱"中，"食、住、娱"三项都和饭店有紧密联系，前厅被称为是饭店的"大脑"，是饭店业务、资料信息和联络各部门的中枢，旅游者在饭店的任何一项消费都要经过前厅部进行协调和配合。前厅又被称为是饭店的"窗口"，旅游者对某个饭店的第一印象和最后印象都发生在前厅。旅游者进入饭店之后，最先观察的就是前厅的环境、服务员的仪表和举止等，进而对该饭店产生最初的印象。这种最初印象又会影响旅游者对饭店的总印象，即产生"晕轮效应"。如果一位旅游者因前厅服务员亲切、礼貌、热情的服务而以快乐的心情开始住宿，就已奠定了其对其他部门的服务也会感到同样满意的基础；反之，如果前厅服务员对旅游者的态度是恶劣或漠不关心的，其不良影响将会波及饭店其他部门，甚至会带来一连串的麻烦。所以现代饭店都非常重视前厅的服务质量，争取使每一位旅游者刚到达时就在心中树立起对饭店的良好形象。

（一）旅游者在前厅的心理

1. 追求获得尊重的心理

人们在进行社会交往的时候，都希望得到别人的尊重。一位旅游者来到饭店入住，当他被视为不同于其他旅游者的重要人物时，会立即产生亲切、温暖的感觉。旅游者希望受到服务员的重视，看到服务员的笑脸；希望听到服务人员有礼貌的语言；希望自己的习惯、爱好受到尊重；希望服务员耐心回答自己的询问；希望来到饭店和离开饭店时能受到服务人员的热情接待和欢送；希望在入住饭店期间有一个愉快、舒适的环境。

2. 追求高效率的心理

旅游者到达酒店之前，因为经过长时间的旅途奔波，到达酒店以后最迫切的愿望就是尽快安顿下来，去房间洗个热水澡，到餐厅品尝美味佳肴，然后在干净、舒适的床上好好休息。因此，他们入住饭店时，希望前台服务人员能够运用熟练的服务技能，准确、高效地为他们办好入住手续。在离店的时候，也能迅速地办理好结账手续。

3. 追求获得知识的心理

随着旅游交通的迅速发展，旅游者可以方便快捷地到任何想去的地方旅游。每一个旅游目的地对旅游者来说都是新奇的，他们都希望在前厅接待人员那里全面、快速地了解当地的情况。他们想知道自己入住的饭店有哪些设施及客房种类、价格等级的情况；餐厅有哪些特色食品及当地有哪些风味名吃；当地有哪些风景名胜、文化古迹，这些景点的地理位置、门票价格、交通条件是什么情况；当地有哪些风物特产等。

4. 追求便利的心理

随着社会的发展，饭店接待的商务型旅游者越来越多，因为职业的原因，他们的需求比一般旅游者要多样化。比如，来到饭店以后，他们希望饭店能提供订票、打印、传真、交通、外币兑换等方面的综合业务，以便为自己工作的开展提供最大程度的便利。

（二）前厅服务对策

为了使旅游者觉得自己在饭店购买的旅游产品物超所值，饭店前厅的环境至为重要。当旅游者来到饭店前厅，看到整个前厅的装饰格调高雅、环境整洁，就会在心理上产生愉悦感，进而形成良好的第一印象。反之，如果前厅环境看起来脏乱不堪、服务人员的着装随意，工装上面还有点点污渍，旅游者可能会当即离开，另选下榻的地方。因此，要想给旅游者留下美好的第一印象，使旅游者对前厅部的服务工作满意，服务人员必须根据旅游者的需要，做好以下几项工作。

1. 为旅游者提供优美的消费环境

旅游者来到饭店消费，首先会对周围的环境作一个大概的了解和审视，他们要去审视酒店大堂是否清洁整齐、装修是否具有优雅的格调；大堂中的服务设施布局是否合理；前厅的设计是否有自己的特色；大厅中引导旅游者的标志牌外形是否美观；大厅内播放的音乐是否符合饭店的品位和格调；大厅中的地面是否干净，装饰物是否完好，摆放位置是否恰当等。这些外观环境的美好程度对旅游者的心理影响是十分重要的。

2. 重视前厅服务人员的仪容仪表

作为饭店“窗口代表”的前厅服务人员要时刻注意保持仪表美，包括服装符合规范、容貌整洁干净、行为举止大方得体、态度热情亲切等，具体应做到以下几点。

（1）服务人员的衣着要整洁大方，不允许佩戴除了结婚戒指和手表之外的首饰。

（2）女性服务员要化淡妆，但杜绝浓妆艳抹。

（3）要始终保持微笑，充分表现出对旅游者的欢迎和友好。

（4）在服务过程中，站立、行走要直，手脚配合要适当，不能出现轻浮动作。

（5）要平等对待所有的旅游者，不能以貌取人，有失偏颇。

（6）对旅游者的态度要亲切诚恳，表达愿意为旅游者提供真诚服务的意愿。

（7）与旅游者交流时，目光与旅游者真诚接触，注视旅游者脸部的三角区，表示自己愿意倾听旅游者的讲话，不能在旅游者说话的时候左顾右盼，让旅游者产生被轻视的感觉。

3. 运用恰当优美的服务语言

常言说：“一句话说得人跳，一句话说得人笑。”就是说人们在进行信息沟通、思想感情交流的时候，对语言的运用要具有艺术性。因此，前厅服务人员应力求以优美的语言赢得顾客的好感，具体有以下几点。

（1）前厅服务人员见到旅游者时，应主动热情地问好；面对旅游者的问询时，如果正在办理其他旅游者的业务，要使用礼貌用语，比如“请您稍候”“请稍等，我马上为您解答”等，回答问题的声音要清晰，音量要大小适中。

（2）在与旅游者沟通时，要杜绝“四语”（蔑视语、烦躁语、斗气语、否定语），牢记应用“四语”（欢迎语、致谢语、道歉语、告别语）。

（3）旅游者遇到问题时，第一个想到的就是前厅部，因此，前厅部的服务员要学会聆听旅游者的要求或意见，在旅游者向服务人员抱怨时，不要急于打断旅游者，这样才能充分了解旅游者的意愿，进而顺利解决旅游者提出的问题。

4. 提供细致周到的个性化服务

前厅部是饭店的枢纽部门，涉及的服务项目繁多，每一项服务都应要求做到细致入微。

（1）要善于察言观色，从宾客的表情和神态中了解他们的特殊要求，站在旅游者的角度去思考问题，把工作做在旅游者提出要求之前。

（2）饭店要尽可能地简化入住及离店手续，否则即使服务员动作再熟练，旅游者也会产生浪费时间的感觉。

（3）前厅部应配备电脑、电报、传真、复印机、打字机等硬件设施，以方便旅游者的使用。

（4）服务人员应主动、热情服务，在可能办到的前提下，服务员应尽量满足旅游者的合理要求。

（5）饭店在大厅内要设大堂副理处理旅游者的投诉，保证在最短的时间内解决旅游者提出的问题。

5. 重视旅游者提出的问题

饭店接待的旅游者来自四面八方，他们对当地的情况不了解，在这种情况下，就会产生各种各样的问题。面对旅游者提出的问询，服务人员要诚恳地予以解答。这就要求前厅问询处的服务人员具有广博的知识面，对本地的情况要特别了解。如果旅游者的询问超出了前台服务人员的工作范围，要切记不能胡乱回答糊弄旅游者，在真正不了解的情况下，不应以“我不知道”来回绝旅游者，而应该主动帮助旅游者寻求其他人的帮助。

二、饭店客房服务心理及对策

客房是酒店经营的基础，是酒店效益的重要来源，也是旅游者在饭店入住期间最重要的活动场所。旅游者在客房可以好好休息，为后面的旅游活动恢复和储存体力。只有保证旅游者在客房休息好了，才能令旅游者满意饭店的服务。好的客房服务，可以为饭店赢得更多的回头客。

（一）旅游者对客房服务的心理需求

1. 追求干净卫生的心理

干净卫生是旅游者在饭店入住期间消费的第一需求。因为客房内的物品被许多旅游者使用过，特别是旅游者要直接接触的生活必需品，如房间里面的水杯、床单、被罩、抽水马桶、洗脸池、浴缸等，会不会有传染病等是他们最关心的问题。旅游者在住店期间，还希望服务员能及时、认真做好客房卫生，如及时更换床单、被罩、枕套、毛巾等用品。旅游者对客房内是否有蚊虫、蟑螂、老鼠等问题也非常在意，尤其是女性游客，更不能忍受房间里出现不干净的“爬行动物”。

2. 追求安静舒适的心理

旅游者经过长途旅行或一天紧张的活动之后，迫切希望能有一个轻松、方便、舒适的环境来解除身心上的疲劳。因此，在以最便捷的方式办理好入住手续之后，洗个热水澡，好好休息一下是所有旅游者的心理需求。他们希望客房内有安静的环境、清新的空气、适宜的温度、干净柔软的床铺、充足的热水等。这些是旅游者衡量一个饭店客房服务质量最根本的要素。

3. 追求方便省心的心理

“在家千般好，出门一日难。”旅游者出门在外，都希望一切顺利，处处方便。刚刚抵达饭店时，旅游者都希望饭店的迎宾人员能主动热情迎接自己，前台接待人员能快速办理好入住手续，行李员能迅速准确地将自己的行李搬运到客房；在客房安顿下来后，旅游者希望饭店能配备一些常用的生活用具来满足自己的基本生活需求；希望客房内设备齐全并运行良好；希望饭店提供洗衣、送餐、通信、咨询等附加的服务项目；希望住店期间遇到的所有问题都能得到饭店的帮助等。

4. 追求人身财产安全的心理

旅游者出去旅游，在满足了饮食和睡眠这些生理需要之后，最需要满足的就是安全需要。他们希望自己的人身和财产安全得到保障，不愿遇到任何麻烦，同时，出于安全需要，也希望饭店能为其保守私人秘密。在旅游者入住客房之后，饭店客房应采取相应的措施保证旅游者的安全。如不随便向来访者透露住店旅游者的房间号码，夜里安排保安人员在楼道中巡视等。

5. 追求获得他人尊重的心理

旅游者希望自己在饭店是受欢迎的人，希望服务人员见到自己时主动微笑问好；希望服务人员能尊重自己的生活习惯和宗教信仰；希望来访问自己的朋友和亲人也受到尊重等。旅游者花钱购买旅游产品，希望得到的是热情友好的态度，他们可能可以忍受客房在设施设备方面的不足，但决不能忍受服务人员冷漠傲慢的服务态度。

（二）客房服务心理策略

1. 提供整洁卫生的环境

客房服务员要切实做好客房的卫生工作，床上的用品要每客一换，清洗干净后进行消毒，牙杯、水杯、马桶、浴缸等都要严格执行消毒程序，针对客房中容易出现的卫生死角，要争取没有遗漏。很多一流饭店对客房卫生要求极为严格，甚至有的酒店要求客房服务员将卫生做到马桶清洁过后，里面的水可以饮用的地步。客房服务员在对房间进行打扫时，可以分为以下两种情况。

（1）旅游者不在房间的时候进行打扫。虽然没有旅游者在旁边，客房服务员也应严格按照操作规程进行打扫。要认真细致地打扫客房的每一处地方，尤其是一些角落的烟头、头发等更要认真清理，旅游者回房后如果在浴缸的边沿发现头发，就会认为服务员没有认真打扫房间。在彻底打扫过房间后，要在消毒过的水杯、马桶等物品上套上印有“已经消毒，请放心使用”字样的杯套或封条，这样旅游者回来后就明白客房已经彻底打扫，可以放心使用了。在打扫房间时，服务员要切记不能随便移动旅游者的物品，更不能擅自把旅游者的物品当废品丢弃，一般情况下，服务员只能将旅游者自己丢到垃圾桶内的垃圾清理掉。

（2）旅游者在房间的情况下，服务员当面打扫客房。这个时候，服务员要注意，打扫动作不要发出太大的响声，避免给旅游者带来噪声；当打扫到旅游者跟前时，要有礼貌地请旅游者移动位置；要用不同的抹布分别擦拭卫生间设备和客房内的物品，以免给旅游者造成不卫生的感觉；客房服务员还要及时查找和消灭客房内的蚊虫、老鼠、蟑螂，否则旅游者会对整个饭店的卫生状况产生疑虑。

2. 提供安静舒适的客房环境

心理学研究证明，如果一个人在睡觉的时候被打扰，就容易产生愤怒、烦躁等负面情绪。因此，饭店要尽可能地为旅游者提供一个安静的休息环境，应做到以下几点。

（1）采用隔音效果较好的材料来安装客房的门和窗户，以起到隔音的效果。

（2）服务人员在打扫客房时，要特别注意客房的通风情况，很多饭店的客房内都配备有空调，长时间不打开窗户通风，容易产生一些“空调病”。

（3）楼层值班的服务员不得在楼层内喧哗，以免影响旅游者休息。

3. 提供各种便利服务

在客房服务中，细节决定旅游者对服务的满意度，旅游者在外出旅游时，由于对当地的情况不熟悉，产生了许多烦琐的问题，这个时候，客房服务人员要热心主动地为旅游者服务，争取从细节上把服务做到完美。如帮旅游者代办票务、提供客房用餐服务、代煎中药、代寄物品、将旅游者要洗的衣物送到洗衣房等。

4. 保障旅游者的生命财产安全

（1）很多饭店为了旅游者的安全着想，都会提供代为旅游者保管贵重物品的服务，有些著名的饭店会在客房内配备保险柜以便旅游者保管自己的贵重物品。

（2）晚上派保安人员在各个楼层进行巡视，使旅游者能够安心休息。

（3）在每个房间和拐角的地方，配备有合格的消防设施和安全通道说明图，引导旅游者在危险出现时安全撤离。

（4）客房服务员不得随便向外人透露住店旅游者的情况。

（5）遇到火灾、地震等突发灾难时，服务员应先引导旅游者通过安全通道转移到安全地带，保证旅游者的人身安全。

（6）对于喝醉酒的旅游者，采取相应措施，以防出现意外等。

5. 尊重旅游者的隐私权

由于工作性质的原因，客房服务员是与旅游者生活上接触较多的人，对旅游者的一些私人事情相对较清楚。为了表示对旅游者的尊重，客房服务人员不能在背后议论旅游者的事，不能将旅游者的事泄露给外人，如有来访客人，要征得住店旅游者的同意后再将来访者带到房间。

6. 尊重旅游者对房间的使用权

旅游者花钱购买了旅游产品，就具有旅游产品的使用权。因此，旅游者在办理了入住手续之后，就拥有了客房的使用权，我们应该充分尊重旅游者，不能以工作为由随便进入旅游者的房间。客房服务人员必须经旅游者同意后，才能进行送水、清扫卫生等工作；看到客房门上挂有“请勿打扰”的牌子后，就不能进入房间。

三、饭店餐厅服务心理及其策略

“民以食为天”“人是铁，饭是钢，一顿不吃饿得慌”，这些都是对食物重要性的描述。食物是人类生存最基本的物质基础。“食”作为旅游的六要素之一，它的满足与否对旅游活动的顺利进行是至关重要的。旅游者在入住饭店之后，第一件事就是要解决吃的问题。他们会直接到入住饭店的餐厅去品尝饭店的特色菜，也可能去当地较著名的餐厅去试试当地的特色小吃。作为饭店中一个重要的部门，餐厅应当深入研究旅游者心理，想方设法提供令旅游者满意的食品和服务，让旅游者不仅对饭店的住宿条件满意，也对这里的美食念念不忘，提高旅游者的满意度。

（一）旅游者就餐时的心理

中国有着悠久的历史和灿烂的文化，中国烹饪是世界三大烹饪之一，中国的饮食文化更是源远流长。因此，旅游者在“吃”的过程中，除了满足“吃饱”这一最基本需要外，还伴随着一系列的心理活动，有着更高层次的需求。研究这些需求，将是餐厅服务人员为旅游者提供更好的餐饮服务的基础和前提。

1. 追求适合口味的心理

旅游者来自四面八方，因为生长地域和环境的不同会养成不同的饮食习惯，他们希望在餐厅就餐时，餐厅能提供符合自己口味的食品。如四川旅游者喜欢麻辣的食物；南方旅游者以大米为主食，北方旅游者以面食为主食；江浙一带的旅游者喜欢菜里面加点糖作调料，东北的旅游者则喜欢口味稍咸的食物等。

2. 追求食品卫生的心理

俗话说“病从口入”，旅游者在外旅游是为了高兴，谁都不愿意因为饮食不卫生染上疾病而影响游玩行程。因此，旅游者对就餐餐厅的环境、餐具和食品的卫生条件要求极高。他们希望餐厅内的就餐环境整洁卫生；使用的餐具、台布等经过严格的消毒；供应的食品是新鲜、卫生、安全的；餐厅服务员的形象是干净整洁的。尤其是在夏天，旅游者还特别重视凉拌食品的原料和加工工具是否也经过消毒处理。餐厅应特别重视食品的卫生安全工作，否则会给餐饮企业带来巨大的损失，也影响整个旅游餐饮业的形象。

3. 追求上菜迅速的心理

现代社会讲究生活的快节奏，旅游者来到餐厅就餐，大多希望得到快捷的服务。他们希望到达餐厅以后，有服务员热情迎接，并能很快找到满意的就餐位置；点完菜后，希望上菜速度快，能够很快品尝到所点食物；在用餐过程中如果有什么需求，只要打个招呼，服务员就能尽快来到跟前满足自己的需要；用餐结束后，服务员能及时办好结账手续。

4. 追求尝鲜的心理

旅游者到达旅游目的地后，除了要游览当地的风景名胜，还要品尝当地的风味美食。所以他们希望入住饭店的餐厅能提供有地方特色的名菜、名吃，如北京的烤鸭、洛阳的水席、四川的麻婆豆腐、开封的灌汤包、杭州的东坡肉、内蒙古的烤全羊等。

5. 追求增长饮食知识的心理

“读万卷书，行万里路”“处处留心皆学问”。中国的饮食文化博大精深、源远流长。中国菜肴讲究“色、香、味、形、器”的统一，并且许多名菜都伴随着美丽动人的传说。因此，许多旅游者在旅游目的地就餐时，对菜肴的名称、来历、制作方法、营养价值等都有怀有很大的好奇，希望在服务人员那里了解相关知识。比如，人们在品尝鲁菜的代表菜——四喜丸子时，就会了解到关于这道菜的故事和这道菜所蕴含的文化意义。

6. 追求获得他人尊重的心理

旅游者都希望在餐厅就餐时能受到欢迎，自己的意愿、习俗、习惯能够得到尊重。有些旅游者有一些特殊的饮食习惯，如菜里除了盐之外什么调料都不放，这在一般人看来很奇怪，但作为餐厅服务人员，为了表示对旅游者的尊重，要严格按照旅游者的要求去做，以免令旅游者感到不自在。

（二）餐厅服务策略

1. 为旅游者提供个性化的服务

不同的生活环境、不同的民族、不同的年龄和性别，都会使人们养成不同的饮食习惯。我国地大物博，不同的地区更是存在饮食方面的差异。比如，北方人喜欢以面食为主食，南方人则喜欢吃米饭；广东人的食材种类较为广泛，而西部地区的人们在食材种类上则较为简单；江南人喜清淡、甜咸、爽口，讲究营养，喜欢质量高而量少的菜肴，西北人则爱吃带有酸味、经济实惠的菜肴。所以，在接待中要根据旅游者的特点，推荐适合他们口味的菜肴。

2. 为旅游者提供优美舒适的就餐环境

一个餐厅的装修环境彰显经营者的格调和品位，也是旅游者们最先感知到的。人们现在已经认识到，去餐厅就餐，不仅仅是品尝那里的食物，就餐环境也非常重要，餐厅环境的好坏直接影响到旅游者是否在此就餐或就餐时的情绪。比如，餐厅装潢设计的风格、壁纸的颜色、吊灯的形状和质量、灯光的强度、桌布和口布的颜色、播放的背景音乐等，都对就餐者的情绪造成影响。有人在一家餐厅做过实验，如果在客人就餐时播放快节奏的音乐，客人就餐的速度就会加快，很多人不会太在意食物的口味；如果播放节奏较为舒缓的背景音乐，客人就餐的速度就会慢下来，能让他们有足够的时间和心态去仔细品味口中的食物。所以餐厅的环境一定要适合人的心理特点，空间的大小、颜色的种类、设施的摆放都应适合人的心理要求。

3. 为旅游者提供新鲜卫生的食品

餐厅提供给旅游者的食品应该是新鲜、卫生的，腐烂变质的原料绝不能采用。餐厅的餐具、酒具要严格消毒，有破损的不能再用。服务人员在提供服务的过程中，要注意操作规范，不能触及食物和杯口，以免令旅游者产生不卫生的感觉。餐厅经营者要明白，即使餐厅的服务再好，如果提供的食物不合旅游者的口味，旅游者依然不会满意。

4. 为旅游者提供高效率的服务

（1）在旅游者进入餐厅后，服务员应及时安排他们就座，并送上菜单，端上茶水。

（2）接受旅游者点菜时，要简洁地介绍相关菜品的特点，便于旅游者进行选择。

（3）在旅游者等菜期间，服务员应上一些瓜子、花生等零食来帮助旅游者消磨时间。

（4）上菜时速度要快、要稳，动作不能太僵硬，要有协调美。

（5）在旅游者用餐过程中，服务员要“眼观六路，耳听八方”，随时注意观察旅游者，及时发现他们的需求和招呼服务员的微小动作，以最快的速度满足旅游者的需求。

（6）旅游者用餐完毕后，服务员应及时送上账单为旅游者结账。

5. 创立餐厅特色菜

一个餐厅要想长期保持良好的效益，应当有自己的特色，有自己的招牌菜。比如，河南开封第一楼的灌汤包，就是依靠自己独特的口味使海内外的旅游者争相品尝。此外，餐厅为了满足更多旅游者的需求，还应供应丰富的菜品，可以让旅游者根据自己口味挑选食品。

6. 为旅游者提供菜品的相关知识

很多旅游者在餐厅品尝美味时，都希望了解一些饮食方面的知识，所以服务员应熟练掌握本餐厅的特色菜点，包括菜肴名称的来历、用料、制作方法、营养价值等知识。在旅游者点菜或品尝时能简要、流利地回答旅游者的问题，增加他们对本地饮食文化的了解。餐厅服务人员在服务过程中，每上一道菜都应报菜名。

7. 满足旅游者自尊的需要

餐厅服务人员在为旅游者提供服务时，要热情大方、细致周到。尤其要尊重旅游者在饮食方面的风俗习惯，向旅游者推荐菜时要尊重旅游者的宗教信仰及生活习惯。如信仰伊斯兰教的旅游者不吃猪肉、动物的血液和内脏等；苗族旅游者不吃羊肉、狗肉等。在点菜结束后，要礼貌地询问旅游者是否有忌口，并在点菜单的备注栏里写明，防止厨师加工的时候出现失误。

第三节　旅游商品服务心理及对策

一、旅游商品的概念

旅游商品有广义和狭义之分。广义的旅游商品是一种能够满足旅游者在整个旅游活动过程中的精神文化需求和身体生理需求及利益的物质实体和非物质实体形态的各种服务的总和，包括旅游者从离家开始到旅游活动结束回到家中的整个活动过程中所经历的全部内容，是“一种主要以服务形式存在的消费品”。本节涉及的则是指狭义上的旅游商品，即旅游目的地出售的物质性的旅游纪念品。

二、旅游者购买旅游商品的消费心理

（一）纪念心理

国内外的许多调查都表明，纪念性和观赏性是旅游者购物的首要消费心理。旅游者

每到一个旅游目的地，都喜欢购买当地具有特色的商品作为纪念，并将这些纪念品连同他们在旅游中拍的照片、录像一起保存起来，作为此次旅游经历的凭证。旅游消费者中也有一部分艺术家及古董、古玩、名画收藏家，出自专业的兴趣和爱好，喜欢在旅游时购买一些高档的艺术品，以作收藏、纪念之用。还有一些旅游消费者虽然不是艺术家或收藏家，但由于他们生活条件好，也会出于好奇和享受的目的购买这类商品作陈设纪念之用。旅游者购买旅游商品，更多的是追求商品的纪念意义和观赏价值，希望所买商品具有特色和纪念意义。

（二）求知心理

随着旅游业的发展，旅游者的消费需求也在迅速发生变化，求知消费心理就是非常重要的一种。这是旅游者为了满足求知欲望而产生的消费心理。古人说："读万卷书，行万里路。"越来越多的旅游者把旅游作为增长知识的重要途径。他们在购买工艺品、字画、雕刻品时，都希望能获得有关的知识。如旅游者在购买景泰蓝时，希望服务人员将这种产品的特点、制作工艺、艺术价值介绍清楚，以扩大自己的知识面。在有了清楚的了解之后，很多旅游者都希望购买这种工艺品作为纪念。

（三）求新求异心理

追新猎奇是人们好奇心的表现，也是许多旅游者固有的心理需要。在旅游商品消费中，好奇心起着导向的作用。人们在旅游地看到一些在自己的日常生活中看不到的东西时，就容易产生好奇心，为了满足猎奇、求异、好奇等心理的需求，旅游者往往对具有地方特色的土特产品异常感兴趣。如到湖南的旅游消费者，喜欢购买湖南的湘绣、石雕、根雕；到北京的旅游消费者，喜欢购买北京的布鞋和烤鸭；到杭州和苏州旅游时，很多旅游者喜欢买当地生产的丝绸、刺绣工艺品、檀香扇、锦盒包装的湖笔等；甚至有些都市里的旅游者还喜欢到农村集市去买竹帽、竹篮、草鞋等物，从中获得"淘宝"的乐趣。

（四）实用心理

旅游者外出旅游，虽然暂时离开烦琐的现实生活，但并没有完全脱离现实生活，最终还是要回到现实生活中去。许多旅游者在外出旅游的过程中，如果发现物美价廉并在自己日常生活中能用到的商品，就会购买。比如，很多日本旅游者对我国的中药材十分喜爱，他们到中国旅游时喜欢买点人参回国；内地的旅游者到海边旅游时，往往要带些海产品；城市旅游者到山里游玩喜欢购买一些山货和土特产品。更有很多旅游者专门到某地进行购物旅游，如香港、欧美购物游，旅游者在这里能买到许多物美价廉的高档时装和化妆品。

（五）获得他人尊重的心理

马斯洛需求层次论中讲到，人在满足了基本的生理和安全需要之后，就会寻求其他人的认同，产生受尊重的需要，许多旅游者在购买旅游商品时都抱有这种心理。虽然现在人们的收入增加了，生活条件有了很大的提高，但外出旅游必须需要具备一定的条件，即可自由支配的时间、可自由支配的金钱以及良好的身体素质等，能参加旅游活动就意味着具备了这些条件。因此，在很多人心目中，出去旅游就是经济地位和社会地位的象征。由于人们的这种心态，就使得经常出游的人产生了与众不同、高人一等的感觉。每到一地，就喜欢购买具有当地特色的商品或具有纪念意义的商品摆在家中，既是一种装饰，又可以让人知道自己旅游过的地方很多，以此赢得人们的羡慕和尊重，获得心理上的满足。

（六）馈赠的心理

人是群居动物，是社会关系的总和。为了维持自己正常的社会属性，人们需要和其他人发生联系。许多旅游消费者购物就是为了作为礼物赠送亲友，表达感情和礼貌，以此来沟通情感、增强双方友谊。如日本籍的旅游者普遍有外出旅游时购买礼品的消费心理，如果他们外出旅游归来没有购买礼品给亲朋好友，被认为是不礼貌的行为。

（七）提升业务的心理

有些旅游消费者从本职工作出发，为了业务方面的需要，到处寻找能提升自身业务的事物，即使在外出旅游的时候也不例外。如有的市场开发人员在外出旅游时，就会在游玩之余研究、调查当地的有关产品，了解它的工艺水平、原料、市场、价值和价格等情况，以便进行分析和比较，改进自己的工作。他们通常会买些样品带回去，这在旅游地的商品零售市场上会经常遇到。

三、影响旅游者消费心理的因素

消费心理就是消费者在实施购买行为之前、期间和之后发生的心理活动，这些心理活动是促使消费者购买或放弃商品的内在决定机制，是实施消费行为的重要支配因素。

心理学的研究表明，人的心理意识与行为是紧密联系的。正如恩格斯所说，推动人去从事活动的一切，都要通过人的头脑，甚至吃喝也是由于通过头脑感觉到饥渴而开始，并且同样由于通过头脑感觉到饱足而停止。旅游者的消费行为也不例外，同样也是在旅游者的头脑支配下产生的，它是旅游消费者心理活动的外在表现，是旅游消费者心理活动的外化结果。

因此，研究旅游消费者的心理，不能不研究影响旅游者消费心理的因素。旅游消费者是旅游活动的主体，是旅游业赖以生存和发展的关键因素。研究旅游消费者的心理及影响它的因素是旅游服务、旅游商品的开发与营销的重要基础。

（一）消费群体对旅游消费者的影响

我们研究旅游者的消费心理，主要是通过对旅游消费者群体的分析，揭示旅游消费者群体以什么样的形式及在哪些方面对旅游消费心理产生影响。

1. 旅游消费者群体为旅游消费者提供相关的消费信息

影响旅游消费者决定购买一件旅游商品时的一个重要的因素是有关产品及其供应者的知识，而旅游消费群体的作用之一正是可以给其成员提供大量的这种信息。虽然旅游消费群体的影响会随着旅游产品的种类而变化，但把旅游消费群体作为一个信息来源则在所有的产品上都是一样的。更重要的是，旅游消费群体成员容易相信本群体提供的信息。

2. 旅游消费群体能够引起旅游者的仿效欲望

模仿是一种最普遍的社会心理现象，尤其是在旅游消费者的购买活动中，他们对旅游商品的评价往往是相对的，没有具体的模仿模式时，他们就不能充分肯定自己对所购买的旅游商品的态度。但当旅游消费者群体为其提供具体的模式，而恰恰旅游消费者又非常欣赏时，就会激起其强烈的仿效愿望，从而形成对旅游商品的肯定态度，并产生购买欲望。

3. 旅游消费者群体能促使旅游者的行为趋于“一致化”

旅游者对旅游商品的认识、评价往往会受到其他人的影响。例如，当一个旅游者在海产品商店选购珍珠项链时，不能确定这些产品的质量是否可靠，这时，如果同一个旅游团内其他游客认为这种项链的品质很好时，就会促使其坚定自己购买珍珠项链的行为；反之，如果旅游团内其他游客认为这些项链的质地不好，就会促使其改变自己的购买行为。

（二）消费习俗对旅游者消费心理的影响

消费习俗是风俗习惯的一种，是指一个地区或民族的人们在长期的经济活动与社会活动中由于自然的、社会的原因所形成的独具特色的消费习惯，主要包括人们对信仰、饮食、婚丧、节日及服饰等物质与精神产品的消费习惯，具有长期性、社会性、地区性和非强制性等特点。消费习俗的内容非常广泛，随着社会的发展，社会上产生了许多新的消费习俗，但其固有的一些特点仍然会对大众的消费心理产生一系列的影响。

1. 旅游消费习俗给旅游消费者的心理带来了某种稳定性

消费习俗是长期受社会生活的影响而形成的，因此，消费心理也具有某种稳定性。消费者在购买商品时往往会形成习惯性购买心理。比如，在旅游业的发展过程中，观光旅游是发展最迅速、参与人数最多的旅游种类，虽然现在又出现了休闲健身游、农业采摘游、探险游等一些新兴的旅游方式，但由于长期以来人们已经形成了以观光为主的旅游消费习惯，因此，目前大部分旅游者的首选仍然以观光为主。

2. 旅游消费习俗强化了一些旅游消费者的心理行为

由于旅游消费习俗带有地方性，很多人产生了一种对地方消费习惯的偏爱，这种感觉强化了旅游消费者的一些心理活动。如内地的旅游者喜欢到海边去旅游，平原地区的人喜欢到山区去旅游，而山区的人到平原地区旅游时看到一望无际的平原会产生欣喜若狂的心理等。

（三）消费流行与旅游者消费心理的相互影响

旅游消费流行是指在某段时期和某个地区内，大部分旅游者都选择相似或相同的旅游方式和旅游内容的消费现象。旅游消费流行对旅游者的消费心理会造成以下两方面的影响。

1. 旅游消费流行会引起旅游者认知态度的变化

当一种新的旅游商品出现时，人们对它总是抱有怀疑和观望的态度，只有经过一个认知过程之后，才会消除各种疑虑，决定购买与否。但是，当旅游消费流行出现以后，大部分人的认知态度会发生变化，怀疑态度也会消除，接受这种旅游商品的时间也会缩短。

2. 旅游消费流行引起旅游者消费习惯与偏好的变化

如果旅游者对某种商品产生特殊的好感，并习惯地、反复地购买该商品，而且还会在亲朋好友中进行宣传，形成惠顾动机。但是，在新的旅游消费流行的冲击下，惠顾动机也会动摇，转而购买新的旅游商品。在旅游消费流行的冲击下，旅游者由于生活习惯、个人爱好所形成的偏好心理，也会发生微妙的变化。新的旅游风尚会使旅游者自觉或不自觉地改变原有的消费习惯和消费偏好。

（四）年龄、性别因素对旅游者消费心理的影响

1. 年龄因素对旅游者消费心理的影响

经调查显示，在旅游消费人群中，以青年和中老年消费者为主。不同的年龄阶段，有着不同的消费心理。

（1）青年旅游消费群体的消费心理。青年旅游者的消费心理特征一般是追求时尚，

讲求个性的突出。青年旅游者思维活跃、追求新潮、积极向上，这些心理特征反映在旅游消费心理方面就是追求新颖。他们总是对新潮的旅游产品有极大的兴趣，喜欢挑战自我，如对极限旅游商品很感兴趣，对有地方特色、新奇古怪的手工艺品特别热衷等。一方面，青年旅游消费者往往是新兴旅游商品的尝试者、追求者和推广者；另一方面，青年旅游者在追求时尚、表现个性的同时，也注重旅游商品的实用性和科学性，要求商品要经济实用、货真价实。又加上青年旅游者大多具有一定的文化水平，接触各类信息较多，因而在选择与购买过程中盲目性较少，购买动机及购买行为表现出一定的成熟性。

（2）中年旅游消费者群体的消费心理。中年旅游消费者群体一般是指 35 岁至退休年龄阶段的旅游者。这个年龄阶段的旅游消费群体人数众多、经济购买能力较强，大多处于购买决策者的位置。中年旅游消费者生活经验丰富，情绪反应较平稳，能进行理智的消费，冲动性消费现象不多见。他们在购买旅游商品时，更加注重商品的实际效用、价格，从购买欲望形成到实施购买要经过多次分析、比较后才最终决定，随意性小。

（3）老年旅游消费者群体的消费心理。老年旅游消费者一般指年龄在 60 岁以上的旅游者。随着社会生活环境的改善和卫生医疗、保健事业的发展，世界人口出现老龄化的趋势，老年人在社会总人口中所占的比例不断增加。他们是一个特殊的消费群体，老年旅游消费市场越来越受到行业的关注。老年旅游消费者在生理和心理上同青年旅游消费者、中年旅游消费者相比，发生了明显的变化。老年旅游者经过大量的生活实践，不仅养成了自身的生活习惯，还形成了一定的购买习惯。这类习惯一旦形成就较难改变，并且会在很大程度上影响老年旅游者的消费心理和购买行为。由于年龄和心理的因素，与年轻人相比，老年人的消费较为成熟，他们在选择旅游产品时，更多的是考虑商品的实用性，对新颖的旅游商品反应显得较为迟钝。由于老年旅游者的生理机能有所下降，他们总希望购买的旅游产品能够易学易用、方便操作，而且，老年旅游者对旅游地的保健食品和医疗保健用品特别感兴趣，这和他们的年龄是分不开的。一些老年旅游者在儿女都独立出去之后，产生了较强的补偿性消费心理，在营养食品、健身娱乐和旅游观光等的消费方面，有着与青年人类似的强烈消费兴趣，以补偿那些过去未能实现的消费愿望。

2. 性别因素对旅游消费心理的影响

（1）女性旅游者的消费心理。女性旅游者在旅游商品的购买活动中起着特殊重要的作用，她们在家庭中承担着母亲、女儿、妻子等多种角色，因此，是绝大多数家庭商品的购买者。由于女性旅游消费者在消费活动中所处的特殊地位，因而形成了独具特色的消费心理。

①爱美的消费心理。爱美心理是女性旅游消费者普遍存在的一种心理状态。

②冲动消费心理。女性旅游消费者在个性心理上具有较强的情感性特征，她们感情丰富、细腻，富于幻想和联想，因而往往会冲动消费。

③攀比炫耀的消费心理。一些女性旅游者在旅游的过程中，会专门选择购买一些档次高、质量好、价格贵的旅游商品来满足自己炫耀的心理。

④购买商品时的挑剔心理。由于女性特有的认真和细腻的性格特点，她们在旅游过程中表现出要求较高的消费心理，在购买旅游商品时，她们往往千挑百选，直到找不出什么“毛病”才会放心购买。

（2）男性旅游者的消费心理。男性旅游者的购买行为常常受理性支配。男性旅游者在购买商品时，比较多地注重商品的效用及其物理属性。在商店里看到他们所需要、所喜爱的商品时，他们略加考虑就能做出决策。他们一般不愿逛商店，不愿在柜台前长时间挑选，他们对营销人员的介绍比较相信。拿到商品，稍加浏览，只要没有什么大问题，就付钱了事，购买后也很少后悔。

男性旅游者购买旅游商品时较少受他人影响。出于自尊，男性旅游者在购买时不大需要别人的决断，又不太喜欢打听和多问，而是习惯看文字介绍，所以如果能把商品的特点、质量、性能、价格、产地、用途在商品包装上或用其他方式使他们能一目了然，这就便于他们选购，也使他们心理上感到满足。

（五）旅游商品自身的因素对旅游者消费心理的影响

1. 旅游商品的包装对旅游者消费心理的影响

旅游商品的包装要获得旅游者的认同和喜爱，不仅需要结合化学和物理学等科学原理进行设计，还必须结合心理学、美学、市场营销学等基本知识，特别要充分凸显出旅游商品的地方特色，满足旅游者对商品包装及其内容的心理要求。旅游商品的包装要力求从形状、图案到色彩都浓缩欣赏价值和美感享受，以满足旅游消费者的审美心理。实践证明，富于艺术魅力的商品包装，可以促进潜在的消费者变为实际的消费者。

2. 旅游商品的名称对旅游者消费心理的影响

在旅游商品的消费过程中，旅游者对旅游商品的识记不仅依赖于商品的外形和包装，还要借助于一定的语言文字，即旅游商品的名称。在了解旅游商品之前，旅游消费者常常以自己对特定名称的理解来判断商品的性质、用途和品质。可见，商品名称具有先声夺人的心理效应。因此，给旅游商品起一个恰如其分的名字，可以让旅游者更快地记住旅游产品。

3. 旅游商品的价格对旅游者消费心理的影响

旅游商品的价格对旅游商品消费需求量的影响最大，价格的高低对需求有调节作用。一般来说，在其他条件既定的情况下，消费需求量的变化与价格的变动成反比。所以，旅游商品的价格和旅游商品的需求相互影响、相互制约。因此，旅游经营者要研究价格心理，主要是研究旅游消费者在价格问题上的心理现象，其目的是在制定各种旅游商品价格时，懂得如何才能符合消费旅游者的心理要求并为他们所接受，从而达到促进销售、满足需要的目的。

四、旅游商品销售中的服务策略

在前面的内容中，我们已经熟悉了旅游者的消费心理，分析了影响旅游者消费心理的因素，了解这些知识不是目标，真正的目标是针对这些情况，旅游商品的销售人员在为旅游者提供服务的过程中，应该采取哪些对策来增加旅游商品的销售额和利润，从而更好地满足旅游者的需求。下面，我们就从旅游商品销售人员接待旅游者的整个销售过程来提出有针对性的服务策略。

在分析旅游商品售货员的销售过程之前，有必要先了解一下旅游者的购买行为过程。旅游者进入商店后的行为大体是一样的，可分为以下几个阶段。

（一）旅游者购买行为过程

1. 观察旅游商品

无论旅游者有没有购买欲望，进入商店后，首先是对商店陈列的旅游商品进行有意或无意的观察。通过对陈列在货架上大量的旅游商品进行观察，寻找到自己感兴趣的目标，从而较集中地观察某种商品。

2. 展开联想

通过最初的观察，旅游者将目光集中于某种旅游商品而产生兴趣，并针对这种旅游商品展开一系列的联想，联想这种商品与自己在其他商店看到的同类商品的不同，联想自己在使用这一商品时的情景等。

3. 产生购买欲望

旅游者通过观察和一定的联想之后，或许会产生对此商品的一定程度的消费欲望。

4. 做出比较

产生了购买欲望后，旅游者要对可供选择的同类商品进行衡量，并根据自己的需要、知识经验和购买能力，综合评价购买的利弊得失。通过比较，如果旅游者认为该款旅游商品符合自己的要求，就会坚定购买信心，做出最终决定；如果旅游者认为此类商品不符合自己的购买要求，自然会终止购买欲望。

5. 实施购买行动

旅游者一旦做出购买的决定，就会把欲望变为行动，向旅游商品销售人员表达自己的意愿，最终使交易获得成功。

通过以上分析，我们可以看出，旅游者购买旅游商品的过程是一个比较复杂的心理和行为的过程，即观察旅游商品、展开联想、产生购买欲望、做出比较、实施购买行动。旅游商品销售人员在了解并熟悉旅游者购买商品的心理和行为过程的基础上，在帮助旅游者完成购买行为的过程中，相对应的行为过程大致应该是这样的：观察旅游者，等待时机；与旅游者初步接触；展示介绍旅游者感兴趣的商品；采取行动，促进客我双方的信任；迅速完成交易；友好送客。

（二）旅游商品销售人员相对应的行为过程

1. 观察旅游者、等待时机

一些旅游商品销售人员认为，只要热情主动地接待旅游者就一定能起到很好的效果，因此很多销售人员往往不分青红皂白就忙于询问旅游者想买点什么，这样往往起到相反的作用。正确的做法是当旅游者进入商店时，旅游商品销售人员的第一个任务是通过旅游者的气质、装束、举止来判断其性格、特点、文化修养程度以及可能具有的消费水平等，然后观察旅游者进入本商店的行为和表情。如果旅游者进入商店后没有固定目标，随便浏览商品，旅游商品销售人员不要忙于上前打招呼，要给旅游者充分的时间观看商品，这种没有明确购买目标的旅游者，往往存在潜在的消费欲望，过早地上前招呼询问反倒会使他感到不自在，觉得此商店在催促自己购买商品而不愿在此店久留。相反，如果旅游者进入商店以后，脚步轻快，或带有着急的表情，旅游商品销售人员则应该及时上前热情服务。

2. 与旅游者初步接触

当旅游商品销售人员发现旅游者对某种商品发生了兴趣时，要积极探索旅游者的购买目标，激发旅游者的购买兴趣。旅游商品销售人员可从旅游者的性别、年龄、穿戴等特征上分析其爱好、习惯及可能购买的目标，可以用亲切的语言与旅游者初步进行接触，如“您想买什么”“有什么我能帮您的吗”，争取给旅游者留下一个好的第一印象。

3. 展示介绍旅游者感兴趣的商品

旅游者一旦对某种旅游商品产生了购买欲望，旅游商品的销售人员就需要不厌其烦地展示和介绍此种或此类商品的性能、特点以及其与其他商品的区别。对同类商品在本店与在其他商店的价格差别也要进行详细的说明，这可以让旅游者对商品有一个全面的了解，有助于他们进行购买决策。

4. 采取行动，促进客我双方的信任

旅游者在产生消费欲望阶段时，往往会由于商品种类繁多而看得眼花缭乱，即使经过反复权衡仍然难以做出购买决策。旅游商品的销售人员此时要根据旅游者的感知反应，对其进行启迪诱导，尽可能提供旅游者感兴趣的商品的相关信息，以便旅游者分析思考并帮助他们做出决定。比如，销售人员可拿出很多的商品来给旅游者看，并拿出价值不同的同类商品进行比较，让旅游者进一步了解商品的性能和特点。此时销售人员要控制好自己的情绪，不能表现出急躁的心态，也不能催促旅游者购买，应该真诚地为旅游者提供可靠的建议，只有坦诚的态度才能促成交易。

5. 迅速完成交易

旅游者一旦表明购买意向，旅游商品销售人员要准确、快捷地办好成交手续，减少旅游者的等候时间，也避免由于等候时间过长或售货员业务不熟练使旅游者放弃购买行为或对旅游商店产生不好的印象。

很多旅游商品销售人员认为，一旦旅游者做出购买决定，自己的任务就完成了。对于旅游者付款取货要么拖拖拉拉，业务不熟练，要么态度生硬，甚至不予包装，使旅游者在此之前对此商店已留有的较好印象化为乌有。在这个阶段的商品包装，销售人员要注意自己的任务就是迅速、准确、完善，给旅游者一个美好的印象。

6. 友好送客

当旅游者的购买行为完成以后，旅游商品销售人员要真诚地向旅游者表示感谢，而且可以提醒旅游者，所购买的商品若有质量等问题可以要求更换等。这一阶段销售人员的工作是让旅游者感到买得放心，解除购买后的一些顾虑。

第四节　导游服务心理

随着旅游业的发展，旅游的大众化特点越来越明显，对旅行社的要求也越来越高。作为连接旅游者和旅游对象之间的桥梁，其职能发挥得好坏，直接关系到旅游业的兴衰。所以如何使旅行社取得良好的服务成效是非常重要的。探索旅行社服务中的心理问题，掌握导游服务的艺术将有助于做好旅行社服务工作。

一、旅行社服务概述

旅行社是一个中介组织，同时又是一个生产者和销售者。

（一）旅行社服务内容

其服务内容主要包括以下几个方面：

（1）安排好旅游者的食宿，预订交通票。

（2）负责处理接待中突然出现的各种问题，如因交通延误而引起的食宿问题，旅游者生病住院的照顾问题，证件及物品遗失的寻找和归还问题等。

（3）委托代办业务。包括当地委托、单程委托、联程委托与国际委托等。

（4）提供导游服务。旅行社的服务既有直接的，也有间接的，它起着旅游者和游览参观目的地之间中介人的作用。

（二）客人对旅行社的服务要求

1. 服务要求

旅行社要为旅游者提供食、住、行、游、娱、购全方位的服务，这其中既有旅游旅途中的服务，也包括旅游者在旅游地逗留期间需要的服务。为旅游者提供信息咨询、办理护照和签证、组织汇兑业务等，如果其中任何一个部门出现差错，影响旅游者正常的旅游活动，就会引起旅游者的不满，这将直接影响旅行社的发展。

2. 重信守诺

信誉是旅行社的生命。在旅行社组织旅游者旅游的过程中，双方之间存在契约关系。旅游者付给旅行社费用，同时也意味着旅行社在服务的程序、项目、质量等方面要履行承诺。在服务过程中，交通工具、饭店档次、旅游景点、往返时间、导游服务等方面，都要符合合同规定。

3. 公平合理

公平是指价格要与服务一致，不能漫天要价，不能乱收费。在旅游线路的设计、旅游景点的安排上要科学合理、突出主题，便于旅游者选择，并按照审美心理的规律进行设计安排。同时，合理安排游览时间，避免线路重复，要从旅游者的角度考虑，为他们节省时间和金钱。

二、导游服务心理

导游是旅行社的代表，是完成旅行社工作的核心人物，旅行社组织的旅游者的游览活动都要由他们承担完成。导游服务是旅行社服务的主体。

（一）怎样做好导游工作

1. 组织灵活多样、富有情趣的导游活动

导游员在导游过程中要结合旅游景点的特点，根据旅游者的心情安排旅游活动。比如，在游览西湖时，导游员就可以一边讲解西湖的景色，一边诵读苏轼的名句“欲把西湖比西子，浓妆淡抹总相宜”。这样就会使游客获得美感的同时，提高他们游览的兴致，感受诗的意境。

2. 把游客的角色从旁观的欣赏者变成参与者

旅游过程中，有些景观由导游直接讲解可以收到较好的效果，但如果一味由导游讲下去，游览活动就变成了现场参观讲解，游客会厌倦。旅游是花钱买经历的消费，经历的获得如果没有旅游者主体的深入参与，这个经历的生动性、清晰性、深刻性就会大打折扣。看他人游泳和自己下水游泳，所产生的心理感受上的差异，就是欣赏者和参与者之间的差异。作为旅行社，应该设计开发能让旅游者参与的旅游项目。而作为导游员，要尽可能调动旅游者在旅游活动中多动手、多动脑，这样效果会更好。例如，参观故宫东路的九龙壁时，某导游员在讲解时发现游客出现懒散、注意力不集中的现象，灵机一动，就指着墙上的九龙壁说:“这个九龙壁的一条龙身上有一块玻璃砖是假的，看哪位客人的眼力好能把它找出来。”结果，客人都跑到九龙壁前，东摸西找，兴奋地互相议论，刚才还沉闷的游客队伍立即活跃起来。最后，导游员告诉大家哪块砖是假的，并说出这块砖的来历，这比平铺直叙的效果好得多。

3. 合理安排游览活动的节奏

人的心理状态不能长时间维持在一个高的觉醒水平上，有的时候就要主动地、适当地降低旅游者的觉醒水平，为下一次高潮做好准备。这就像在连续的、高强度的大型比赛中，要把运动员的最佳状态调整到最重要的比赛中。在旅游活动中，具有新奇、独特的旅游活动项目最好不要安排在一起，具有代表性的旅游景点也要搭配开。从心理效果上看，连续的精神和情感的高涨会使人产生生理疲劳和心理疲劳，使旅游者在随后的旅游活动中兴奋不起来。即使是精品，如果连续地呈现对人就是一种“心理轰炸”，它会使人产生心理上的疲惫、迟钝，从效果上看，就是对精品的随意浪费。古人云:“文武之道，一张一弛。”旅游活动的安排，也要有“张”有“弛”，“张”“弛”得当，才会有好的效果。

（二）导游员的心理素质

日本导游专家大道寺正子认为:“优秀的导游最重要的是他的人品和人格。”他指出，导游的基本条件是健康、整洁、礼貌、感情、笑容、毅力、胆大、勤奋、开朗、谦虚；具体条件是掌握丰富的知识、灵活地运用经验、理解游客的心理、掌握讲话的技巧。导游站在客人面前，要让客人看了满意才行。导游员的心理素质主要包括以下几方面。

1. 兴趣

作为一名优秀的导游员应该有广泛的兴趣，因为其所服务的对象来自社会的各个阶层、具有不同的受教育水平，甚至来自不同的国家。在游览过程中，客人对于沿途风光、风土人情等很多方面随时都会提出这样或那样的问题。因此，无论文史、地理、艺术、体育以及一些自然科学的知识，导游员都应该涉猎。对于导游员来说，永远没有无用的知识，“上知天文地理，下知鸡毛蒜皮”是对导游员的知识面的一种恰当而形象的说法。

2. 性格

导游员的工作性质对他们的性格特征提出了特殊要求。导游员一般应该具备下列性格特征：独立、外向、热情、富有同情心、乐群、富于理性、幽默、乐观。

3. 意志

导游员的意志应该是坚定的，能克服困难，勇于承担责任。能正确解决各种心理冲突，服从导游工作的总目标。导游员的意志品质体现在心理活动的自觉性、果断性、坚韧性和自制性。

4. 能力

导游员必须具备解决各种问题的能力，其中包括观察能力、注意能力、语言表达能力等。首先，导游员必须具备敏锐的观察能力，通过观察客人的言谈举止、面部表情和体态语言来判断客人的内心状态。其次，导游员必须具有高度集中、稳定的注意力，同时，要有较大的注意广度、较好的注意分配和转移能力。最后，导游员的语言表达能力力求文明、准确、精练、清晰、真挚、生动幽默、灵活。

阅读材料

最美导游　内外兼修——潘伊玫

潘伊玫，连续三届荣获“杭州市金牌导游员”称号。

潘伊玫仪表端庄、英文流利。从2004年至今，她被指定接待马来西亚Plis王子、澳大利亚班布里市长、瑞士日内瓦副市长、Mary Kay全球总裁、美国Analysis Group CEO、英国Dulwich Cllge Management International CEO、加拿大CPP Investment Board亚太区董事长、加拿大华瑞制药费森尤思卡比亚大区总裁、马来西亚Prudential CEO、美国加州洛杉矶阿凯迪亚学区校长代表团、美国南宋历史研究专家、澳洲国民银行行长等。在接待王室成员、中外政要、商界学界名人、演艺界明星的过程中，潘伊玫锻炼了胆识、磨砺了心智。

她时常勉励自己要“内外兼修、高调做事、低调做人”。平时她关注最多的三个网站分别是联合国官网、外交部官网和原国家旅游局官网。同时，她也追剧。用她自己的话形容:“导游，就是既要懂‘高大上’，又要接地气。在了解行业动态的同时，不断刷新自己。”

多年来的用心积累，使潘伊玫的带团风格别具一格。她有办法使马来西亚 Pelis 王子放下王室成员包袱，跟随从一行在西湖边欢快地大跳 group dancing。她查阅史籍，为美国南宋历史专家量身定制 hour by hour itinerary。顶着烈日，一起爬凤凰山，走八卦田，徜徉在南宋御街，穿越回 900 年前。她为 Mary Kay 全球总裁介绍餐桌上每道菜的食材、调料、典故；她和台湾雄狮旅行社总经理在西溪湿地探讨诗词歌赋；她向美国历史上第一位诺贝尔经济学奖获得者保罗·萨缪尔森之子介绍杭州的招商引资环境；她用一连串的数据，让加拿大 CPP Investment Board 亚太区董事长发出多停留几日的畅想。

她曾带着游客，在回国当天，遭遇冰岛火山爆发、希斯罗机场关闭。在滞留伦敦的 18 天里，她每天奔波在航空公司、大使馆、博物馆、酒店、免税店。既要安排新的免费行程，又要安抚客人紧张情绪。最后她抢在其他团队之前，帮游客争取到最早一班航班回国，将各方的损失降到最低。

世界上有很多种不可能，不过不要在你未尽全力之前下结论。低调，是一种修养，是时刻保持清醒的宁静与优雅。

（资料来源：http://travel.gmw.cn/）

分析：做好一名导游，需要多年来的用心积累，需要勇气、胆量和付出。最美导游，内外兼修。功在平时，贵在坚持。

本章小结

本章从旅游服务工作的角度出发，介绍了有关服务的一些基本理论，探讨了旅游者的心理特点及需求，全面了解了旅游者对旅游饭店的住宿和餐饮服务的心理要求以及旅行社如何更好地为客人提供导游服务。着重探讨了旅游业应怎样为客人提供最佳的服务，使旅游业的服务不断适应发展变化着的旅游者的需求，为旅游业拓展更大的发展空间。

复习思考题

1. 简述服务的定义及其特点。

2. 客人的需求心理有哪些?

3. 简述客我交往的基本心理策略。

4. 你怎样认识就餐者的求快心理?

5. 假如你是一名旅游工作者，你怎样接待来投诉的客人?

6. 利用实习或者走访大饭店，了解来自不同地域或不同国家的旅游者在对饭店服务上存在哪些差异，并尝试探讨原因。

第九章

旅游工作中的压力、应激与挫折

导言

科技和生产力的高度发展，一方面使人们的物质、文化生活水平得到了极大提高，另一方面又使人们在激烈的竞争和快节奏的生活中面对着无数的挫折、承受着很大的压力。就业、人际关系、生活状况、家庭等一系列错综复杂的问题，常使个体出现焦虑、烦躁、紧张、情绪低落甚至心理受挫等现象。研究表明：当个体体验到紧张状态或工作压力时，会产生应激状态，如果长期处于这种应激状态，个体的身心健康就会受到严重影响。

【教学目标】

本章要求学生理解压力的定义、来源及影响，应激的定义及影响，挫折的定义、分类、来源及影响；理解工作压力产生的原因；了解应激过程的模式、应激的反应阶段；掌握工作压力的应对策略、应激的应对策略及战胜挫折的策略。

【关键术语】

压力；应激；挫折

案例导入

A，女，汉族，30 岁，单身，是一位应届硕士毕业生。作为家中长女，A 的父母对她期望值不高，希望其早点工作贴补弟弟上学。父母均生活在农村，经济条件一般。她本人个性很强，想证明自己不比弟弟差。从小学到高中学习成绩一直优秀，老师对她很关爱，她和同学相处也很愉快；在家庭的压力下，考上一般的大学，大学期间勤工助学并且靠助学贷款读完本科。工作两年后还清贷款，由于想改变在小城市工作的现状而复习考研，第一年未能考取，第二年终于考取了重点大学的自费研究生。研究生就读期间靠学校贷款、学院帮困解决基本生活问题，终于在同学、老师等的帮助下即将获得硕士学位。面临找工作问题，发现研究生日渐增加，已经很难再找到理想的工作，又摆脱不了想离开小城市在大城市寻求发展的想法。同宿舍的同学有直接读博士的，有出国深造的，有找到合适工作的，也有找不到合适工作想回家乡工作的。她越发地觉得自己没有希望找到合适的工作，毕业论文的交稿时间要到了，助学贷款要求在毕业两年之内还清，家里的弟弟面临读大学又需要用钱，自己已经30岁了还没有找到男朋友，等等，多种生活的压力使她每天喘不过气来。

近半个多月A常感到头痛、胸闷、心慌和入睡困难，心里很着急，怕影响论文的撰写，但越急越不行，注意力集中不了；虽然还能坚持撰写毕业论文，但效率很差，有时觉得自己都快撑不下去了，总会想到种种令人困扰的问题。接到几个单位的面试通知，但面试过程中没有自信，并且由于睡眠不足而精神恍惚，自己觉得没有被录用的希望。看到同学们都一个个获得录用通知，临近学校申报报到证打印期限，所以回学校就把自己关在宿舍里一个人哭，并且和宿舍同学说生活没有什么意义，同学找来辅导员老师，希望能帮助她走出困境。

（资料来源：http:yuhaibo55. blog. 163. com/blog/static/1151670982009317511452981/）

问题：

1. 讨论什么是压力、应激与挫折。

2. 讨论压力的来源及压力对人们的影响有哪些。

3. 讨论人们的应激状态是如何出现的、会经历哪些阶段以及应激出现后人们的反应是什么。

4. 讨论不同人面对同样的压力或应激为何会有不同的反应。

5. 讨论人们遇到的挫折可以分成哪些种类及挫折产生的原因是什么。

第一节 压力、应激与挫折概述

一、压力

压力不是某个国家独有的现象，全世界都一样。2001 年，日本工业协会对 5 万家大公司、大企业进行调查，发现有 9% 的员工因精神高度紧张而患有胃溃疡、背部及胸口疼、高血压、心脏病、神经衰弱等疾病。许多员工由于无法承受巨大的压力，精神处于崩溃的边缘。据《朝日新闻》所载的令人心寒的报道称，越来越多的日本高层领导被压力夺取了生命。每年大约有 1 万以上的日本人死于工作过度或“过劳死”。英国《金融时报》的专栏作家菲斯·科勒尔通过大量调查研究，得出如下结果：在英国有 500 万人感觉工作压力“非常大”或“极大”，与压力有关的多种问题让各机构每年耗资 37 亿英镑。大约 40% 的上班族面临着较大的工作压力，60% 的人正经历着不同程度的心理疲劳。

过去几代人中，没有人像我们一样经历如此多而强烈的压力、冲突和要求。有的人甚至会很怀念过去那段“大锅饭”的日子，毕竟过去的生活不像时下充满着变数。然而，不容否认的是，在将来的几十年中，我们不但找不回过去，甚至还会经历更多、更快的变化。

（一）压力的定义

压力是个体对某个不能很好应对的、不确定而又重要的情境产生的生理、心理和行为反应。我们可以从以下三个方面来理解压力。

1. 压力是指个体能够感知、体验到的生理、心理和行为反应

所谓生理反应即指血压升高、手脚出汗、呼吸加快、口干舌燥、食欲减退、肠道功能紊乱等；心理反应是指神经紧张、思维紊乱、焦虑易怒、郁郁寡欢等情绪体验；行为反应是指沉默寡言、行为古怪、持续失眠、借酒浇愁、无意识的多余动作增多等。

2. 压力是个体对不能很好应对的情境的反应

如果个体能够从容应对，则这一情境不会使人产生压力。例如，对于业务能力强的员工，面对不很复杂的工作能够轻松应对；而对于业务能力差的员工，在面临同样的工作时就会感到力不从心，这时压力就产生了。

3. 压力是个体对某一不确定而又重要的情境的反应

也就是说，个体对自己的成功与失败无法确定时，就会感到压力。个体同时还要考虑其结果的重要程度。例如，前台经理如果认为保住职位或得到晋升对自己非常重要，那么当频繁出现顾客投诉时他就会感到压力。

为了更全面地了解压力，我们还需明确压力“不是什么”的问题。

1. 压力不是简单的焦虑

焦虑仅仅是情绪和心理范围的变化，而压力还引起了生理方面的变化。因此，压力可以伴有焦虑，但二者不能等同。

2. 压力不是简单的神经紧张

与焦虑一样，神经紧张可能是由压力引起的，但两者不同。当压力出现时，有的人在无意识的状态下会表现出神经紧张，但有些人能够很好地对其控制，使其不通过神经紧张表现出来。

3. 压力不一定是破坏性的、不良的或需要避免的

在一定限度内，压力是一种非常积极的因素，有言“井无压力不出油，人无压力轻飘飘”。适度压力可以激发人的潜能，使人的能力发挥到极致，提高人的工作效率。同时，应该认识到压力是不可避免的，关键在于个人如何应对和处理压力。

（二）压力的来源

对于压力的来源，国内外的许多学者都做过专门研究。比较有代表性的有格拉斯通、雷瑟斯、内维德、卡普兰和斯坦。综合这些研究者的观点，压力的来源主要有以下三方面。

1. 工作压力

工作环境中的很多事情都会产生压力。例如，工作任务过重，工作环境条件太差，同事间紧张的人际关系，同行间的激烈竞争，长期的努力未得到回报。

2. 生活压力

生活中的变动、小困扰以及意外灾害都会让当事人感到压力。例如，亲人去世，牢狱之灾，赶时间碰到堵车，找不到生活的目标，突发疾病，出现地震等。

3. 社会压力

主要指长期的社会问题所带来的压力。例如，经济衰退、环境污染、拥挤、噪声、公德心缺失等。

（三）压力的影响

适度的、心甘情愿的压力能成为人们活动的动力，对活动起激励作用。过大的心理压力则会引起有机体过度的情绪紧张，从而带来一系列紊乱现象，且长期过大的心理压力，还会引发一系列的身心疾病。

心理学家汉斯·塞利（Hans Selye）做了一个猴子实验。有四对猴子学习如何按压杠杆以避免被电击惩罚。其中一只猴子必须做出回避反应以避免自己被惩罚，同时也可以防止同自己连在一起的另一只猴子伙伴受到电击，而另一只同自己连在一起的猴子却做不出任何防止电击的反应。伙伴猴的安全与舒适完全依赖于执行猴的机灵程度与决策过程。结果，四只对行为负有责任的执行猴发展成溃疡病死亡，而四只不负任何责任的伙伴猴却没有受到疾病的干扰。实验似乎说明，执行任务所带来的对工作的要求和责任感会产生压力，最终导致疾病乃至死亡。

如上所述，适度的压力有益于人们的成长，而当压力超过自身的承受力时，就会带来诸多的负面影响，这主要体现在对身体、心理以及行为的影响上。

1. 对身体健康的影响

医学界多年的研究都致力于压力对人体健康的影响。研究表明，人们在承受压力时，机体内部会自觉地分泌出一种荷尔蒙，来激发人体的活力以抵抗压力。但如果压力持续存在，这些荷尔蒙就会使体内器官长时间超负荷运转，引发各类疾病，这就严重威胁到了人们的身体健康。在高强度的压力作用下，通常人体会出现下列典型病症：①免疫力下降；②心血管疾病；③肌肉骨骼系统疾病；④消化道和肠胃系统疾病；⑤呼吸系统疾病。

2. 对心理健康的影响

压力对心理健康的影响不亚于其对身体健康的影响。

（1）压力对人的认知活动的影响。包括：注意力下降，难以聚精会神，经常会视而不见、听而不闻，常常出现强迫性分心；思维阻塞，突然遗忘正在谈论的话题、线索或资料，或者面对试卷脑子里出现空白；短期或长期的记忆力衰退，信息提取速度减慢，信息再认或再现的错误率加大；思维紊乱，分析能力、判断能力、决策能力全面下降，言语表述缺乏逻辑性；等等。

（2）压力对人的情绪情感活动的影响。包括：经常出现精神紧张、焦虑或烦恼；出现疑病或幻想，喜欢夸大病痛的感觉；性格发生明显变化，神经过敏，防卫心理增加，原有的良好个性突然一反常态，令人不可思议，而原有的不良性格则变得日趋严重；情绪的自控力下降，极端性情绪的发生率增加，经常出现敌意、攻击、愤怒、暴躁不安，甚至是歇斯底里；郁郁寡欢，悲观失望，伤神哭泣，死气沉沉，自我评价降低，无助与无能感上升，精神萎靡不振；等等。

由此可见，过度的压力对人心理健康的负面影响是绝对不容忽视的。

3. 对行为的影响

承受过大的心理压力时，还会出现一些消极的行为反应。如工作绩效下降、缺勤怠工、嗜烟、嗜酒、睡眠失调、药物成瘾等。例如，有些人感觉到压力来临时，常常通过嗜酒来缓解压力，或通过药物来抵抗失眠，但显然这些都无济于事，甚至会影响到第二天的工作效率，反倒加快了缺勤率和离职率的升高。关于工作压力与工作绩效之间的关系我们可以用图 9–1 表示。

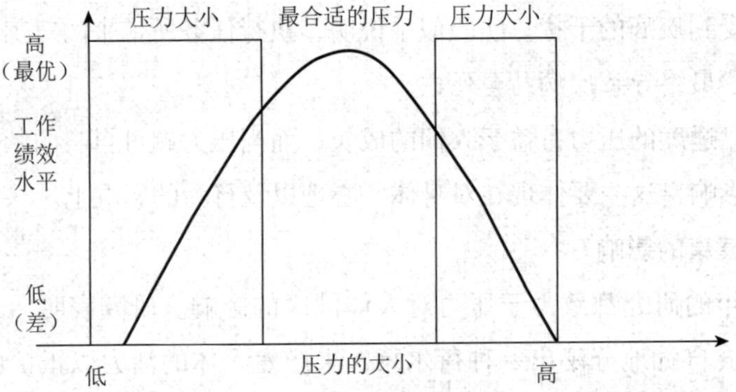

图 9–1　工作压力与工作绩效关系

图中纵坐标表示从低到高变化的工作绩效水平，横坐标表示从低到高变化所体验到的压力的大小。从图中可以看出，压力与工作绩效之间呈现倒 U 形的关系。在低压力的情况下，员工可能缺乏刺激，没有挑战性或不能发挥他们最好的水平；如图所表示的曲线，压力达到某一点时，就能改善工作绩效水平。对于任何工作，均存在一个最优的压力水平，过这个点后工作绩效就开始变差。在超过适当压力水平的情况下，员工可能由于过分的焦虑与过分的激发而使工作绩效呈下降趋势。另外，图中的曲线还表明了情况的变化，对不同的人和不同的工作任务，其变化也是不一样的。压力的大小对做某一特定工作的员工来说可能是正合适，而对另一个员工可能就不合适。

二、应激

科技和生产力的高度发展，一方面极大地提高了人们的物质、文化生活水平，另一方面又使人们在激烈的竞争和快节奏的生活中承受着很大的压力。就业、人际关系、生活状况、家庭等一系列错综复杂的问题，常使个体出现焦虑、烦躁、紧张、情绪低落等现象。研究表明：当个体体验到紧张状态或工作压力时，会产生应激状态，如果长期处于这种应激状态，个体的身心健康就会受到严重影响。

（一）应激的定义

应激（stress）的研究最早始于20世纪三四十年代的医学领域，其创始人是加拿大著名生理学家汉斯·塞利（Hans Selye）。“stress”作为一个专业的心理学术语，至今没有一个公认的定义。据统计，现在对应激的定义有300多种。随着研究的深入，现代应激理论认为，应激是个体面临或觉察（认知、评价）到环境变化（应激源）对机体有威胁或挑战时产生的一种心身紧张状态，这种状态也是一个适应性和应对性的过程。

（二）应激过程的模式

由以上定义可以看出，应激是一个过程，是人与环境之间相互作用的产物。为了便于理解，根据近年来几位学者的见解归纳出应激过程的模式如图9–2所示。此模式表明，一个应激过程可以分为四个部分：输入、中介、反应、结果，而以认知评价为主的心理中介为关键部分。以下就应激源、中介机制、应激反应三个部分进行讨论。

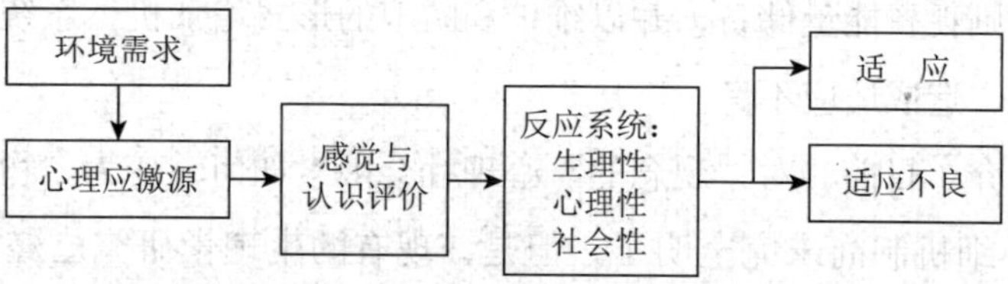

图9–2 应激过程的模式

1. 应激源

应激源是指引起应激的客观条件或情景刺激。主要包括人们在日常生活中的社会与自然环境中所经历的各种生活事件、突然的创伤性体验、慢性紧张等。引起人类应激的客观条件或情景刺激是十分广泛的，布朗斯坦认为应激源可分为以下四类。

（1）躯体性应激源。指直接作用于人体产生理化与生物性刺激作用的刺激物，如噪声、空气污染、强烈的震动、高温、辐射、病毒等，可能引发人的不良反应，严重时可以引起疾病甚至残废。

（2）心理性应激源。指来自个体内心的强烈需求，如成就期望过高、智能不足或认知障碍、挫折与冲突等，常常导致焦虑、恐惧和抑郁等各种消极情绪。

（3）社会性应激源。指各种自然灾害和社会因素，如战争、动乱、天灾人祸、政治和经济制度变革、失业、竞争、生活节奏加快等。

（4）文化性应激源。指一个人从熟悉的生活方式、语言环境和风俗习惯迁移到陌生环境中所面临的各种文化冲突和挑战，如迁居异国他乡、语言环境改变等“文化性迁移”。

远古时期人类面临山崩地裂、风雨雷电、火山爆发、洪水猛兽突如其来的侵袭，是当时人类应激的主要来源。随着社会的发展，人类认识自然及改造自然的能力逐渐提高，社会性、心理的应激事件所占比例上升，因此，社会性生活事件逐渐成为人类的主要应激源，占主导地位。

2. 中介机制

刺激转变为反应必须通过中介机制。中介机制有很多，比如个体的认知评价、应对方式、社会支持、自控性、个性特征以及个体的健康状况等。主要分为心理中介与生理中介两种。

（1）心理中介。应激的心理中介是指个体对应激源的认知评价。它是决定个体对环境刺激是否引起防卫和抵抗的关键，也是解释在同样事件情况下，为什么不同个体会有不同反应的重要因素。汉斯·塞利将个体对应激的认知评价分为两种：积极的应激和消极的应激。积极的应激给人以力量并提高个体识别与工作的能力，使机体保持良好的适应；消极的应激则耗费能量储备，并以维护和防卫的形式增加机体系统的负担，降低识别与工作的能力，造成适应不良。

（2）生理中介。目前，对“观念的”心理社会因素如何转变为“物质的”生理反应的关键部位及详细机制尚未完全明了。但是，现有的生理学研究已经在脑与行为、心理—神经—内分泌—免疫等领域累积了不少资料，在此不再赘述。

3. 应激反应

应激反应是指个体因为应激源所致的各种生理、心理和行为方面的变化，常称为应激的心身反应。

（1）应激的生理反应。应激引起机体的生理变化，通过人体的生物化学系统、神经内分泌系统、免疫系统等方面得到证实。常见的应激反应的生理表现有血压升高，肌肉紧张或僵硬，心跳、呼吸加快，手心出汗或发冷，紧张性头痛，胃痛，低热，食欲下降，尿频，睡眠困难或易醒，休息不好或萎靡不振等。

（2）应激的心理反应。应激引起的心理反应有两种表现：一是积极的心理反应，这种反应是指适度的皮层唤醒水平和情绪唤起；注意力集中；积极的思维和动机的调整。这种反应有利于机体对应激源的正确认知评价、应对策略的抉择和应对能力的发挥。二是消极的心理反应，这种反应是指过度的焦虑或紧张；过度的皮层唤醒水平；过度的情绪激动或低落（抑郁）；认知能力降低；自我概念不清等。这类反应妨碍个体正确地评价现实情境、选择应对策略和正常应对能力的发挥。如焦虑不安、情绪低落、愤怒、激动等。

（3）应激的行为反应。伴随应激的心理反应，机体在外表行为上也会发生改变，这些变化是机体对应激源的应对行为或是应对的结果。成功的应对常增加个体在日后同样或相似的环境中解决问题的行为；失败的应对可能使个体出现消极的行为倾向，如逃避、回避、行为退化、依赖和无助状态等；也可出现精神活性物质的使用失败的应对，如某些人在应激状态或心理冲突时，不是采用积极的应对措施，而是借酒消愁、吸烟解闷或使用药物；也可能促发个体的敌对和攻击行为，还有些个体则采取被动攻击，如自伤、自杀等。

（三）应激的反应阶段

心理学家汉斯·塞利提出了人在面对压力时应激反应的三个阶段。

1. 警戒阶段

这一阶段是应激反应的最初阶段，是由应激源的刺激引起的，会在短时间内引起机体的一系列紧张的生理反应，如心率加快、呼吸加快、皮肤温度下降等，并伴随着一系列心理变化，如紧张、恐惧、愤怒等。如果应激源在短时间内消失，或是通过自我调节、自我控制，机体很快就会恢复到正常状态。如果应激源持续存在或缺乏自我调控能力，警戒反应将会使机体的生理和心理变化升级，警戒症状逐渐消失，进入应激反应的第二阶段——抵抗阶段。

2. 抵抗阶段

在抵抗阶段，全身的各组织器官将全部动员起来，应付当前的应激状态。在这一阶段，机体竭尽全力地与应激状态进行抗击，并试图通过与紧张状态抗争，恢复原有的正常状态。如果机体所做的努力获得了成功，机体将重新恢复到正常状态；如果努力失败，由于机体大量的能量消耗。会使机体再度表现出生理和心理上的不适，于是进入应激状态的最后阶段——衰竭阶段。

3. 衰竭阶段

这一阶段的主要特征就是生理和心理上疲惫。因为在抵抗阶段，机体已经耗费了大量的生理能量和心理能量，继续损耗机体便会受到严重的损伤。但并不是说进入衰竭阶段，机体就不再消耗能量，而是消耗的能量相对减少了。衰竭是机体生理和心理上的深层自我防御，是一种自我保护反应。尽管如此，由于长时间的能量消耗，机体变得反应迟钝了，各器官的免疫能力也在不断下降。如果在这一阶段，不知道如何保养和调理，很容易引起各种生理疾病。如果个体的心理承受能力脆弱的话，也可能引起心理和行为异常，严重者会引起精神病。

三、影响压力和应激差异体验的因素

对于同样的压力和应激源，不同的人有着不同的体验和反应，这取决于以下因素。

（一）个体的认知方式

个体如何认识、理解和评价当前所面临的压力和应激源，是造成差异体验的一个非常重要的因素。如果一个人把压力和应激看作令自己痛苦的事，总是担心失败后可能出现的坏结果，其必然对压力和应激源产生负面情绪，渴望逃离当前的情境；但如果视压力和应激源为自我成长的挑战，情绪必然会愉快很多，行动必然会变得积极。在现实生活中，我们要学会通过改变认知来避免不良的应激反应。

（二）过去的经验和经受的训练

如果个体曾经受过相关训练、具备对付应激的能力和经验，或曾经历过应激，则对压力的应激源的消极反应较小；反之则反应强烈。

（三）社会支持

社会支持是指一个人通过社会联系所能获得的他人在精神上的支持。社会支持系统是人对抗压力和应激的重要力量。来自家庭和朋友的社会支持，可以给予个体精神与物质上的帮助，增强个体战胜压力和应激的信心。

（四）个体特征

一般来说，能力较强、对自己充满信心的人感受到的压力要少一些，面对压力和应激，他们能够沉着应付；而能力差的人或者对自己不自信的人则容易感受到压力，由于能力不够，面对压力就常常表现出惊慌失措、夜不能寐。因此，要降低工作对员工的压力，就需要对员工进行培训，提高他们的个人水平和工作能力。

此外，性别也是造成压力体验差异的一个因素。一般来说，男性对压力的承受力要大于女性，但是这种情况并非绝对。

四、挫折

（一）挫折的定义

每个人在人生道路上都会遇到或大或小、或多或少、或这样或那样的挫折。比如，早上起床去上学，没想到路上遇到交通阻塞而迟到，被老师批评了一顿，这时可能会因为委屈而生气、懊恼，产生一些消极的情绪反应；期末考试，尽管做了比较充分的准备，成绩却不理想；约好与朋友见面，结果公司召开紧急会议，不能见面；等等。这些情况都会使人产生焦虑、失望、忧虑、担心、痛苦等情绪反应，这就是我们通常所说的遇到了挫折。

心理学认为，挫折是指个体在从事有目的的活动中，遇到了障碍或干扰，导致其动机不能实现、需要不能满足时产生的情绪反应。从定义可以看出，挫折这一概念包括三方面的含义。

其一，挫折情境。指存在着的动机不能实现、需要不能满足的内外障碍或干扰等情境因素。

其二，挫折认知。指对挫折情境的知觉、认识和评价。

其三，挫折反应。指对自己的需要不能满足时产生的情绪和行为反应。

（二）挫折的分类

对于挫折的分类，有的心理学家以引发挫折的因素为依据来划分，有的以挫折发生的时间顺序为依据来划分，还有的以个体需求在生活中是否满足为依据来划分。现将具有代表性的两种分类介绍如下。

1. 按引发挫折的因素来划分

这种分类的代表人物是心理学家罗森韦格，他根据引发挫折的因素，把挫折分为缺乏型挫折、损失型挫折和阻碍型挫折。

（1）缺乏型挫折。指当个体无法拥有自认为重要的东西时所感受到的挫折。

（2）损失型挫折。指失去原来拥有的东西而引起的挫折。

（3）阻碍型挫折。指当个体从事动机性的活动时、在目标与动机需求之间出现障碍物时所感受到的挫折。这类挫折既可以是物理上的，如时间和空间的距离；也可以是社会性的，如社会中的人、风俗习惯、法律等。

2. 按挫折发生的时间顺序来划分

这种分类方法的代表人物是塞帕菲德（Sapperfield），他将挫折的分类重点放在挫折所发生的阶段上。根据这一标准，挫折可以分为需求挫折、行动挫折及目标挫折。

（1）需求挫折。指个体的某一需求受限于自身或环境因素，得不到表现或满足的机会，个体只好设法抑制该需求而产生的挫折。比如攻击他人的需求，因不被社会规范所许可，个体无法随意地表现出来，因此产生挫折感。

（2）行动挫折。指个体的行动受到阻碍或干扰，无法达到目的所产生的挫折感。

（3）目标挫折。指个体无法达到所需要的目标而形成的挫折感。

此种分类方法有它的不足，因为人的需求、行动和目标并不能够截然分开，行动和目标里也同样包含了需求。

（三）挫折产生的原因

1. 客观原因

（1）自然因素。如各种由于非人为力量所造成的时空限制、天灾地变等。

（2）社会因素。如社会生活中政治、经济、宗教、道德、习惯势力等因素。

2. 主观原因

（1）生理因素。生理因素的挫折，是指因自身生理素质、体力、外貌以及某些生理上的缺陷所带来的限制，导致需要不能满足或目标不能实现。

（2）心理因素。个体因需求、动机、气质、性格等心理因素而导致活动失败、目标无法实现。

第二节　旅游工作压力、应激及其处理

一、工作压力产生的原因

引起旅游从业者工作压力的原因多种多样。归纳起来，主要分为四种，即引起工作压力的环境因素、组织因素、群体因素和个人因素。

（一）环境因素

研究表明，社会政治及经济变革、科技改造、信息更新过速等都可能是引起工作压力的主要因素。例如，国家政局的不稳定，金融危机时期从业者常面临被解雇、薪酬下调、福利下降等风险，同时，科技发展日新月异，不抓紧时间学习新技术、新知识、新工艺又面临着失业的威胁，这些无疑都会给从业者带来较大的压力。

（二）组织因素

组织内很多因素都可能引起员工的压力感。

1. 组织政策

如果绩效评估方法不公正，薪酬分配不合理，规章制度过于苛刻、繁杂，工作流程不明确都会给员工带来压力。

2. 组织结构

如果组织结构过于严密、呆板，领导过于集权、员工缺乏参与决策的机会，工作流于形式、缺乏灵活性等，势必会影响员工在工作中的表现，使他们感到压力。

3. 工作环境

如果工作场地过于拥挤、嘈杂，温度过冷或过热，照明过强或过弱，空气不流通、污染严重或含有毒性或放射性的物质，工作安全缺乏保障等，也会增强员工的压力感。

4. 组织生命周期

组织的运行一般都伴随着一定的周期性，需依次经过初创、成长、成熟、衰退四个阶段，而每两个连续阶段的转变都需要进行一场深入的变革，这无疑会给员工带来很多问题和压力。

（三）群体因素

群体因素也可能成为引起工作压力的潜在根源。比如，如果群体缺乏凝聚力，就会在群体内部形成各种非正式的小团体，这些小团体之间容易产生意见分歧或利益冲突，就会造成人际关系紧张，而这就在无形间使员工感受到巨大压力。

（四）个人因素

1. 个性差异

同样的事件发生在不同人身上所引起的压力体验也有所不同。例如，在态度方面，如果员工一贯抱有积极、乐观的态度，那他在遭受困难时就会想方设法处理好各种压力；相反，如果员工一贯持有消极、悲观的态度，在遭遇困难时就会经常束手无策，感受到的压力也会更强烈。在意志方面，具有坚强意志的员工在困难面前能够勇敢面对、不被吓到，而意志薄弱的只能低头退缩。在兴趣指向方面，当对所从事的工作感兴趣时，就会感觉轻松愉快；而如果提不起兴趣，就会感到很大的压力和痛苦。在性格方面，思维敏锐、争强好胜的人，劳动效率高，喜欢有挑战性的工作；而休闲自得、缺乏时间紧迫感的人，较容易产生压力。在工作经验方面，个人经验越丰富，在困难和压力面前就越能挥洒自如；相反，若经验不足，面对前面的未知就会产生压力。

2. 角色冲突

在现实生活中，人们所处的社会情境不同，其所扮演的社会角色也有所差异。如对于旅游服务人员而言，一方面他们作为社会人有自尊和获得他人尊重的需要，另一方面他们作为服务人员又必须本着“顾客是上帝”的服务理念，甚至于不得不忍受顾客的无礼态度与行径，这种角色冲突往往会使他们感受到巨大的心理压力。

3. 工作超负荷

当同时承担多项复杂的、时间紧迫或力不从心的工作任务时，会造成工作负担过重，这称为工作超负荷。如在长期超负荷工作状态下，人就会出现头痛、心跳加快、失眠等症状，同时也会变得焦躁不安、易怒烦躁等。对于多数旅游从业人员来说，他们往往承受着高作业强度、高时间强度的工作任务，这给他们的身心带来极度的疲劳与相当大的压力。

二、工作压力的应对策略

（一）组织方面的应对策略

1. 合理地进行人事配置

不同的工作和岗位有不同的要求，不同的个体有不同的特点，因此，组织应该根据工作的要求和个体的特点来进行人事配置，把每个人放到最适合他的岗位上，做到适才适位，从而达到人适其事、事宜其人、大才大用、小才小用。这就可以避免因工作要求太高而引起的压力，也能够防止员工因被压抑而产生的不快。

2. 对员工进行工作培训和技术指导

压力的产生与能力有很大的关系，因此，组织有必要对员工进行培训和指导，开发他们的工作潜能，通过他们的工作技巧和技术水平，使之对工作产生胜任感。

3. 加强群体建设，创设良好的人际环境

人都是生活在社会中的，社会中他人的支持是个体成长的重要心理力量。因此，组织要建立开放的沟通方式，营造良好的人际环境，使职工处在和谐、融洽的组织气氛中。这样做一方面可以避免因恶劣的人际关系给人带来的压力；另一方面可以通过朋友和同事等的心理扶助，缓解个体的压力。

4. 推行 EAP 项目

员工帮助计划（Employee Assistance Programs，EAP），是美国 19 世纪 70 年代以来在企业界所推行的一种福利方案，以帮助员工解决社会、心理、经济与健康等方面的问题。我们国内的企业也可以为员工设置的一套系统的、长期的服务项目；通过专业人员对员工及其直系亲属提供专业咨询、指导和培训，以解决员工及其家庭成员的各种心理压力，提高员工在组织中的工作绩效。

（二）个体方面的应对策略

1. 承认压力是无处不在的，以积极的态度面对压力

要真正改变员工对压力的感觉，必须从他们的内心加以引导和调节，从改变他们对于压力的看法入手，最终增强他们对于工作的承受力。

压力存在于人们生活的历程，很多的压力源是人们无法控制的，但人们可以控制自己对待压力源的态度。换个视觉，你会发现：并不是所有的事情都要求你必须完成。人们所面临的任务事实上完全可以根据重要性分出轻重缓急，重要的工作马上完成，次要和不重要的工作放一放，等到时间充裕时再去做。通过前面的分析已经知道：轻度的压力会使人产生行为适应，会唤起人的兴奋水平，提高人的警觉性，促使人集中自己身心的力量来应对外界的变化。就像一句俗语所说："承受压力的重荷，喷水池才喷射出银花朵朵。"因此，我们不妨视压力为自己成长的机会，勇敢地去面对压力。

2. 正确看待压力对人的影响

有一位经验丰富的老船长，当他的货轮卸货后在浩瀚的大海上返航时，突然遭遇到了可怕的风暴。水手们惊慌失措，老船长果断地命令水手们立刻打开货舱，往里面灌水。"船长是不是疯了，往船舱里灌水只会增加船的压力，使船下沉，这不是自寻死路吗？"一个年轻的水手嘟囔。但看着船长严厉的脸色，水手们还是照做了。随着货舱里的水位越升越高，随着船一寸一寸地下沉，依旧猛烈的狂风巨浪对船的威胁却一点一点地减少，货轮渐渐平稳了。船长望着松了一口气的水手们说："百万吨的巨轮很少有被打翻的，被打翻的常常是根基轻的小船。船在负重的时候，是最安全的；空船时，则是最危险的。"这就是"压力效应"。那些得过且过，没有一点压力，做一天和尚撞一天钟的人，像风暴中没有载货的船，往往一场人生的狂风巨浪便会把他们打翻。因此，适度的压力是人进步的动力和创造的原动力，可以使自己在任何角色中处于备战状态，激发潜能。

3. 合理地分配时间

压力有时是因为人们对时间的分配不合理所引起的，具体表现为工作与工作之间、工作与生活之间、工作与休息之间的时间分配不合理，以致工作混乱、积压，头绪繁多，精力受到牵制，众多任务一起压在身上。因此，要学会为自己制订工作计划表，合理地分配时间，劳逸结合。

4. 掌握缓解压力的方法

（1）加强体育锻炼。如跑步、打球、游泳、散步等，这些体育运动有利于增强人们的体质，而体质好的人往往耐受压力的能力更强一些。

（2）学会放松自我。放松是克服压力的有效方法之一。如找朋友聊天、参加聚会、短途旅游、购物等，甚至可以通过呼吸放松、肌肉放松、想象放松等放松技术来松弛自己，如闭目养神、深呼吸、打太极拳、练瑜伽等。

（3）精神宣泄法。这是一种心理治疗方法。它是通过创造一种情境，让人可以自由表达压抑在内心的不良情绪以达到释放压力的一种方法。

总之，压力并不可怕，我们需要正视的是压力带来的消极情绪。学会放松自己，你会发现缓解压力并不是件难事。

三、应激对健康的影响

应激对人的健康既有积极影响，也有消极影响。

（一）积极影响

适度的应激可以增强人的适应能力，是人格成长和发展的必要条件。适度的应激还是维持人体功能正常活动的必要条件，没有一定的刺激，环境单调，生活也不丰富多彩。

（二）消极影响

过于强烈或持久的应激，会击溃人体的生物化学保护机制，使已有的精神、躯体疾病复发或加重，或导致新的精神或躯体疾病发生，如消化性溃疡。

四、正确对待应激

（一）仔细了解自己身体的应激信号

对应激的反应各人不同，身体发出的信号各人也不相同。了解这些信号是对付应激反应的第一步。常见的信号有：疲劳乏力，肌肉紧张疼痛，焦虑，易激惹（易发怒），胃部不适，神经质，失眠，手脚发凉出汗，食欲增加或减少，磨牙、牙关紧咬，一般的身体不适如头痛、后背痛等，其他原因如流感也可引起上述一些症状，如果自己不知道这些症状是否是应激造成的，那么去看一下医生。如果医生认为是应激造成的，那么双方应该一起评价一下自己目前的状况，让自己了解这个状况，并缓解自己的应激反应。

（二）确定引起应激的原因

如果能确定引起应激的原因，就能决定如何去适应它。最有效的办法就是把日常引起应激的事记录下来。记下引起应激的原因以及身体和情绪的症状，坚持记录可以使自己追踪和控制自己的应激反应。在理想情况下，个人能在感到身体和心理过分应激的时候阻止其发展。

（三）培养自己应对应激的技能

面对应激，要认识到应激是不可避免的，人类正是在不断克服、战胜应激中得到发展的。要争取化应激为自己所用，在危机中寻找机遇，对应激情境抱有积极适应与干预的态度。同时，主动参加社会实践锻炼，培养良好的心理素质。面对应激时，要善于自我调节，通过各种方式缓冲应激对健康的危害。

（四）学会寻求帮助

家庭和朋友是人成长道路上重要的社会支持力量，他们的支持可以对应激处境起到减压或缓冲的作用，减少身体和精神上的应激反应，降低或免除疾病发生的可能性。因此，面对应激时，不要想一个人“包打天下”，要多和他们共同分享自己的思想，听听他们的建议。同时，必要的时候还可以求助于专业人士即心理医生，这样也会使自己尽快摆脱应激带来的危机。

（五）学会幽默

空出时间来娱乐，参加那些能使自己开怀大笑的活动。无论自己的心情有多糟糕，放声一笑可以使整个世界灿烂起来。

第三节　挫折及其管理

一、挫折的影响

（一）挫折对个体心理的影响

1. 挫折对个体心理的有益影响

第一，挫折能增强个体情绪反应的力量，如表现出百折不挠的精神。

第二，挫折能增强个体的容忍力，如在以后能经受住锻炼和考验。

第三，挫折能提高个体的认识水平。如我们常说的“吃一堑，长一智”。

2. 挫折对个体心理的有害影响

第一，影响个体实现目标的积极性。如经常遭受失败，逐渐丧失自信，变得胸无大志。

第二，降低个体的创造性思维活动的水平。

第三，有损身心健康。

（二）挫折对个体行为的影响

人们在遭受挫折之后，都会做出相应的反应。由于挫折的性质及人们对挫折的容忍力不同，受挫折后的行为表现也不同。

1. 积极的行为表现

在心理学上又称积极进取，是对挫折的理智性对抗行为，是在理智的指导下采取的形式。

2. 消极的行为表现

在心理学上又称消极的适应或防卫，是一种非理智的对抗行为。

二、挫折的防卫

人在遭受挫折以后，会产生紧张、焦虑、不愉快的情绪体验，并导致心理和生理活动的不平衡状态，影响人的正常行为和活动能力。为了减轻或摆脱焦虑情绪的困扰，解除紧张状态所带来的不安，恢复心理和生理活动的平衡，受挫者会自觉或不自觉地寻找和使用一些策略和方法，应付或适应所面临的挫折情境，以减少挫折和焦虑情绪对自己的损害，保护自我。弗洛伊德最早提出了 9 种防卫机制，后来他的女儿安娜·弗洛伊德发展了防卫机制理论。至今，已有数十种防卫机制被提出，现将几种常见的防卫方式介绍如下。

（一）否认

把已经发生的不愉快的事情无意识地加以否定，当成根本没有发生过，以躲避突然而来的痛苦。如鸵鸟把它的头埋在沙子里，再如“掩耳盗铃”“眼不见为净”等就是如此。这一过程可使一个人逐渐地接受现实而不致一下子承受不了坏消息或痛苦。

（二）投射

投射是指将引起压力和冲突的焦虑感以及深层的需求和动机转嫁到其他人身上，以减轻自身压力的方式。换句话说，投射就是把自己的性格、态度、动机和欲望转移到别人身上，觉得别人也是如此，如“以小人之心度君子之腹”“五十步笑百步”，没有考上大学的一名高中生总是说老师教得不好，家长没有创造好的条件等。

（三）反向

指对内心的一种难以接受的观念或情感以相反的态度与行为表现出来，而反常或过分的言行举止往往掩饰着潜意识中正好相反的欲望。例如，凡是在别人面前自高自大、自我炫耀的人，恰恰反映了他内心有害怕别人瞧不起的强烈自卑感。“此地无银三百两，隔壁王二未曾偷”都是反向作用的表现。

（四）压抑

指把自己意识所不能接受的心理内容，不知不觉地排斥到潜意识之中。由于压抑，痛苦的经历似乎被遗忘了，使人在现实中感觉不到焦虑和恐惧。例如，某大学生一时糊涂偷了本寝室同学的几元钱，事后羞愧难当，内疚不已，可他又没有勇气向同学承认错误，心理冲突所带来的痛苦时时折磨着他。过了一段时间，他努力把这件不光彩的事忘掉，恢复内心平静。然而这不是真正的遗忘，而是压抑。以后每当遇到同学丢东西，他就怕被怀疑，甚至在同学面前举止失常、词不达意，以致发展到怕见同学，把自己封闭起来，影响了正常的交往活动。

（五）合理化

又称文饰作用，指无意识地用一种似乎有理的解释或实际上站不住脚的理由来为其难以接受的情感、行为或动机辩护以使自己可以接受。合理化有两种表现：一是酸葡萄心理，即把得不到的东西说成是不好的；二是甜柠檬心理，即当得不到葡萄而只有柠檬时，就说柠檬是甜的。两者均是掩盖其错误或失败，以保持内心的安宁。“酸葡萄心理”和“甜柠檬心理”引自伊索寓言，说有一只狐狸由于吃不到高架上的葡萄，便说葡萄酸，自己不想吃；后来它想找些可口的食物，却遍觅不得，只找到了一个酸柠檬，就硬说它很甜。比如，一个高考落榜生开始非常痛苦，后来他想，与其今年考上中专，不如再复习一年待明年考上重点本科，这样一来就减轻了落榜的失落感和痛苦的情绪。

（六）补偿

指个体因生理或心理上的某种缺陷，引起挫折感和自卑感，意识和无意识便可能会用某种方式弥补这些缺陷，以特别的方式适应环境。如失明的人往往听觉比较灵敏，聋哑人的视觉往往比较灵敏，据说拿破仑因生来身体矮小所以立志在军事上取得辉煌，苏格拉底、伏尔泰自惭貌丑而在思想上痛下功夫而大放光芒。但也有的个体在某些方面遭受挫折后，用不适当的方式进行补偿，比如一个学业上毫无成就的人可能进入犯罪团伙，以偷窃等多种反社会行为进行补偿，以显示自己的力量和存在。

（七）升华

指将那些不为社会所接受的行为与欲望加以改变、提升、净化，以符合社会的行为标准。这是一种将挫折感转化为奋发上进的动力的反应方式。如著名诗人歌德年轻时因失恋几欲自杀，但他后来战胜了这种消极情感而转向文学创作，写出了《少年维特之烦恼》；屈原遭放逐而赋《离骚》。这些都是升华的典型例子。日常生活中所说的“化悲痛为力量”“奋发图强”等即是升华的意思。

（八）幽默

指当一个人处于困难或尴尬境地时，却以开玩笑、说俏皮话等方式进行解嘲，以缓解自己的焦虑不安，或摆脱难堪的尴尬局面。幽默是与乐观相联系的，当然也需要超脱的态度和良好的修养。歌德一次路遇地痞，地痞不给让路并说：“我不给傻子让路。”歌德退让在道旁说：“我正好相反。”此即幽默一例。

需要注意的是，心理防卫机制是人们在成长过程中逐渐形成并较多使用的，虽然心理防卫机制对于减轻负面情绪和维持心理平衡是有帮助的，但过分地使用某些防卫机制，如否认、投射、退化是有害的，甚至是一种病态心理，而有些心理防卫机制如补偿、升华和幽默等，则是成熟和健康的表现，有利于个体的成长和发展。

三、战胜挫折的策略

（1）要正确看待挫折。要战胜挫折，就必须对挫折有一个合理的认知。首先，要以平常心态对待挫折。遇上挫折，不要怨天尤人。其次，要正确地看待挫折与失败本身。正如古希腊哲学家毕达哥拉斯所说：“短时期的挫折比短时期的成功要好。”最后，要正确地看待挫折对人的影响。人的生命似洪水在奔流，不遇着岛屿、暗礁，难以激起美丽的浪花。

（2）及时调整自己的目标，学会放弃。个体应从自己的主客观条件出发，制定符合自己实际的目标，必要时可降低目标，增加成功的机会。当发现目标实现的可能性太小时，就应果断地放弃。

（3）采取合理的自我调节方式。采用合理的防卫方式对待挫折，恢复心理的平衡。

（4）奋发图强，不断升华。卡耐基曾说过：“朝着一定目标走去是‘志’，一鼓作气中途绝不停止是‘气’，两者合起来就是‘志气’。一切事业的成败都取决于此。”挫折是生活中不可避免的现象，要化消极为奋发图强的动力，以实现更高层次的人生价值。

（5）培养坚强的毅力。英国小说家狄更斯说过：“顽强的毅力可以征服世界上任何一座高峰。”面对挫折，我们要培养自己坚持不懈的精神和百折不挠的毅力。即使跌倒一百次，也要一百零一次地站起来。

阅读材料

心理测试题

1. 你如何应付逆境

美国优秀小说《汤姆叔叔的小屋》中汤姆叔叔的原型乔·塞·亨森原是一名黑奴，他在历尽曲折道路、战胜重重逆境而获得人身自由和经营上的成功后，坎特博雷主教问他：“先生，你是从什么大学毕业的？”亨森回答道：“逆境大学。”那么当你遭遇逆境的时候，你会怎么面对它呢？

在梦中，一位仙女告诉你，要送你去一个地方，于是她将魔法棒一挥，你感觉眼前出现一片刺眼的亮光，然后你就失去了知觉。这时，你最希望自己在什么地方醒过来？

（1）青葱的草原平地

（2）柔软的湖畔湿地

（3）挺拔险峻的山顶

（4）高耸的华厦顶楼

结果分析：

选（1）：你希望自己能过平凡顺遂的人生。假如真的面临逆境，你会努力使自己维持在正常的轨道中，这样你会重新寻找到一个平衡的、规则的生活步调。

选（2）：你拥有很强的忍受力，在逆境中，你选择逆来顺受，你相信时间会让一切都过去，虽然偶尔也希望自己能够有所突破，但是仍然不会有太大的改变。

选（3）：你是个相当积极乐观的人，你认为逆境中隐藏着人生的契机，因此在逆境中，你常常大刀阔斧地对情况进行改变，而事实上你也有化腐朽为神奇的力量，你常常将危机化为转机，在逆境中兴奋地走一遭，为自己的人生注入新的体验。

选（4）：你是个相当有抱负的人，你的人生目标就是功成名就。当你处于人生逆境的时候，尽管你心中百般恐慌，但有野心支持着你，所以你仍旧会凭着自我的机智与耐力，去渡过难关。你的目标远远不只渡过逆境那样简单，你早已计划好如何让自己不停地奔向远方了。

2. 在压力下成长

你身上的压力到底有多大？你能否承受得住？下面的测试会帮助你认识自己的抗压能力。

请问猕猴桃给你什么感觉？

（1）害怕外皮会刺到舌头

（2）奇怪的水果，不像是真的

（3）点缀甜点时非常漂亮

（4）喜欢它因为它是营养丰富的水果

（5）想把它当成球，可以丢、可以玩

（6）毛茸茸的外皮不太好看

（7）毛茸茸的外皮很可爱

（8）青涩香甜

（9）小巧可爱

（10）在阳光照耀下，好像黄金水果般可爱

结果分析：

选（1）：承受压力指数为 1 分。你有颗很神经质的心，总是把事情都深深地压在心里，不和任何人说。虽然你也希望有人能够帮你分担一下这些苦恼，但是当这个人真的出现的时候，你又开始患得患失。豁达一点，多信任别人，你的压力就会小很多了。

选（2）：承受压力指数为 2 分。你是一个活在自己编织的梦里的人，不喜欢给自己招惹不必要的麻烦。总的来说，你过得还算自得其乐。不要总活在自己的世界里，偶尔也打开窗，探出头来看一下什么是现实吧！

选（3）：承受压力指数为 3 分。你生活简单朴实，习惯诚恳待人，有自信和安全感，对身边的人总是照顾多多。不过你如此多愁善感，当然能承受的压力就低了。你总是为了别人眼中的那点鼓励和赞扬而不知疲倦地努力着。如果累了，不如放下标准，自由快乐地过自己的人生。

选（4）：承受压力指数为 4 分。你需要同时兼具理性和感性的人生，才能感到满足。你常常为了些小事而担心，常陷入太过理性而缺乏感性生活的苦恼之中。把自己当成一个一般人就好，这样压力才会大减。不要给自己设定太高的期望，不然你会无法喘息。

选（5）：承受压力指数为 5 分。你的个性孤僻，缺乏对生活的激情。不过还你有以不变应万变的心态，它让你安然度过了生活中的许多难题。给自己多点激情吧，幸福快乐的生活都是自己创造的。

选（6）：承受压力指数为 6 分。你敏感，有创意，工作能力强。感情和事业对你来说都很重要，因此你总是不停地为此付出着，而生活也给予你回报。你的压力大多数来自于人际关系方面。

选（7）：承受压力指数为 7 分。你是典型适者生存者，你天真烂漫，总是在笑，不会让生活中的苦闷轻易打扰了你的好心情。你做事情缺乏恒心，常常把娱乐摆在事业前面，这大概就是你失败的原因所在了。

选（8）：承受压力指数为 8 分。你有品位、有智慧、有条件，而且还是处理人际关系的高手，很有可能成为富贵达人。虽然你很聪明，但是也不可太过自以为是，多听听别人的意见总没有坏处；还有就是不要再马虎了。

选（9）：承受压力指数为 9 分。你乐观、诚恳，充满自信又有上进心，这样的你当然拥有很高的抗压指数了。从某种程度上说，你有一些胆小怕事，这让你在不知不觉间纵容了别人的缺点，要小心自己反受其害。

选（10）：承受压力指数为 10 分。你是一个心境开阔的人，什么都可以看得很开。你懂得努力去追求自己想要的东西，而且能时时知足。这样的你，生活中还有什么压力可以压垮你呢？不妨多结交些能指导你解决生活难题的朋友，相信这些智慧又有远见的朋友能给你的人生注入新的阳光。

（资料来源：http://travel.gmw.cn/）

本章小结

本章主要阐述了压力的定义、来源及影响，应激的定义及影响，挫折的定义、分类、来源及影响；工作压力产生的原因及应对策略；应激的应对策略和挫折的防卫及战胜挫折的策略等基本知识。

复习思考题

1. 结合自己的情况谈谈挫折出现时你是如何应对的。

2. 管理者应该怎样帮助员工应对挫折？

3. 走访一家旅游企业，了解该企业采取了哪些策略帮助员工应对挫折。

4. 设计一种挫折情境，调查不同职业的人面对不可避免的挫折时，他们通常采取哪些方式来减轻挫折对自身的影响。

第十章

旅游企业员工的心理保健

导言

近年来，员工心理健康问题备受关注。原因是多方面的，有员工个人的原因，也有组织的原因，社会因素也是引起员工心理问题的原因之一。在职场上，个人经常受焦虑、抑郁等心理障碍问题的困扰，进而影响旅游组织的正常运转。

维护员工心理健康不仅是员工个人的事情，企业更应该对此高度重视，既要为员工提供轻松愉快的工作环境，还要对员工的心理问题进行正确的预防和有效的疏导，如可以定期对员工进行心理培训。

【教学目标】

本章要求学生了解和理解健康及心理健康的含义；熟悉心理健康所包含的内容；掌握心理健康的意义；掌握引起心理问题的原因；掌握员工心理健康的维护方法。

【关键术语】

旅游企业员工；心理保健；心理健康；心理问题；维护

案例导入

中国十大压力最大行业出炉

每个行业都有自己的职业压力，又有各种客观风险。没有哪个职业是完全无风险轻松挣大钱的。如今从事一些特殊职业，既有严重的心理压力，也将面对强度极大的体力压力，这些职业表面风光无限，其实背后辛酸无人知。

普遍研究发现，领导层级越高，心身健康水平相对越低。课题组对不同职业群体压力水平的统计分析证实了这一假设。统计发现，压力分数从高到低依次是管理中层为80分；经理层为75分；教职人员为75分；一般管理技术人员为72分；医务工作者为68分；社区人员为68分；下岗人员为68分；矿工为60分；一般企业工人为59分。

此项调查突破了国外将生活应激与工作应激相分离的惯例，而是将两者综合进行研究。据介绍，这是因为中国文化的特点使得来自工作和生活的不同压力在中国人身上呈现不可区分的特点。

调查结果表明，中国压力最大的十大行业依次是公务员、播音员、演艺明星、作家、运动员、农民、农民工、小摊贩、下岗工人、矿工。

（资料来源：中国十大压力最大行业出炉［EB/OL］.（2012–04–30）［2016–08–20］. http:Iwenku.baidu.com/view/ad3d9806b52acfc788ebc905.html）

问题：

1. 你认为学生的压力大吗？为什么？

2. 根据这个调查，从事相对简单工作的人压力要小，这和常识一致吗？如何理解这个调查结果？

3. 人人有压力，怎样应对压力？

第一节　员工的心理健康

一、心理健康的内涵

（一）心理健康的概念

（1）《世界卫生组织章程》对心理健康所下的定义为：健康是体格上、精神上、社会上的完全安逸状态，而不只是没有疾病、身体不适或不衰弱。

（2）心理学家麦灵格提出，心理健康是指人们对于环境以及人们相互之间具有最高效率及快乐的适应情况。不只是要有效率，也不只是要能有满足之感，或是能愉快地接受生活的变故，而要三者都具备。心理健康的人应能保持平静的情绪，有敏锐的智能，适合于社会环境的行为和愉快的气质。

（3）美国学者坎布斯认为，一个心理健康、人格健全的人应有四种特质：①积极的自我观；②恰当地认同他人；③面对和接受现实；④主观经验丰富。

（4）马斯洛和密特尔曼认为，人的心理是否健康有10条标准：①是否有充分的安全感；②是否对自己有较充分的了解，并能恰当地评价自己的能力；③自己的生活理想和目标能否切合实际；④能否与周围环境保持良好的接触；⑤能否保持自身人格的完整与和谐；⑥是否具备从经验中学习的能力；⑦能否保持适当和良好的人际关系；⑧能否适度地表达和控制自己的情绪；⑨能否在集体允许的前提下，有限度地发挥自己的个性；⑩能否在社会规范的范围内，适度地满足个人的基本需要。

（5）奥尔波特认为，人的心理健康有7种标志：①自我意识广延；②良好的人际关系；③情绪上的安全感；④知觉客观；⑤具有各种技能，并专注于工作；⑥现实的自我形象；⑦内在统一的人生观。

（6）适合我国人民特点的心理健康标准。以上这些著名学者有关的心理健康观点，在一定程度上较好地反映了时代对个体发展的客观要求，具有明显的积极意义。在不同的社会历史时期，在不同的国家和地区，心理健康的内容和要求有所不同，心理健康的标准也存在差异。本书在借鉴国外学者研究的基础上，结合我国的国情和民情，提出适合我国人民特点的心理健康标准：①了解自我，悦纳自我；②接受他人，善与人处；③正视现实，接受现实；④热爱生活，乐于工作；⑤能适当地表现情绪；⑥人格完整；⑦心理行为符合年龄与性别特征；⑧智力发展正常。

（二）员工心理健康

员工心理健康，就是企业员工有一种高效而满意的、持续的心理状态，职业压力感、职业倦怠感、职业方向感、组织归属感、人际亲和感都是积极均衡的。

二、员工心理健康的作用

（一）对于个人

1. 心理健康对于预防疾病有重要的意义

当今的社会生活纷繁复杂，人们随时都面临着来自各个方面的心理压力的应激，重视心理健康问题，可以使人们很好地处理各种矛盾，提高心理承受水平，在挫折面前有足够的心理准备，并采取有效的措施，积极预防精神疾病的发生。心理健康还可以有效地预防及减缓身心疾病，例如，情绪不稳定、易大喜大怒、过于争强好胜、长时间的焦虑不安、不易满足等心理容易导致冠心病、高血压、溃疡、某些肿瘤疾病的发生及加重病情。重视心理健康问题，可以使人有效地抵御各种不良诱因的影响，矫正不良的心理反应，有效地预防疾病的发生。

2. 心理健康对于预防恶性事故的发生有着重要的意义

近年发生的恶性事故中，有许多与当事者的心理健康状况有关。心理健康水平较低的人，很容易产生无法控制的愤怒情绪，以至于控制不住自己，出现严重越轨行为。例如，近几年的大学生自杀事件、“马加爵”事件，直观及残酷地告诉人们：心理健康对于个人的成长及安全具有非常意义。

3. 心理健康的人才能取得事业的成功和生活的幸福

如果一个人经常地、过度地处于焦虑、郁闷、孤僻、自卑、犹豫、暴躁、怨恨、猜忌等不良心理状态，是不可能在学习、工作和生活中充分发挥个人潜能、取得成就的。一个人在心理健康上多一分问题，他的成长和发展就多一分限制和损失，他的生活和事业就少一分成就和贡献。

（二）对于企业

企业员工心理健康管理的目的是促进员工心理健康、降低管理成本、提升组织文化、提高企业绩效等。有效的企业员工心理健康管理可以为企业带来无穷的效益。

1. 减少人才流失

员工流动率是指一定时期内从业人员的调入、调出之和与从业人员平均人数之比。从发达国家的经验来看，单体酒店的人才流动率控制在 10% ~20%，对酒店的经营就不会有太大的影响，一旦超出 20% 对酒店的发展就会带来消极影响。酒店一线员工欠缺尊重和理解，出了问题不是训斥就是开罚单；另外，在一些酒店人际关系比较复杂，使本来工资不高的员工备受压抑，频繁跳槽。国内高星级酒店的人员流动率很高，平均流动率为 25.74% 。就拿东莞市来说，酒店行业员工平均流动率远远高于全国平均水平，一些酒店员工流动率甚至高达 30%~40% 。同样，旅行社业也面临着人才流失现象非常严重的问题，这对旅行社的稳定与发展造成了极为不利的影响。人才的流失无疑是企业宝贵资源的流失，会给企业发展带来极大的负面影响，其所造成的损失很难以数量来计算。

2. 提高劳动生产率

员工心理问题已成为企业管理中面临的重要问题。“我今天心情很不好”“郁闷”“烦着呢” 等成为很多企业员工的口头禅。随着生活和工作节奏的不断加快，员工之间相互竞争压力的增加，个性张扬心理需求的提升，企业员工的心理健康问题越来越突出。

相关调查结果表明，有 25.04% 的被调查者存在一定程度的心理健康问题。企业员工的心理问题普遍并未得到有效的预防和治疗，这对企业及国家会造成非常严重的损失及危害。英国的研究显示，每年由于压力造成的健康问题通过直接的医疗费用和间接的工作缺勤等形式造成的损失达 GDP 的 10%。

通过员工心理健康管理的实施，使员工压力处于最佳水平，从而身心更健康、精力更充沛，只有如此，才能提高企业的劳动生产率，增强企业的核心竞争力。

3. 预防危机事件发生

通过员工心理健康管理的实施，对员工的压力水平进行即时性监控，并推荐适当的指导建议，促进员工随时调整身心状态，从而预防员工心理危机事件的发生。如果没有对员工的心理健康给予足够的重视，则会出现众多的危机事件。在这方面，富士康的“十连跳”事件给我们敲响了警钟。

（三）对于社会

心理健康不仅对个体意义重大，而且对群体也有着不可忽视的意义。心理健康有助于克服人的消极心理状态，振奋民族精神；有助于缓解人际冲突，改善交往环境，增进社会稳定；有助于塑造良好的个性，发展健全的品格，提高人们道德水平；有助于人的积极性和创造力的提高，推动社会主义现代化建设的进程。由此可见，心理健康是社会和谐的重要组成部分及关键因素之一。

三、引起员工心理健康的原因

（一）员工原因

1. 物质奖励无法满足心理需求

随着生活水平的提高，人们对物质的要求也越来越高。但自身对物质的需求与自身能力之间产生矛盾时，心理就容易出现问题。同时，为了追求更多的经济利益，许多人都在高强度地工作。长时间高强度的工作状态，让人们的心情越来越糟，情绪低落不说，看什么还都不顺眼。即便工资上涨，也不会让他们感到由衷的高兴，相反，加了工资后工作压力更大，单纯的物质奖励已无法满足他们心灵的需求。

2. 职场抑郁

据相关数据统计，国内职场员工心理健康出现的最常见问题就是抑郁倾向，这是职场中十分常见也最为严重的职业心理健康问题。有抑郁倾向的职场人，其身体、情感、思维和行为都会受到影响。同正常人相比，有抑郁倾向的人明显有记忆、注意力障碍，工作兴趣严重丧失的情况。如果这种抑郁倾向在较长时间内得不到调节和干预，极有可能发展为严重影响员工心理健康的心理疾病——抑郁症。

3. 职业倦怠

每一个职场人都会或多或少地出现一些职场倦怠心理，这是影响员工心理健康的另一个重要方面。大多数的员工并不把自己的心理疾病表现出来，他们表面上看起来工作积极，但内心的心理隐患也许连他们自己都不知道。因此，作为企业应关注员工心理健康，而员工自身也应注意及时排解不良情绪。有何不满或问题应及时与相关部门进行沟通，避免因压抑而引发心理疾病，甚至危害生命安全。

（二）组织内部原因

1. 工作性质的原因

据统计，人们无论从事哪一种职业，压力都是普遍存在的，但是由于从事的工作性质的不同，决定了人们的工作压力程度的不同。较之其他的服务业而言，旅游业从业人员的工作压力很大，压力源一部分来自工作的高负荷，另一部分来自顾客压力。较之工作的高负荷，顾客的多样性及不确定性给员工带来的压力是更为巨大的，尤其是一线员工，他们以“顾客就是上帝”为宗旨，时刻小心，满脸笑容为客人提供高质量的服务，但是有时客人还不买账。一线员工经常会受到客人的无礼，但是又不能据理力争，只能“一忍再忍”，久而久之心理就会出现问题。

2. 组织内部对员工心理问题重视不够

在很长一段时间里，因员工的心理问题被忽视给企业带来不利影响和巨大损失的案例不胜枚举。企业意识到心理问题对于企业长远发展的重要意义，但是这种重视大多停留在意识层面，企业往往很少把心理问题的预防和心理保健提到现实的操作层面。

（三）社会历史原因

（1）中国传统文化塑造的民族性格、民族心理是容易诱发人们心理障碍的一个重要因素。我国是一个封建历史特别长的国家，封建大一统思想和自给自足的封闭型的小农经济，形成了腼腆、含蓄、矜持的“内向型”民族性格，对个性心理少有关注和研究。这种“内向型”性格，固然有其优点，但也极易诱发心理疾患，并且往往得不到及时的、有效的心理疏导。

（2）文化价值观念的转变激起人们心灵的“振荡”。在现在这个急剧变化的时代，西方文明的涌入，网络时代的到来，迅速涌现的新事物、新思想、新潮流，给原有的传统的、稳定的价值体系带来极大的冲击。面对来自社会上钱权交易的泛化、财富不正常的聚敛、职业道德的败坏等不正之风的强烈冲击，人们内心充满矛盾和迷茫。此外，拜金思潮、享乐主义、个人主义也是心理问题产生的诱因。

（3）社会伦理价值的无序性导致环境的“失范”。当前人们对传统的社会伦理价值标准的认同度普遍降低，表现出反社会规范行为，传统的道德思想和现代生活方式的交叉并存，使人们感到无所适从，尤其是青年人还缺乏对新旧观念整合的能力和经验，不能有效地运用自我防卫机制，这样必然会使他们道德困惑、认知失调和心态失衡。

第二节　心理障碍

一、心理障碍的概念

心理障碍的英文名称为 psychological disorder，指一个人由于生理、心理或社会原因而导致的各种异常，在临床上，常采用“心理病理学”的概念，将范围广泛的心理异常或行为异常统称为心理障碍，或称为异常行为。

通常所说的心理障碍是指没有能力按社会认为适宜的方式行动，以致其行为后果对本人或社会是不适应的。这种“没有能力”可能是器质性损害或功能性损害的结果，或两者兼而有之。

心理障碍是在特定情境和特定时段由不良刺激引起的心理异常现象，属于正常心理活动中暂时性的局部异常状态。它既可以包括轻微的心理问题，也包括比较严重的心理活动紊乱。在快节奏的现代社会中，每个人都或多或少、或重或轻存在着心理障碍问题，有的已经严重影响了人们的正常生活和工作。

二、心理障碍的引发因素

（一）遗传因素

有关调查和研究表明，心理障碍具有遗传性。虽然遗传因素对于某些心理障碍的发生有一定的影响，但是后天环境的影响和各种心理社会因素的影响更为重要。精神分裂症、情感性精神障碍以及神经症等心理障碍具有一定的遗传性，但是遗传并不代表会发病，遗传只是使得个体具有遗传的易感性，具有遗传易感性的人也可能一生都不表现出疾病状态。

（二）心理社会因素

影响心理障碍的心理社会因素种类很多，也比较复杂。例如，应激性生活事件、人格特征、父母的养育方式、社会阶层、社会经济状况、文化宗教背景、人际关系等均是构成影响心理障碍的比较常见的心理社会因素。如神经症大多与应激性生活事件有关。有关研究表明，具有某种性格特征的人容易罹患某些精神障碍，有些人的性格从小就明显偏离正常，适应不良，如具有表演型性格的人容易患癔症；强迫性格的人容易患强迫症；精神分裂症患者往往病前具有敏感、多疑、孤僻、不善交往、喜欢一个人幻想、做白日梦、情感冷漠、对于表扬或批评都无动于衷等性格特点。

社会的迅速发展，物质文明和科学技术的不断进步，人们的欲求也不断增加。人际关系日益广泛和复杂，对现代人类的社会适应也提出了更高的要求，人们心理上产生的问题也越来越多。

现代都市人口密集、污染严重、生活节奏加快、交通堵塞、竞争激烈、住房困难、人际关系矛盾增多，所有这一切均易令人焦虑、紧张，成为心理障碍的重要根源。

孤独，可导致人的抑郁不安。老年人由于子女离家或出国探访、子女上班、外出无人照顾，整日独居，深感寂寞，心理问题接踵而来。

社会地位也是心理障碍的因素之一。据西方国家调查，低阶层比高阶层重性抑郁症患病率约高 2 倍。

（三）机体状态

当身体处于外伤状态下，很容易导致心理障碍。例如，脑外伤就容易引起精神紊乱、人格分离等症状。感染、中毒、代谢障碍可能导致脑代谢障碍，也是心理异常发生的重要原因。例如，低血糖症引起的意识模糊，甲状腺功能亢进伴随的兴奋、易激惹和恐惧感，甲状腺功能减退和垂体前叶功能减退伴发的抑郁，都已为肯定的临床事实。

身体疾病也是心理障碍促发因素之一。很多临床病理研究证实，脑部疾病如脑炎、脑萎缩、脑肿瘤、脑血管病均可引起精神障碍、变态行为。癫痫病人常伴有发作性精神障碍和行为改变，同时可发现异常脑电活动。美国一项针对年龄在 50 岁以上（包括 50 岁）自杀者的研究发现，自杀前一年有严重躯体疾病的比例接近 27%，而英国的一项研究发现，年龄在 60 岁以上（包括 60 岁）的老年自杀者 82% 存在躯体健康问题。

当人的机体在过于饥饿、疲劳、缺乏睡眠和高度紧张的情况下，其心理状态也就会发生很大的变化，这样身体中生理或心理平衡的应激源就会因外力的影响而遭到破坏。因为人在应激反应过程中，几乎产生的所有激素都可以不同程度地影响机体的自身免疫功能，进而影响免疫细胞的反应性，因而在临床上诱发各种功能性或器质性疾病的发生。

三、心理障碍判断标准

（一）比较

只是以经验作为标准，有两个方面的经验：一是个体自己的主观经验，二是观察者的经验。个体自己可以感到不同于以往，如体验到情绪低落、不高兴或压抑，且感到痛苦，因而需要寻求医生的帮助。观察者根据自身的经验观察到患者的行为不同于以往，亦可以认为是异常。

（二）心理活动性质的改变

如果观察到患者的心理活动有明显的质的改变，如出现幻觉、妄想、明显的语言紊乱或行为异常，则提示是心理障碍。

（三）社会适应标准

在正常情况下，个体的行为能适应环境，并参与改造环境；其行为应符合社会准则，根据社会要求和道德规范行事。因此，人的行为总是与环境协调一致的。如果个体出现了社会适应不良，则反映他的心理活动可能出现了异常。

（四）统计学标准

人们已经设计出不同的心理测量技术测定不同的心理特征。通过某一个体的测量结果与正常人群测量结果的比对可以区分出正常、异常临界状态，如智商低于 70 定为异常，70~90 定为临界状态，90 以上为正常。另外，临床使用的一些量表也是利用类似的原理设计的，其结果可以供临床参考。

四、职业心理障碍问题

在激烈竞争的职场中，人们所承受的心理压力越来越大，心理问题也层出不穷，目前，职业心理障碍主要表现为抑郁、焦虑、疑病、强迫、恐怖、神经衰弱、癔症等。

第三节　员工心理健康的维护

一、自我维护

（一）心灵减压十二招

（1）开怀大笑，进行发泄。

（2）保持沉默有助于降压。

（3）听音乐、阅读书报是增长知识和乐趣的好方法。

（4）做错了事安慰自己“谁都有犯错的时候”，以便继续工作。

（5）在无人处大声喊叫或大哭。

（6）与人为善，不要怀恨在心。

（7）世上没有完美，甚至缺少公正，只要自己努力了，不要计较结果。

（8）不要害怕面对自己的能力有限，学会适当地说“不”。

（9）对小事不去计较，装糊涂最好。

（10）给久未联系的朋友写封信，吐露自己的感受。

（11）换一个角度看问题，找出恰当的解决办法。

（12）车到山前必有路，今天很快就会过去。

（二）自我心理平衡术

1. 自嘲法

工作中当遇到一些尴尬或难堪的场合时，若一味埋怨和逃避往往会使自己的心态越来越不好。不妨自己调侃一下自己，通过自我贬抑使心理达到一种高层次的平衡。

2. 遗忘法

现实中不少人终日生活在对往事的痛苦回忆中，反复品尝旧时受到的挫折，陷入恶性循环中，使心理愈加不平衡。因此必须学会遗忘，这是对痛苦的解脱方法之一。能使身心获得宽慰，从而激发出新的力量，人性得到升华。

3. 激励法

要走出每日“消沉—后悔”的心理不平衡怪圈，给自己确立一个值得去追求的目标。有了成功的经验和自信，我们就能再选择更高的目标激励自己。

4. 闲聊法

闲聊对心理调适起很大作用，它可缓解紧张、消除隔阂、表达温情、化解怨气等。

5. 哭泣法

我们应当放弃“有泪不轻弹”的传统戒条，偶尔让自己随情绪的波动而哭泣。适当的哭能使人产生有益的激素，使人体更加协调。

6. 移情法

它是宣泄、调节情感的一种有效方式。

（三）坚持健康的生活方式

生活方式是指人们在日常生活的活动中所遵循的行为规范，即习惯化了的生活活动形式。不健康的生活方式和不良的卫生习惯会对人体健康带来严重的危害，出现许多常见病、多发病，如高血压、糖尿病、溃疡病、冠心病，甚至癌症。这些病被称为“生活方式病”。一般来说，起居无常、饮食无序、运动过少、吸烟、嗜酒、吸毒和不良性行为等都属于不健康的生活方式和不良卫生习惯。由于这些不健康的生活方式的产生与所谓现代文明社会的发展有关，故有人又把上述种种严重的疾病称为“现代文明病”。相反，健康的生活方式和良好的卫生习惯则有利于促进人的身体健康水平。

一般认为，健康生活方式应包括：首先，起居有常，早睡早起，保持充足的睡眠（每晚 8 小时左右）。其次，一日三餐，平衡膳食，每天坚持吃早餐。再次，控制体重，保持在正常水平。最后，适量运动，每周至少有 2 次体育锻炼；不吸烟、少饮酒。有了健康的身体，才能给心理健康提供良好的基础。

（四）讲究心理卫生

所谓心理卫生指的是人们应如何维护和保持心理健康，提高心理健康水平，避免和减少发生心理失调和精神疾患的原则、方法和措施。

第一，要注意用脑卫生。因为大脑是心理的器官，而心理是大脑的功能，如果大脑作为器官受到了损害，它的心理功能也必然会受到损害，这时心理健康自然就难以维护和保持。用脑卫生除了避免物理、化学和生物的有害影响之外，还指在使用大脑时要讲究科学用脑，即要劳逸结合、有张有弛，避免大脑的过度疲劳以致功能衰弱。

第二，讲究心理卫生是要避免或减少心理失调或精神疾患的发生。在我国，人们对心理失调或精神疾患的认识和态度存在许多误区。一旦发生，常常讳疾忌医，对于患病的人则避而远之或抱以歧视的态度。这对于预防和消除心理失调与精神疾患、维护心理健康都是非常不利的。所以，为了维护自身的心理健康，就要尽力做到端正态度，做到早发现、早引导、早治疗。

第三，增强情绪的自我调控能力，及时排除各种负面情绪。人的情绪活动可分为积极和消极两大类。积极情绪能发挥机体的潜能，改善人的生理、心理功能，促进人的心理健康。负面情绪往往使人的头脑失去冷静，可能导致意识模糊，或精神颓丧、意气低沉，使观察事物的能力和思维判断能力下降，意志行为反应受到扰乱等，从而影响人的整体心理功能的正常发挥，并使心理健康遭受严重的损害。所以，要维护心理健康就要学会情绪活动的自我调控，及时排除各种消极的负面情绪。

第四，培养和完善健全的人格。具备健全的人格，有助于人们正确地评价客观事物，采取恰当的态度，体验正常的情感情绪，做出正确合理的行为反应；有助于人们顺利地进行社会交往和人际关系的正确处理；更能有助于人们有效地去适应变化着的工作环境，从而不断提高心理健康水平。所以，培养和完善健全的人格，对于心理健康的维护有着极为重要的意义。

第五，积极参与社会活动，扩大人际交往。通过群体的社会生活和交往活动，一个人就能与群体中的其他成员或其他社会群体进行交往和联系，能从中得到启发、疏导和帮助。通过积极参与经常进行的社会活动，不仅可以使人交流经验、增进理解、开阔视野，还可以取得更多的社会支持；更重要的是，这可以使人感受到充足的社会安全感、责任感、信任感和激励感；从而大大增强个人对生活、学习和工作的信心和力量，最大限度地减少心理应激和心理危机感。

二、企业维护

如何做好企业员工心理健康辅导，以保持健康的心态投入工作和生活之中，这是当前企业员工管理最为紧迫的问题，也是现代管理需要创新的课题。

（一）建立积极、开放、宽容、乐观的企业文化氛围

积极努力为员工营造良好的工作办公氛围：干净、宽敞、明亮的办公地点，以及优良的办公设备、和谐的团队，都会使员工对工作充满信心和希望，这对于培养员工良好的心理素质奠定了基础。尤其是团队合作精神，团队成员互相鼓励、相互协作，可以降低工作失误率，减轻员工的工作负担和压力。这种企业文化氛围允许员工犯错误，积极帮助员工认识并改正错误，可以缓解员工“怕犯错误”的心理，实现员工由缩手缩脚、小心翼翼的消极工作态度，变为敢想、敢做、敢为的积极工作态度。

（二）建立透明、公平、公正、公开的竞争机制

员工之间存在激烈的竞争关系时，很容易引起员工之间的互相猜忌和嫉妒，极易造成员工心理的不平衡，导致恶性竞争，不利于员工心理健康。这主要是因为竞争机制不够公开、公正、公平。建立透明、公平、公正、公开的竞争机制就会使员工之间的竞争具有明确的标准，一切都按事先制定的标准作为参考，竞争也会变得透明化。企业对全体员工一视同仁，有公开统一的竞争标准，可以避免员工使用不正当的手段竞争。建立这样的竞争机制，会使员工消除由竞争带来的压力负担，鼓励员工进行良性竞争，一切凭真本事，减轻了心理负担的员工自然会信心百倍、干劲十足。

（三）建立上下级间畅通的沟通渠道

员工心里有了抱怨，往往碍于等级或利害关系，不会直接向上级反映自己的困惑或提出更好的建议。长期积压在心中的抱怨，会给员工带来一定的心理负担。所以建立畅通的上下级双向沟通机制，将有助于解决员工的心理健康问题。积极鼓励员工与自己的上级沟通、反馈信息，及时让企业高层了解到员工的真正需求，让员工有机会、有渠道宣泄自己的不满和抱怨。这需要企业建立相对开明的文化制度，允许有“不同的声音存在”。

（四）采取积极的人性化管理措施

企业可适当增加一些休息时间、组织员工进行户外活动、关注员工生活上遇到的问题等，让员工从内心深处感受到企业及领导对自己的关怀，产生归属感。有一些不错的做法可以借鉴：比如，山东胜利油田孤东三采中心针对上班心情不爽的员工采用的做法是，给他们放“情绪假”，让其舒缓了焦躁情绪后再上班；浙江的一些私企老板则采用给探亲补贴、放生日假，帮助员工照顾老人、孩子，甚至采取为员工提供住房无息贷款、住房基金、技术股份的做法，让员工充分感受到来自公司和领导的关爱。

（五）成立专门的机构，加强员工的心理辅导

现在员工的心理问题已受到特别的重视。为了及时、准确地把握员工的心理状态，需要成立专门针对员工心理健康的部门，并提供资金上的支持，同时需要组织及领导给予更多的关注。

企业对于员工心理健康的关怀固然重要，工会在缓解员工心理压力方面也应有所作为。作为员工的“贴心人”和“坚强后盾”的工会不仅要维护员工的物质权益，也要关

心员工的精神权益。工会可以发挥作为群众组织的优势，组织各种类型的活动以缓解职工心理压力。除了传统的文体活动之外，可以定期举行心理健康知识讲座，开设职工心理咨询室，可以不定期组织一些非正式的茶话会，为领导层与普通员工搭建沟通交流的平台。

国外发达国家企业的一些做法也可以借鉴。据了解，世界500强企业大都提供员工的情绪管理服务，在公司设立一些放松室、发泄室、心理聊吧等，用以缓解员工的紧张情绪和压力；为员工制订心理康复计划，帮助员工克服身心方面的疾病，从而提高其健康程度；为员工设置一系列心理课程，进行例行健康检查和心理卫生自律训练等。还有企业对于员工进行定期的职业心理体检，通过体检，可以量度员工的职业心理状态，及时发现问题，并加以调节。

面对目前很多职工在职业心理上存在的偏差而导致工作遇到种种问题，企业有必要引进职工职业心理健康管理。这种管理由企业买单，聘请专门机构为职工及其家属提供专业的和绝对保障隐私的心理援助服务。

阅读材料

每年年末可忙坏了职场人，由于受年终总结、下年度工作变动、年终奖金等问题的困扰，很多职场人士患上了心理疾病。有关数据也显示，每年11月至12月是抑郁症高发期，患者主要集中在20~50岁。也就是说，我们这些奋斗在职场中的人正是抑郁症的高发群体。

中华英才网在2007年年底对来自IT、金融、制造业等15个行业的1500名企事业职员做的调查结果显示，有91.7%的人表示在新年来临之际感到焦虑。其中，28.4%的人是因为“一年碌碌无为”而感到焦虑；还有26.7%的人认为“计划的目标没有实现”感到焦虑；17.1%的人是因为过去一年工作不顺，感到意外过多而焦虑的比例为11.8%。

“碌碌无为”等焦虑的产生都与年初目标的设定有关。在受调查者年初制订的计划中，有高达45.6%的人将工作目标定为“薪水获得满意的提高”，而选择“业绩获得提高”的比例为21.3%，“做几件漂亮的事”的比例为18.3%，以及“职位提高”的比例为14.8%。

有37.2%的职员表示，“自我要求及期待过高”使得自己在年终自评时对自己不满意；公司的企业管理是让他们产生焦虑的一个重要因素。其中，17.7%的白领认为“绩效考核不合理”是造成他们陷入焦虑的主要理由；20.4%的人认为“公司效益不佳”让他们对未来一年自身前途产生担忧。

（资料来源：http://travel.gmw.cn/）

本章小结

本章主要介绍了心理健康的含义、心理健康包含的内容、员工心理健康的意义、员工心理健康的问题及维护等基本知识。重点是员工心理健康的问题及维护，难点是理解心理健康的含义及包含的内容。

复习思考题

1. 你怎样看待心理疾病?

2. 作为一名旅游工作者，如果在你的客人中有心理不健康的人，你应该本着什么样的态度与他们打交道?

3. 进行网上资料检索，了解中国职场压力状况和员工心理健康状况。

参考文献

[1] 孙喜林 . 旅游心理学［M］. 大连：东北财经大学出版社，2016.

[2] 马莹 . 旅游心理学［M］. 北京：中国旅游出版社，2008.

[3] 闫红霞 . 旅游心理学［M］. 北京：电子工业出版社，2016.

[4] 李昕 . 旅游心理学基础［M］. 北京：清华大学出版社，2007.

[5] 李志飞 . 旅游消费者行为［M］. 武汉：华中科技大学出版社，2019.

[6] 邓军华 . 旅游心理学［M］. 北京：中国旅游出版社，2015.

[7] 陈刚华 . 旅游心理学［M］. 上海：华东师范大学出版社，2016.

[8] 孙九霞，陈刚华 . 旅游消费者行为学［M］. 大连：东北财经大学出版社，2016.

[9] 张树夫 . 旅游心理学［M］. 北京：高等教育出版社，2001.

[10] 刘纯 . 旅游心理学［M］. 北京：高等教育出版社，2007.

[11] 黄继元，李晴 . 旅游心理学［M］. 重庆：重庆大学出版社，2003.

[12] 欧晓霞 . 旅游心理学［M］. 北京：对外经济贸易大学出版社，2006.

[13] 李灿佳 . 旅游心理学［M］.3 版 . 北京：高等教育出版社，2005.

[14] 李雪冬 . 旅游心理学［M］天津：南开大学出版社，2008.

[15] 麻益军，芦爱英，金海峰 . 旅游心理原理与实务［M］. 北京：旅游教育出版社，2005.

[16] 李祝舜 . 旅游心理学［M］. 北京：高等教育出版社，2005.

[17] 薛群慧 . 旅游心理学：理论 · 案例［M］. 天津：南开大学出版社，2008.

[18] 张京鹏 . 旅游心理学［M］. 北京：科学出版社，2005.

[19] 李长秋 . 旅游心理学［M］. 郑州：郑州大学出版社，2006.

[20] 胡林 . 旅游心理学［M］. 广州：华南理工大学出版社，2005.

[21] 赵淑云 . 旅游心理学［M］. 合肥：安徽大学出版社，2009.

［22］甘朝有 . 旅游心理学（修订版）［M］. 天津：南开大学出版社，2001.
［23］秦明 . 旅游心理学［M］. 北京：北京大学出版社，2005.
［24］阎纲 . 导游实操多维心理分析［M］. 广州：广东旅游出版社，2003.
［25］李国振 . 旅游营销管理［M］. 济南：山东人民出版社，2003.
［26］陈筱 . 旅游心理学［M］. 北京：旅游教育出版社，2004.
［27］王惠琴 . 消费心理学［M］. 南京：东南大学出版社，2005.
［28］马龙龙 . 服务与营销［M］. 北京：首都经济贸易大学出版社，2006.
［29］吴正平 . 旅游心理学［M］. 北京：旅游教育出版社，2007.
［30］彭萍 . 旅游心理学［M］. 重庆：重庆大学出版社，2008.
［31］杜伟 . 旅游心理学［M］. 北京：旅游教育出版社，2006.
［32］陈琦 . 旅游心理学［M］. 北京：北京大学出版社，2006.